短时交通信息智能预测理论及方法

Theories and Approaches on Intelligent Short-term Prediction on Traffic Information

王 扬 陈艳艳 著

人民交通出版社股份有限公司
China Communications Press Co.,Ltd.

内 容 提 要

本书从交通信息预测的研究意义、基本理论及分类等基本背景知识入手，介绍了作者在交通数据的异常值祛除、噪声抑制及缺失数据填补等预处理方法上的研究成果，对基于不确定性理论的一些预测模型进行了比较研究，并在此基础之上提出了两种基于非监督学习方法的单步智能预测模型，在本书最后着重介绍了作者在多步预测方面的研究成果，并结合实验研究论证了五种多步预测新方法的有效性。

本书可供同行学者参考阅读，也可作为参考书供相关专业研究生学习。

图书在版编目（CIP）数据

短时交通信息智能预测理论及方法 / 王扬，陈艳艳著. —北京：人民交通出版社股份有限公司，2016.9

ISBN 978-7-114-13148-6

Ⅰ.①短… Ⅱ.①王… ②陈 Ⅲ.①信息技术—应用—交通运输管理—智能控制—预测控制—研究 Ⅳ.①U495

中国版本图书馆 CIP 数据核字（2016）第 144516 号

书　　名：短时交通信息智能预测理论及方法
著 作 者：王　扬　陈艳艳
责任编辑：戴慧莉
出版发行：人民交通出版社股份有限公司
地　　址：（100011）北京市朝阳区安定门外外馆斜街 3 号
网　　址：http://www.ccpress.com.cn
销售电话：（010）59757973
总 经 销：人民交通出版社股份有限公司发行部
经　　销：各地新华书店
印　　刷：北京市密东印刷有限公司
开　　本：787 × 980　1/16
印　　张：9.75
字　　数：220 千
版　　次：2016 年 9 月　第 1 版
印　　次：2016 年 9 月　第 1 次印刷
书　　号：ISBN 978-7-114-13148-6
定　　价：36.00 元
（有印刷、装订质量问题的图书由本公司负责调换）

前　　言

随着我国城镇化的步伐不断加快，经济和社会活动日趋频繁，城市交通系统正经历着前所未有的演变历程，不确定无序的交通状态已成为城市交通的新常态，短期突发的交通拥塞也趋于常态化。为了更好地应对这种短时突发的交通演变，并及时做出科学的控制和诱导策略，需要实时准确的交通预测信息。交通预测研究是进一步提升城市交通系统智能化水平的一项重要内容。

城市交通系统日趋庞大复杂，表现出极强的非线性和不确定性，传统的预测模型与方法已无法继续满足智能交通控制与诱导等要求。为此，一批学者近年来开展了许多有益的探索工作。为了更好地满足交通系统新常态下的短时交通信息预测需求，本书作者近年来持续开展了一些相关研究工作。本书是作者结合已有相关研究成果，经过系统梳理后，将近期零散的研究工作及成果汇集成书。本书从交通信息预测的研究意义、基本理论及分类等基本背景知识入手，介绍了作者在交通数据的异常值祛除、噪声抑制及缺失数据填补等预处理方法上的研究成果，在论述了预测效果检验及性能评价方法之后，对基于不确定性理论的一些预测模型进行了比较研究，并在此基础之上提出了两种基于非监督学习方法的单步智能预测模型，由于单步预测在实践中存在着较大的局限性，而多步预测理论和方法还尚不成熟，故在本书最后着重介绍了作者在多步预测方面的研究成果，并结合实验研究论证了五种多步预测新方法的有效性。

本书不仅汇集了作者近期在相关领域方面的主要研究成果，亦有些经验教训，而且在撰写方式上力求系统地展现短时交通信息预测的整个流程。因此，本书不仅适合同行学者参阅，也可作为参考书供研究生学习。由于作者学识浅薄、水平有限，加之经验不足，文中不乏纰漏与拙见，恳请读者不吝批评指正。

本书所介绍的研究工作曾经得到了北京市教育委员会科技发展计划面上项目（KM201010005021）“基于复融合的嵌套式综合交通预测系统”、北京市自然科学基金重点项目（8131001）“多方式出行链协同机理及公交一体化关键技术研究”、教育部留学回国人员科研启动基金资助项目（32004011201201）“轨道交通换乘通道的视频预警信息研究”、交通运输部建设科技项目（2015318J37130）“基于个体出行链的公交客流动态感知与特征提取技术”等的资助，在此一并表示感谢。

著　者

2016 年 6 月

目　　录

第1章 绪论

在远古时代，茹毛饮血的先人出于求生的本能，便有着强烈地想要预知未来的冲动。然而，先人们对于复杂演变事物认知的肤浅，使得早期的预测往往笼罩在一层玄虚迷信的色彩下。在现代社会，如能早于他人获知未来走势，便能在激烈的竞争中占据优势。

在现代社会中，道路交通无论是在人们的经济生活还是休闲出游中都具有非常重要的作用。然而，在大力推动汽车行业发展的同时，人们并没有充分地意识到交通资源的有限性和稀缺性，出行需求的快速增长必定给道路交通系统带来巨大压力。而且，效率低下的道路交通系统也无疑促使了交通紧张的进一步恶化。人们为了避免交通拥堵带来的出行成本增长，渴望提前了解并预知未来的交通状态。

在另一方面，作为道路交通系统的管理者更是千方百计地致力于提高交通系统的运行效率，以期实现以最小的交通资源来尽可能地满足所有民众的出行需求。而有效实现这些目标的前提之一，就是能够准确地掌握未来交通状态的变化和走势。因此，无论是交通系统的使用者还是管理者，交通系统的预测信息都是实现高效出行和交通运行的基础。

随着智能交通系统的快速发展，先进的出行信息服务系统扮演着越来越重要的角色。只有预先获取前方道路的状态，才能主动地做好决策。而且，在交通诱导与控制中，交通信息的获取是智能交通系统的最前端，是控制系统中流动信息的来源。然而，交通控制及诱导的作用效果，通常需要经历一段时间的积累，才能逐渐显现出来。这种控制及诱导的时滞性也需要交通信息预测的支持，才能提前预判，从而提高控制及诱导策略的作用效果。因此，交通预测在智能交通系统领域中占据着重要地位。

1.1 交通信息预测研究的意义

1.1.1 预测的概念

预测是一门广泛运用于社会、经济、科学技术等各个领域的新科学。在研究事物发生、发展所呈现的规律性以及分析现状条件、环境因素制约和影响的基础上，运用科学的理论、方法和各种经验，对未来所发生的事情进行合理的估计，并合理地推测事物未来演变的状态和发展的趋势。

根据调查数据资料对事物进行科学地分析，并挖掘其发展变化的规律对未来进行预测，这一系列工作就称为预测分析。预测工作的基础是充分的客观数据资料，预测分析中所采用的方法和手段称为预测技术。预测分析和预测技术两者总称为预测的理论和方法。将预测的理论和方法作为研究的科学则称为预测科学，简称为预测[1]。

随着社会的不断进步，人们对客观事物的发展有了更为深刻的认知，预测的科学性也因此不断提高。那么，预测的科学性是什么？预测的科学性就是指预测有科学基础，是在总结事物发展规律的基础上，对事物未来发展做出合理的推测，这里的科学基础主要涉及预测的理论、方法、资料和计算等其他因素。

预测可分为广义的预测和狭义的预测。广义预测包括在同一时期根据已知事物推测未知事物的静态预测，也包括根据某一事物的历史和现状推测其未来的动态走势，而狭义的预测，仅关注动态预测。预测理论既可以应用于研究自然现象，又可以应用于研究社会现象。

人类经过千百年来的生产实践和社会实践，总结出了“凡事预则立，不预则废”的经验。也就是说，预测是给决策系统为制定决策提供必须的未来参考信息。即，预测是为决策服务的，是为了提高科学决策及管理的水平，减少决策及管理中的盲目性，降低决策和管理中可能遇到的各种风险，使决策和管理目标能够得以圆满顺利地实现。正因为预测具有这样的决策支持功能，长期以来才受到了人们普遍的关注。

回顾历史，可以发现人类的预测活动源远流长。但美好的愿望往往因认知水平的局限，而常常显现出浓重的唯心主义和一定的迷信色彩。现代科学技术的发展，使得预测技术及相关理论逐渐成熟，并成功地应用到诸多领域，产生了许多分支，常见的如人口预测、经济预测、交通预测、科技预测、气象预测等。

1.1.2 交通信息预测的必要性

现代社会的发展使得大城市的交通状况令人堪忧。有关统计数据显示，每年因交通堵塞，美国的经济损失高达约1000亿美元，英国约200亿英镑，欧洲数千亿欧元。我国走过了改革开放30年的发展,已经逐步成为汽车大国,近年来我国每年因交通堵塞造成的GDP损失达5%~8%。据世界银行的统计资料显示,北京二环至三环之间的干线道路上,高峰时车辆的平均速度,已经由1994年的45km/h,下降到2005年的10km/h以下,已经低于自行车的12km/h。中国社会科学院数量经济与技术经济研究所测算,北京市每天因为堵车造成的社会成本达到4000万元,相当于每年损失146亿元。由于过快增长的机动车出行需求与有限道路资源形成的尖锐矛盾,所带来的诸如道路堵塞严重、交通事故频繁、环境污染加重、能源消耗加大等问题,严重制约着首都经济持续稳定的增长和社会和谐健康的发展。

为了解决交通堵塞这个长期困扰人们出行的痼疾,各国政府以及许多研究院所先后采取了多种措施来缓解交通拥挤,其中智能交通系统(Intelligent Transportation Systems, ITS)成为最有希望解决交通堵塞的途径之一。智能交通系统就是利用通信、控制、计算机及传感等方面的先进技术,建立起高度信息化、智能化的交通管理系统。欧美等国近年来大力开展智能交通系统的研发和应用,并初见成效。我国目前也在积极研究智能交通系统,力求缓解交通拥挤,降低事故率,实现节能减排的科学发展。

作为智能交通系统的核心和关键部分之一,交通信息是实现科学交通管理和有效诱导的重要保障。道路交通是一个时变非线性的高度复杂开放系统,在系统演化过程中存在着许多不确定因素。尽管随着检测技术的不断提升,交通路况实时信息的应用也越来越广泛了,但是实时路况信息在支持交通管理与决策时缺乏先见性,对交通事件不能起到主动预防作用。比如,在利用可变信息板(Variable Message Signs, VMS)进行诱导时,由于信息作用具有一定的时滞性,也就是信息的诱导作用在一段时间后才能显现出来,所以只有预测信息才能真正地反映出诱导的效果。因此,只有掌握超前路况信息,才能及时准确地作出应对决策,从而尽可能地避免可能的不利交通事件。交通预测不仅是有效缓解交通拥挤、保证正确交通诱导的前提和关键,而且也对交通管理、城市规划、城市信息化建设等起到积极作用。

1.2 交通信息预测的基本理论

人们在大量的实践中,逐渐总结了许多预测方法。这些预测方法都是根据事物的发展规律,或在事物发展过程中出现了随着事物发展而显现出来的现象。因此,可将预测的基本原理归纳为以下几种。

(1)整体性原理。

整体性原理是基于系统的思想,认为事物是由若干元素构成的有机整体,因此事物发展变化过程便具有了整体性的特征。

(2)惯性原理。

事物的发展变化与其过去历史(尤其是近期过去)的行为总有着千丝万缕、或大或小的联系,即过去的行为影响现在,也势必影响未来,这种在时间上影响作用的现象称之为“惯性现象”。所谓惯性原理,就是通过研究对象的现在对过去的依赖,根据其所表现出来的惯性,预测其未来演化的状态。惯性原理是趋势外推法的主要理论依据之一。

(3)相似性原理。

根据已知的某事物的发展变化特征,推断具有近似特征的预测对象在未来的状态。相似性原理就是从已知领域过渡到未知领域的探索,是一种重要的创造性方法。类比物之间的相似特征越多,类推预测的则越准确,类比越可靠。

(4)相关原理。

相关原理,就是研究预测对象与其相关事物间的相关关系(尤其是其中可能存在的因果关系)性,利用相关事物的演变特性来推断预测对象的未来走势状态,主要表现形式为因果关系。

(5)概率推断原理。

概率推断原理就是指,当某个预测结果相对于其他可能的结果以较大概率出现时,则认为该预测结果可以成立。

(6)反馈原理。

通过反馈不断进行修正是基于人们在实践中总结出的经验教训来指导未来工作的基本思路。利用反馈原理能够更好地处理事物的动态演变过程,在具有较好的适应性的同时,能够提高预测的鲁棒性。

1.2.1 基于影响因素的预测理论

事物的发展总是有前因后果。即便是在没有探明其事物发展的内在因果关系时,或是在无法清晰描述事物发展的起因时,也总会在事物发展的过程中,存在着一些对其发展具有深刻影响作用的因素。然而,不论这些因素是否是造成事物发展的本质原因,人们发现可以借助这些影响因素来预测事物的发展。这是基于影响因素进行预测的基本思想。

在进行预测时,首先要对收集的大量数据进行分析,确定具有较强影响作用的因素,再建立它们相互影响的关系模型,并进行参数标定,最后还需对建立的预测模型进行验证。在交通信息预测中,由于影响着交通运行的因素很多,在这些影响因素中,有些容易测得,而另外一些因素则具有较强的不确定性;另一方面,有些因素的影响作用较强,有些则影响作用较小。因此,在建立预测模型时,通常需要筛选影响因素,以便在确保预测精度能够达到满意效果的同时,能够以较小的代价获取可靠的影响因素数据。然而,对于复杂的交通演变,其影响因素可能会随着时间的推移而发生变化,还有一些影响因素可能因测量精度或误差造成数据质量不高,从而导致预测的精度无法保证或显现出时好时坏的动态变化。

在智能交通系统(ITS)中,不仅实时交通流对提供动态的交通控制和引导是非常重要的,而且生动和准确的交通流预测可以帮助减少意外故障,提高交通系统的效率。然而,道路交通系统是一个复杂的、开放的、并随时间变化的系统,该系统通常表现出高度随机性和不确定性。这个具有挑战性的问题激发了人们相当大的研究热情,不断地致力于这一领域进行探索。因此,已经开发了诸多的预测算法,诸如卡尔曼滤波器及其扩展、支持向量机、贝叶斯网络和混合方法等。从不同的角度可以对这些预测算法进行多种不同的分类,如单道路连接或相关联道路网(子网络)、市区街道或高速公路、参数或非参数模型、分析或数据驱动方法、单变量或多变量方法等。然而,这些预测方法背后的基本思想或多或少像“昨日重现”,也就是说,从历史的经验中提取信息和知识用于推断和预测未来的状态。因此,必须对过去有很好的了解,以试图发现事物进化的规律。

1.2.2 基于时间序列分析的预测理论

时间序列是事物发展过程中根据时间先后顺序而得到的一系列观测值。许多事物的发展都能以时间序列的形式呈现出来,如交通事故发生的周度序列、出行需求变化的小时序列、交通流量变化的分钟观测序列等。

时间序列里蕴藏着事物发展的丰富信息,具有其他形式所不能代替的知识,而其最典型的特征之一,便是相邻观测时刻之间存在着难以分割的依存关系。而这种在时间维度上的依赖关系具有极大的实用价值,是进行预测的根本依据。

时间序列通常是在固定时间间隔下在每一个观测时刻记录下来的观测值,这样的时间序列从数学的角度可定义为:一个时间序列就是指根据时间顺序所记录的一系列观测值$\{r_i\}_{i=1}^{N}$,N为观测值的个数。其中,每个记录可以是一维或者是多维数据,如$r_i=\{a_1, a_2, \cdots, a_m\}$是$m$维数据。而且,这些记录数据可以是连续实数,也可以是离散数据。如果记录的数据随着时间的推移而发生变化,则称其具有动态特性,否则具有静态特性。

在进行预测时,可以根据数据在时间上的相互依赖特性,在历史数据及当前数据的分析基础上,对未来时刻的数据进行推测。此外,时间序列的预测也可以建立在序列的相似性基础之上,借鉴“昨日重现”的思想,通过对历史数据分析,找出相似的历史演变片段,以此作为预测未来演变的基础依据。

交通系统的发展会受到许多因素的影响,比如天气、道路施工和大型群体事件(如奥运会)等。将这些影响因素作为交通系统的潜在输入变量,可对交通状态未来发展趋势进行预测。然而预测精度在很大程度上取决于这些影响因素数据收集、分析和处理的质量,而且其中一些影响因素较难获取或是获取的数据精度不高或是获取的数据格式之间存在着较大的差异。历史观测的时间数据序列(即时间序列)嵌入了丰富的信息,充分挖掘时间序列的内涵,可以用于推断未来的状态。综上所述,相对于基于影响因素的预测方法来说,基于时间序列的预测方法在数据收集方面易于实现,而且统一的数据格式和采集手段便于后续处理。因此,基于历史数据的交通流预测是本书主要阐述的对象。

1.3 交通信息预测的分类

1.3.1 依据时间跨度划分

由于预测数据的最终用途存在着差异,如交通规划可能需要对未来几年后的交通演变进行预测,并以此预测数据作为制定未来建设规划的主要依据。如果是制定管理措施,可能需要预测几个月后的交通信息即可;如果是为了制定临时的交通管制或诱导策略,则需要对近期未来的交通状态进行预测。

因此,根据不同的目的,交通预测的时间也有所差别。目前,多数研究对预测时间大致划分为长时、中时及短时预测。即,长时范围有设定为数小时、数天、数月,甚至是数年等[2];中时范围则以天计或是月计;而短时范围有从 5min 到 15、30、60min 等[3-5]。也有一些研究把预测时间划分为长时和短时两种。

由于时间序列是一组在不同时刻获取的观测值,那么根据是对下一个时刻进行预测还是对未来几个时刻进行预测,对未来的预测可分为单步预测和多步预测。其中,多步预测又可分为两种。一是直接对未来若干个时刻后的状态进行预测,这种多步预测方法比较简单,只需将历史数据与预测时刻的状态建立起关系即可,因此也被称为直接多步预测;二是建立在单步预测的基础上,在每次单步预测之后,再将预测的结果作为已知输入,对下一时刻进行预测,如此循环滚动,直至到所需的预测时刻[6]。

1.3.2 依据空间跨度划分

除了可以按照预测时刻离当前时刻的远近关系对交通预测进行分类外,还可以从预测所涵盖的范围来进行划分。

(1)城市道路交通预测。

随着我国城镇化发展的步伐逐步加快,城市交通成为城市可持续发展的重要支撑和保障环节。由于城市经济的快速发展,城市交通问题日趋凸显,交通预测在城市规划、交通规划、交通管理等方面具有重要的参考价值。城市交通不同于公路交通,在城市交通系统中,交叉路口的信号灯控制系统在影响和调节城市路网的交通流量上起着重要的作用。

(2)公路交通预测。

公路承载着城市外部的交通,成为省际、城际及城乡交通的重要载体之一。城市间经贸活动的日趋频繁,相应的物流需求迅速增长,公路在货物运输方面承担着重要的角色。随着我国居民汽车拥有量的快速增长，跨省市的自驾出行需求增长迅速，尤其是在重大节假日期间高速公路的拥堵问题十分突出。因此，交通预测在缓解公路拥堵和保障运输顺畅方面起到了积极的作用。

对于城市交通系统来说，交通预测还可分为：路段和路网两种类型。其中，对路段进行交通预测时，主要针对的是基本路段上的交通参数（如交通流量、行车速度、占有率等），而一般不涉及交叉路口的交通情况。另一方面，在对路网上的交通参数（如行程时间等）进行预测时，就需要考虑交叉路口的影响，例如在预测行程时间时需要考虑交叉路口的延误。此外，由于路网中相邻路段（如被预测路段的上下游等）之间存在着一定的相关性，可以利用这种空间相关特性来进行预测。路网的交通参数可以先从各路段预测的交通参数通过集计的方式获得，但也可从宏观的角度通过分析相关的影响因素来预测未来时刻的交通参数。

1.3.3 依据预测方法划分

按照预测方法可将现有的方法分为以下6种。

(1)基于统计理论。

通过统计历史交通数据得出其固有规律，通常假设未来走向具有与历史数据相同的特性。代表性方法有历史平均模型（History Average Model）、线性回归预测模型、时间序列预测模型、卡尔曼滤波模型（Kalman Filtering Model）[7]等。大多数方法是建立在线性基础上，在时变性强的情况下，预测效果不佳。

(2)基于交通仿真。

建立仿真模型进行预测[8]。仿真模型可分为3种：基于连续性描述的流体力学模型、基于概率性描述的气体动力模型、基于离散性描述的跟驰模型和元胞自动机模型。从物理角度也可认为是宏观、介观和微观模型。宏观模型便于把握交通流的整体特性，简化后容易得出解析解，但不适于非线性强的情况。微观模型虽然捕捉到交通系统的离散性和非线性，但模型参量很难客观准确确定。介观模型在考虑交通整体特性的同时有所涉及系统中的离散个体，但是待定参数增多且确定烦琐。

(3)基于模式匹配。

从历史交通数据中总结出一组模式，把当前采集的数据与历史模式进行比对，找到最为接近的一个或几个模式作为预测的依据[9]。具有代表性的方法是非线性回归法。该方法不需要建立模型和先验知识，直接从历史数据中挖掘信息，因此较适合有特殊事件发生时的预测，但不易提炼总结潜藏的规律，且需大量数据以便建立完整的数据库。

(4)基于神经网络。

通过对历史数据学习确立网络模型，再利用建成的神经网络进行预测[10]。因其具有自学习的特点，近年来得到广泛关注。不足之处在于：建模需要大量的历史数据；经学习确定的输入与输出关系不易被理解;由于利用经验最小化原理进行学习,因此不能实现期望风险最小化,这是其理论上的缺陷。

(5)基于非线性理论。

此类方法是在混沌理论、耗散理论、协同论、分形理论等非线性理论的基础上形成的[2][7],其中研究的热点较集中在基于混沌理论的预测方法和小波分析预测法。此类方法对于短时内非线性较强的预测结果不错,但不适于中长时预测。

(6)综合预测方法。

各种预测方法均有优缺点,综合预测方法试图借助融合技术综合多种不同预测方法,达到"取长补短"的效果[11,12]。研究重点是如何有效地把多种方法结合起来,如何分配及调整各种方法的权重。

上述预测方法还可以按照是否建立模型分为两类:基于模型的预测方法,主要包括历史平均模型、线性回归模型、时间序列预测模型、卡尔曼滤波模型、仿真模型、模糊预测模型及它们的组合预测模型等,此类方法通过建立近似模型进行预测,起到平滑作用的同时有助于发现交通系统中的潜在规律,但需确定参数;无模型的预测方法,主要包括非参数回归、小波预测法、基于混沌理论的预测方法和它们的复合预测方法等,无模型方法直接从数据中寻找信息,适于突发事件的预测,但需大量数据支持且抗干扰能力较差。

1.4 短时交通信息预测的意义

交通运输系统是一个极其复杂的开放系统,运输需求同时受来自系统内和系统外因素的影响,而且这种需求可在任意时间任意地点产生和消除,因此,具有较强的不确定性。一方面,对交通需求进行预测,可以为制定更加合理的政策及规划提供有力的依据。另一方面,对交通流等信息的预测,可以在实际交通运行中起到重要的作用[13]。本书将重点介绍作者在以往科研项目中对交通信息预测所提出的一些数据预处理方法和预测方法。

第2章 数据预处理

2.1 数据预处理概述

交通系统是一个高度复杂的开放系统,具有较强的非线性、时变性及不确定性。在进行交通参数及状态检测时,由于存在着种种干扰,所采集的数据往往含有异常数据、缺失数据、噪声等。这些数据在一定程度上掩盖了交通运行的本质特征,使得其演化趋势不易被洞察。因此,为了确保交通预测的准确性及可靠性,对采集的原始数据进行预处理是一个不可或缺的重要环节。然而,数据预处理尚没有被广泛认可的统一标准,通常需要根据不同数据的数据类型及业务需求,结合专业领域知识,在对数据特性进行充分理解的基础上,再选择相关的数据预处理技术或提出改进的预处理方法。此外,对原始数据的预处理也需视具体情况而定,通常会涉及异常数据的祛除、降噪处理及缺失数据的弥补等,但也可能存在着原始数据只包含其中的一种或两种类型的错误数据。

2.2 异常数据祛除

2.2.1 异常数据

异常数据又称为异常值(Outliers)。有关异常数据的研究可追溯到18世纪,而对异常数据的最早定义是由 Bernoulli 在 1777 年提出的，但其对异常数据的定义并没有得到广泛认同，而且在此之后又有一些新的定义相继提出。如：Hawkins[14]认为“异常值就是指那些在数据放到一起后与众不同的数据，使人们质疑这些数据并不是随机偏差所产生，而是由于完全不一样的机制，而这在一定程度上表明了异常值的本质”；Weisberg 结合统计理论，将异常数据的定义是“与集中数据后的其他部分不服从相同的统计模型的数据”；而 Grubbs[15]则把异常数据定义为“一些明显偏离其余样本的数据，而它们是不符合常见的数据模式”；Beckmen 与 Cook 于 1983 年[16]提出了关于异常数据的两种看法：一是“将异常值看成是那些与数据集明显不协调的、令人吃惊的数值点，这样异常值就可以解释为是假设分布里的极端值”；二是“将异常值看作杂质点，它与数据集不是同一分布的，是在大多数来自某一同分布的数据集中混入的来自另一分布地少量杂质”。

我国学者张德然[17]在总结前人定义的基础上，从内涵关系的角度出发，提出了有关异常数据的两种定义，即广义定义和狭义定义。在其广义定义中，将异常数据认定为：“在所获统计数据中相对误差较大的观察数据”，而把这样的数据也称为是奇异值；在其狭义定义中，则将异常数据认定为：“一批数据中有部分数据与其余数据相比明显不一致”，这种数据也被称为是离群点。

数据出现异常的原因很多，其中既有人工采集数据时因操作失误或使用方法或设备不恰当所引起部分数据出现较大偏差，也有因采集手段及设备的局限所造成的。由于异常数据的存在，迷惑或掩盖了事物发展的本质特征，同时也无形当中给处理和分析带来诸多不便。但是，也应注意到，一些异常数据可能蕴含着十分有价值的信息。因此，如何识别并祛除异常数据一直以来都是数据预处理当中的一个必要和重要的环节。

如果所采集的数据量并不大，同时数据的使用目的对实时处理并不作过多的严苛要求，那么此时采用较为原始的人工识别及祛除方法具有一定的可行性，但是可能会受到处理人员主观认知的影响较大。近年来，随着检测技术的普及，许多城市道路上都普遍安装了各种检测器，由此而带来的是海量数据。此外，交通管理和控制等诸多方面对实时数据处理的要求也越来越严格。因此，人工识别及祛除异常数据的方法无法再适应目前发展的需求。以下将首先介绍两种传统的异常数据自动祛除方法，再介绍我们所提出的一种基于密度的异常数据祛除方法。

2.2.2 异常数据祛除的传统方法

目前使用比较普遍的两种异常数据识别及祛除方法都是建立在统计理论基础上的，并且通过一定的前提假设来实现对异常数据的判别。

(1)3δ 准则法。

这种方法建立在假设数据是服从单一高斯分布的基础上，基于所采集的样本，先对样本的期望值进行估算，然后将那些偏离期望值超过一定程度的数据（通常取偏离期望值超过标准偏差的3倍的数据,即Pauta准则,又称为3δ准则)判定为噪声,进而把这些噪声剔除掉[18,19]。显然,这种异常数据祛除方法属于参数统计法的范畴。由于这种方法是基于数据服从高斯分布的假设基础之上,因此,对于服从其他分布的数据,这种方法无法保证能够有效地识别噪声。此外,由于异常数据的影响,计算出来的期望值及标准偏差等统计量可能存在着不同程度的误差,这些误差也是造成异常数据误判的一大原因。

(2)Tukey测试方法。

首先将采集得到的样本数据从小到大进行排序,再依据四分位数法,将这些数据分为四等份,那些偏离上四分位数和下四分位数超过一定程度(通常设定为偏离上四分位数和下四分位数1.5倍的上下四分位数范围)的数据则被判定为异常数据[20,21]。该方法属于非参数方法。

以上这两种异常数据祛除方法均局限于单个分布的情形,也就是说对于服从多个相同或不同分布的数据,以上这两种方法可能存在着无法正确识别和祛除异常数据的情况,或者存在着漏判等其他情况,甚至可能将那些能够体现实质的数据也当作异常数据剔除掉了。

近几年,有些研究者[22,23]通过聚类来识别并祛除噪声,但是聚类本身就是一个复杂耗时的过程,而且聚类结果的好坏直接影响着噪声的识别。

2.2.3　一种基于密度的异常数据祛除方法

由于数据之间的紧密关系可以通过数据聚集的程度(即密度)来判断,因此,可以通过计算数据的密度来判断哪些数据与其他数据相距较远或相似性较低。正是基于这样的思想,建立了一种基于密度的异常数据祛除方法。该方法的具体计算过程如下。

该方法可大致分为两步,第一步先对数据密度进行估算,下一步则依据所得的密度进行噪声识别并作祛噪处理。可以看出,第一步即计算数据的密度,是识别噪声的基础和关键。由于常用的交通参数时间序列可认为是一个二维数据集,故这里以二维数据的异常值祛除为例进行说明。

首先假设采集得到二维数据集为Z(如图2-1a)中的圆点所示),且其包含了N个数据点z_k($k \in \{1,2,\cdots,N\}$)(在本例中数据点的维度为2)。接着,产生一个数目为M的数据集S(如图2-1a)中的圆圈所示),为了便于描述,这里将该数据集称为种子群。在确定种子群的数目M时,不仅需要保证各个种子点与其相邻种子之间的距离恒等,还需保证种子群的范围能够覆盖待处理的数据集。并且,给每个数据点z_k($k \in \{1,2,\cdots,N\}$)均附有一个初始值为0的种子吸附计数器c_k。该种子吸附计数器的作用就是统计该数据点在与其他相邻数据点之间竞争种子时所获得的种子数目。为了判断数据之间在争夺种子中的优胜情况,特设立如下准则:对于每个种子s_k($k \in \{1,2,\cdots,M\}$)来说,先分别根据

计算它与数据集 Z 中各个数据点之间的欧式(Euclidean)距离[24],并根据式(2-1)确定与其最近的数据点,此时将最近的数据点携带的种子计数器增一。

$$i = \mathrm{argmin}\left(\|z_k - s_j\|^2\right) \quad (k \in [1,2,\cdots,N]) \tag{2-1}$$

按此过程,对所有种子点都计算并完成计数后,便可统计得出每个数据点在争夺种子大战中所获得的种子数。值得一提的是,虽然本书中所涉及的实验均采用了欧式距离计算,但该方法同样适用于其他距离度量,例如:曼哈顿(Manhattan)距离[25]、汉明(Hamming)距离[26]、编辑(Levenshtein)距离[27]等。

上述计算过程表明:如果某一数据点所能够获取的种子数越多,则暗示其邻域与其竞争种子的数据点越少,即该数据点的密度越低;反之,则暗示着其邻域充满了与其竞争种子的数据点,那么该数据点的密度就越高。举例说明,图2-1a)所示的数据点经过上述计算之后可以确定每个数据所能获取的种子数后,即可确定各个数据点的密度,在图2-1b)中颜色越深的点代表密度越低(即能获取种子越多)的数据点,而越浅的点则代表密度越高(即能获取种子越少)的点。由此可见,那些密度较低的点表明了测量结果在其邻域出现的概率较小,故可将这些数据点认为是异常数据点。

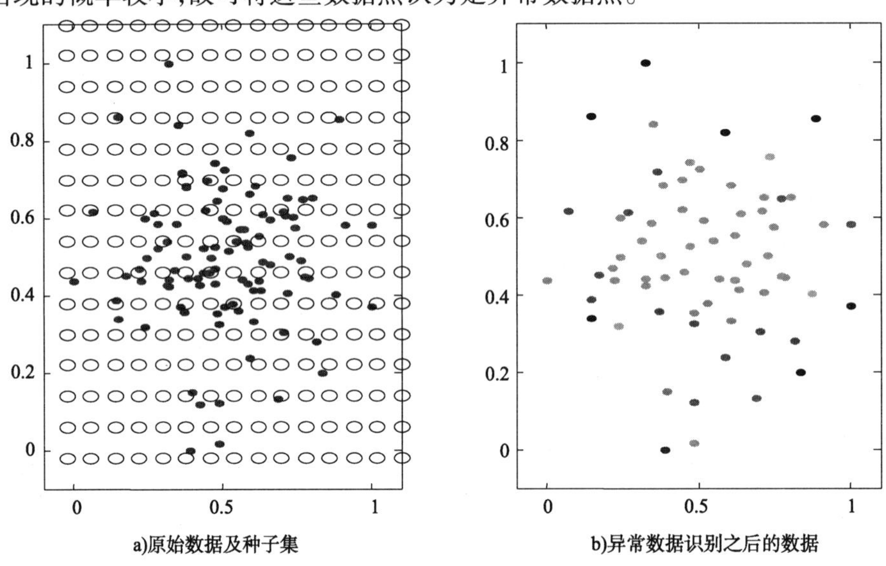

图2-1 异常数据识别事例

在确定数据点密度之后,就需要判断哪些数据点属于异常数据。确定异常数据可有多种方法,此处采用了一种比较简便的方法,该方法是根据数据密度的分布来判定异常数据。具体地说,就是先把数据点按照密度从小到大进行排列,并平均分为5层,将属于第一层的数据点判定为异常数据。在实际应用中,可以根据具体应用情况修改判定准则,以便取得更好的效果。

显然,该方法在计算数据点密度之前,需要确定种子数目。为此,这里介绍一种比较简单的确定方法：首先确定收集得到的数据的范围（即为 z_{max}、z_{min}）；在此基础上，对每一个数据点，按照式(2-2)计算其与其他数据点之间的最短距离；在完成对所有数据点的最短距离计算后，再取这些结果的平均值，如式(2-3)所示，并将此平均值作为种子间的间距；另外，还需满足种子群能够覆盖数据集的条件，即根据式(2-4)可确定种子群的边界。

$$d_i = \min\left(\|z_i - z_j\|^2\right) \quad (j \neq i, j \in [1,2,\cdots,N]) \tag{2-2}$$

$$\bar{d} = E(d_i) = \frac{1}{N-1}\sum_{i=1}^{N} d_i \tag{2-3}$$

$$z_{max} - s_{max} > \bar{d} \quad 且 \quad s_{min} - z_{min} > \bar{d} \tag{2-4}$$

根据确定的种子间距和种子群范围便可直接算出种子的数目。当然，也可根据实际应用情况设计其他的种子数目方法，但一般地需要满足两个条件：①种子群能够覆盖所有的数据点；②种子间距合理，能够保证所有数据点都能获取 1 个及以上的种子。需要注意的是，种子数目过多时，可能造成运算负荷增大；而种子数目过少时，可能会出现多个数据点具有相同的种子数，不利于分辨数据密度的差异。

综上所述，该异常数据祛除方法的可按照如下流程完成异常数据识别和祛除的工作，如图 2-2 所示。

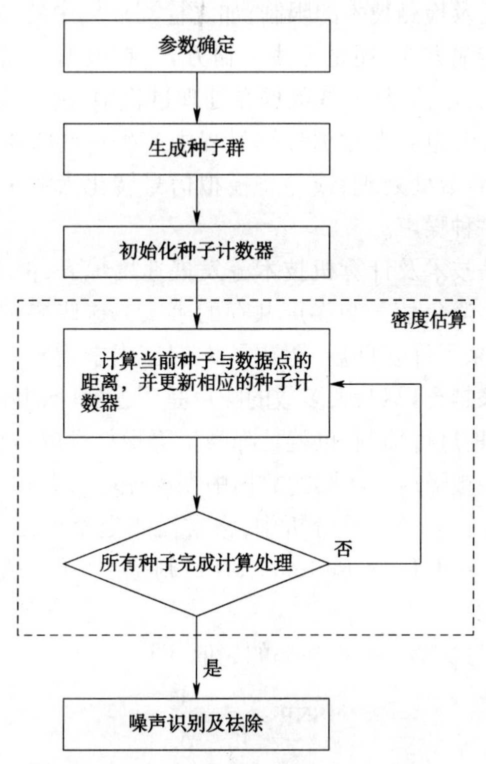

图 2-2　基于密度估算的祛噪声方法流程图

(1)首先确定种子群数目等参数;

(2)生成一个恒等间距的种子群;

(3)为所有数据点附加一个初始为0的种子计数器;

(4)计算当前种子与所有数据点间的距离,找到距离该种子最近的数据点,并将对应的数据点所携带的种子计数器增一;

(5)重复步骤(4),直至完成对所有种子的计算处理;

(6)依据给定准则识别并祛除噪声。

2.3 噪声抑制

2.3.1 噪声

噪声通常是指在获取、传输及处理过程中产生的一些不同于有用信号的数据,而且由于噪声的存在,常常掩盖了事物本质的特性,也常会导致信号的失真。其来源除了来自系统外部,亦有可能由系统本身产生。对于交通数据中夹杂的噪声数据,主要有三方面的来源:①由于检测器及检测技术的限制,加之检测环境中的各种干扰,产生了许多检测噪声;②无论是有线传输方式,还是无线传输方式,在数据传输过程中,因种种干扰导致一些噪声数据掺杂到有用信号中;③数据在处理过程中,由于数字计算机的硬件限制,或处理要求及方法的限制,也会在数据计算过程中产生一些噪声,如为了加快处理速度而将浮点型数据转化为整数型处理,或是将模拟信号转化为数字信号等,都是产生一些误差,这也可以看作是一种噪声。

尽管传感技术、通信技术及计算机技术等发展速度惊人,但是无论目前这些技术是多么的先进,都无法完全避免信号与噪声共存的事实。这些掺杂于有用信号中的噪声,在人类认识事物方面带来了许多问题,阻碍了人们探索事物发展规律的进程。然而,在大量的实践中,人们越来越意识到,大多数的噪声是无法完全消除的,但可以利用有效的处理方法将噪声尽可能地进行抑制,也就是降噪。降噪处理的本质就是通过数据变换与提取,将有用信号从各种被噪声所污染的数据中剥离提取出来。

由于噪声的存在,在许多应用及分析中,常常需要定量评估噪声强度或是系统抵抗噪声的能力。信噪比(Signal-To-Noise Ratio,SNR)则是一种使用最为普遍,用以比较信号强度与噪声强度的指标。

信噪比是指有用信号功率与噪声功率的比值,即:

$$\mathrm{SNR}=\frac{P_{\mathrm{s}}}{P_{\mathrm{n}}}=\frac{A_{\mathrm{s}}^{2}}{A_{\mathrm{n}}^{2}} \tag{2-5}$$

由于在许多场合下,常使用分贝(dB)作为单位,因此可表示为:

$$\mathrm{SNR}(\mathrm{dB}) = 10\log_{10}\left(\frac{P_s}{P_n}\right) = 20\log_{10}\left(\frac{A_s}{A_n}\right) \tag{2-6}$$

其中，P_s、P_n、A_s 及A_n 分别为信号功率、噪声功率、信号幅度及噪声幅度。

在实际工程应用中，需处理的信号常常是非平稳信号，可能包含着一些尖峰和突变的现象，噪声也可能是非平稳的。除了含有非常有用的低频信号外，这些非平稳信号中的突变部分通常体现出被测对象的某些重要细节特征，这些细节则以高频的形式嵌入在信号中。因此，在对非平稳信号进行降噪处理时，不仅需要抑制高频噪声，还需保留那些反映信号突变部分的高频成分。

2.3.2　小波降噪法

目前，在许多领域中，小波变换方法已经成为一种重要的分析手段，而这种小波变换方法是一个新的数学分支，是泛函分析、傅里叶变换、样条插值、调和处理的最完美结合。而小波降噪方法，正是建立在小波变换的基础上，它是一种非常有效的基于时频域分析的降噪方法，在信号处理、语音分析、模式识别等领域有着广泛的应用[28]。

在传统的降噪方法中，傅里叶变换是许多降噪方法的重要理论基础。尤其是对平稳信号的处理，基于傅里叶变换的降噪方法表现出非凡的效果。但其不能有效地处理非平稳信号和暂态信号，这主要是因为傅里叶变换不能将处于突变部分的有用高频量与属于噪声的无用高频量进行区分，也不能显示某一时刻信号频率分量的变化。

为了弥补傅里叶变换不能有效描述信号的突变细节，Gabor[29]于1946年引入了加窗傅里叶变换，也称为短时傅里叶变换。然而，短时傅里叶变换的窗口宽度是恒定值，不能根据信号局部特征调整窗口宽度。

小波分析方法的发展历史较长，最早可以追溯到1910年Haar提出的小“波”规范正交基。但是，直到20世纪80年代后，对于小波分析方法的研究和应用才逐渐普遍起来。尤其是在20世纪80年代后期，随着Meyer，Battle和Lemarie[30]相继给出了具有指数衰减特性的小波函数。1986年，Grasseau及Ameodo等人将小波变换运用于混沌动力学及分形理论以研究湍流及分形生长现象[31]。1989年，Mallat[32,33]巧妙地将计算机视觉领域内的多尺度分析思想引入到小波分析中，并统一了Meyer、Battle和Lemarie等提出的具体小波函数，构造了多分辨分析概念下的快速小波变换算法（即Mallat算法），并将其应用到图像分解及重构中。Mallat算法的提出极大地促进了小波变换的发展和应用，主要是因为该算法将小波理论和传统的滤波方法联系起来之后能够增强了小波应用能力。1988年，比利时数学家Daubechies基于多项式方式构造出具有有限支集的光滑正交小波基（即Daubechies基）[34]。1990年，Chui和中国学者王建忠探讨了具有最好局部化性质的多尺度分析函数及小波函数，并在此基础上提出了基于样条的正交小波函数[34]。1992年，Coinfman和Wickerhauser将Mallat算法进一步深化，突破了小波分析中频带的划分限制,拓宽了小波信号分析的适用范围,并且给出了基于 Shannon 熵的小波最优基选择准则[35]。同年, Daubechies 完成了小波变换领域中的经典著作——《Ten Lectures on Wavelets》,并提出了“双正交小波”的概念[36]。Goodmkan 等 1994 年基于 r 元多分辨分析建立了小波的基本理论框架[37]。1995 年,Sweldens 等提出了通过提升方法来构造第二代小波的新思想[38]。1997 年,Meyer 和 Coifman 提出了一种自适应频带分割方法,即 Brushlet 变换[39]1999 年,Candès 和 Donoho 提出了“脊波”的概念,为了解决小波处理中高维奇异性等问题奠定了基础[40]。1999 年,Candès 和 Donoho 在 Ridgelet 变换的基础上提出了连续“曲波”(Curvelet)变换[41]。在进入新千年之后,小波分析的理论研究逐渐向脊波、曲波、楔形波(Wedgelet)、子束波(Beamlet)、轮廓波(Contourlet)、条带波(Bandelet)、方向波(Directionlet)、剪切波(Shearlet)等方面发展[42-44],与此同时,小波分析方法的应用也从之前的图像处理应用领域逐渐渗透到其他领域中。

小波变换具有窗口面积固定,但时间窗和频率窗都可改变的特性,因此,能够对时频局部进行有效的分析。具体地说,在分析低频成分时具有较高的频率分辨率和较低的时间分辨率,而在高频部分则具有较高的时间分辨率和较低的频率分辨率。这种特性,不仅使得小波分析方法能够保留信号中变化缓慢的低频信号,而且能够追踪变化迅速的高频信号。

小波变换被誉为“数学显微镜”,因为其在大尺度下,可以将信号的低频信息全局表现出来,而在小尺度下,可以捕捉到局部高频的变化。正是这种特性使小波变换具有对信号的自适应性。因此,小波变换要优于传统的傅里叶变换和短时傅里叶变换[45]。

类似于傅里叶分析,小波分析的基本思想也是用一族函数来表示一个信号或函数。其中,小波(wavelet),可比作是一小段区域的波,其长度有限且平均值为 0,具体定义如下。

设 $\Phi(t) \in L^2(R)$ 满足式(2-7):

$$\int_{-\infty}^{\infty} \Phi(t)\,\mathrm{d}t = 0,\ \int_R |\psi(\omega)|^2 |\omega|^{-1} \mathrm{d}\omega < \infty \tag{2-7}$$

其中 $\Psi(\omega)$ 为 $\Phi(t)$ 的傅里叶变换,$\Phi(t)$ 为一个小波的母函数或基本小波。小波变换使用的小波函数系是通过一母小波的伸缩和平移构成的。

$$\Phi_{a,b}(t) = \frac{1}{\sqrt{|a|}}\Phi\left(\frac{t-b}{a}\right), \text{其中 } a、b \in \mathrm{R} \text{ 且 } a \neq 0 \tag{2-8}$$

称 $\Phi_{a,b}(t)$ 为小波基函数,简称小波。其中,a 是反映函数尺度(或宽度)的尺度因子,b 是反映小波在 t 轴上平移位置的平移因子,$\frac{1}{\sqrt{|a|}}$ 是一个归一化因子。

对于连续信号 $f(t)$ 来说,小波变换定义为:

$$W[f(t)] = \frac{1}{\sqrt{|a|}} \int_{-\infty}^{\infty} f(t)\overline{\Phi}_{a,b}(t)\,\mathrm{d}t \tag{2-9}$$

其反变换定义为:

$$f(t) = \frac{1}{C_\psi}\int_{-\infty}^{\infty}\int_{-\infty}^{\infty} W_\Phi(a,b)\Phi_{a,b}(t)\,\mathrm{d}a\mathrm{d}b \tag{2-10}$$

其中：

$$C_\psi = \int_{-\infty}^{\infty} \frac{|\psi(\omega)|^2}{|\omega|}\mathrm{d}\omega$$

如果是离散信号 $f(k)$，且母小波为 $\Phi(k)$，则小波函数经平移与伸缩得到的小波函数为 $\Phi_{m,n}(k) = \sqrt{2}\Phi(2^m k - n)$

那么，离散信号的小波变换为：

$$W[f(k)] = W(m,n) = \sqrt{2}\sum_k f(k)\overline{\Phi}(2^m k - n)\,\mathrm{d}t \tag{2-11}$$

其反变换的定义为：

$$f(k) = \sum_m \sum_n W(k)\Phi_{m,n}(k) \tag{2-12}$$

小波去噪方法，最初由 Donoho 等人于 1992 年将提出的[46]。随后，在小波变换方法的推动下，小波去噪方法逐渐丰富起来。到目前为止所提出的小波降噪方法，大致可以分为三大类。第一类是基于小波变换的极大模原理的，属于这类的方法是根据信号和噪声在小波变换的各个尺度上所显现出不同的传播特性，从而提出了有噪声产生的极大值点，在保留信号对应的模极大值点基础上，利用所余模极大值点对小波系数进行重构，从而恢复信号；第二类方法，首先对夹杂噪声的信号进行小波变换，再计算相邻尺度间小波系数的相关性，并根据所得的相关性来区别小波系数的类型并进行取舍，最后再重构信号；第三类方法是基于阈值处理的小波降噪方法，其基本思想是，信号对应的小波系数包含有信号的重要信息，其幅值较大，但数目较少，而噪声对应的小波系数是一致分布的，个数较多，但幅值较小。因此，在小波分解后，通过设定阈值，将小波系数中较小的系数置为零，而保留那些绝对值较大的系数，然后对处理后的系数进行小波逆变换，从而实现信号重构，起到降噪的作用。

其中，基于阈值处理的小波降噪算法是一种直观而有效的降噪算法，而且得到了较为广泛的应用。因此，这里将主要探讨如何利用基于阈值处理的小波降噪方法来实现对交通流数据的降噪处理。

图 2-3 为三层小波分解示意图，假设待处理的信号为 S，那么经过一次分解后，得到 cA_1 和 cD_1 两部分。其中，cA_1 包含原信号的低频信息或近似信息，而 cD_1 则保留了信号高频信息或细节信息。在第二次分解时，对 cA_1 信号进行分解，得 cA_2、cD_2。对 cA_2 再分解得 cA_3 和 cD_3。可以看出，该小波降噪方法在每次分解时都是对低频部分进行操作，而把高频部分认为是噪声。也就是，在完成分解后，有用信号包含在 cA_1、cA_2、cA_3，而 cD_1、cD_2、cD_3 则是需要祛除的噪声。

一般来说，对于一维时间序列的降噪过程可以分为如下 3 个步骤：

(1)选取某个小波并确定分解层数，然后对信号进行小波分解计算；

(2)对第每一层高频系数,选择一个阈值进行阈值量化处理;

(3)根据小波分解的最底层低频系数和经过量化处理后的各层的高频系数,进行信号的小波重构。

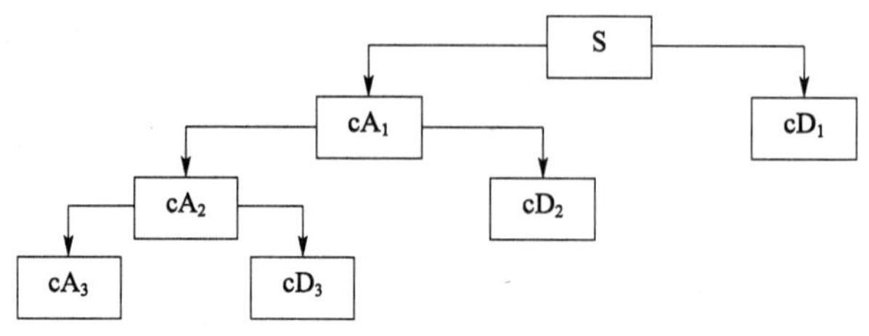

图 2-3 三层小波分解结构示意图

虽然,基于阈值处理的小波降噪方法在理论方面具有严谨的数学推导。但在实际应用中,却发现不仅阈值和阈值函数对降噪效果的影响很大,而且母小波的种类及小波分解的层数(即尺度)也会影响着降噪的效果。然而,目前还没有能被广泛接受的统一确定方法,本书结合近期作者的研究成果,将对母小波和分解层数进行讨论。

2.3.3 基于 Gamma 测试的母小波选取方法

目前,基于阈值处理的小波降噪方法中,常用母小波有 Harr、Daubechies 族、Bior 族、墨西哥帽等。通常是通过对不同母小波进行测试后,根据经验来选取某一母小波。显然,这种基于经验的选取方法直接受到主观经验的影响。为此,我们提出了一种基于 Gamma 测试的母小波选取方法。

Gamma 测试[47,48]是一种非参数方法,最初是用来评估在定义域内具有一阶和二阶导数的未知非线性模型对给定数据点进行拟合的效果。如果目标系统具有以下形式:

$$y(t)=x(t)+r(t) \tag{2-13}$$

其中 $x(t)$ 表示一个关于 t 的未知函数且拟用该函数来近似表示目标系统,r 是噪声部分,反映的是模型无法表示出来的那部分,既包括噪声所带来的误差,同时也包括可能因系统模拟不完全所带来的误差。那么,Gamma 测试就是用来估计的噪声方差 $\sigma^2(t)$。

Gamma 测试的基本思路是建立在未知非线性函数的连续性和光滑度定义的基础上。也就是说,如果该未知函数 $x(t)$ 是连续的,在输入空间中相邻的两个数据点 t 和 t',他们相应的输出 $x(t)$ 和 $x(t')$ 也应该相邻。但在有噪声存在的情况下,输入空间中相邻两点所对应的输出点可能就不再相邻了。

对于两个相邻输入点的输出按式(2-14)表示:

$$\frac{(y(t')-y(t))^2}{2}=\frac{((r(t')-r(t))+(x(t')-x(t)))^2}{2} \tag{2-14}$$

由函数 $x(t)$ 的连续性可得,当 t' 无限趋近于 t,那么就有 $(x(t')-x(t))^2$ 趋进于0,即 $\frac{(y(t')-y(t))^2}{2}\to\frac{((r(t')-r(t))^2}{2}$。那么,式(2-14)的数学期望即为:

$$E\left(\frac{(y(t')-y(t))^2}{2}\right)\to\sigma^2(r(t)) \tag{2-15}$$

然而,在实际中很难直接计算得到这个极限值,这主要是因为所采集的数据量是有限的。显然,需要通过利用现有数据来估算出噪声方差的近似值。其中,一种简便的方法就是,将 N 个数据点中的每一个数据点与其相邻数据点分别进行配对,并计算该数据点与其相邻数据点的平均距离,即:

$$\gamma_N(k)=\frac{1}{2N}\sum_{t=1}^{N}|y_k(t)-y(t)|^2 \tag{2-16}$$

其中,$y_k(t)$ 是 $y(t)$ 的第 k 个近邻(按照由近及远的原则排序),且 $|\cdot|$ 表示欧式距离。另一方面,对应的输入数据之间距离的平均值可表示为:

$$\delta_N(k)=\frac{1}{N}\sum_{i=1}^{N}|t_k-t|^2 \tag{2-17}$$

在 Gamma 测试中,假设 $\gamma_N(k)$ 与 $\delta_N(k)$ 之间呈现线性关系,那么可以利用线性拟合得到一条直线,此时将该直线与纵轴的交点,近似地作为当 $\delta_N(k)$ 趋近于 0 时的噪声方差。

鉴于此,这里提出了一种母小波确定方法,该方法是建立在 Gamma 测试所估计的噪声基础之上,其处理流程具体如下:

(1)首先,通过 Gamma 测试来估计采集得到的数据集 y 噪声方差 σ^2;

(2)选取第 j 个母小波作为被试对象,并构建小波降噪方法;

(3)应用小波降噪方法得到降噪后的数据集,再计算降噪前后数据的方差,即:

$$\hat{\sigma}_j^2=\mathrm{var}(y-\hat{y}_j) \tag{2-18}$$

其中,$\hat{y}_j$ 分别表示降噪后的数据。

(4)计算通过 Gamma 测试得到的估计噪声方差和第(3)步计算所得到的噪声方差之间的绝对误差;

(5)按照前述步骤,在对所有候选母小波进行计算后,再通过寻找最小绝对误差所对应的那个母小波。

$$L=\mathrm{argmin}(|\sigma^2-\hat{\sigma}_j^2|) \tag{2-19}$$

在选取母小波过程时,除了母小波之外,其他参数(如阈值、分解层数等)在所有计算过程中均保持不变。

为了检验 Gamma 测试对噪声水平估算的准确性,首先随意构造了三个非线性连续函数,即:

$$\bar{y}(t)=0.6\sin(2\pi t)\cos(\pi t)+0.7\sin(4\pi t)^3+4e^{\frac{t}{5}} \tag{2-20}$$

$$\bar{y}(t)=(0.5t^8+0.5t^5-0.3t^3-t^{0.6}+t^{1.7})\cdot\sin\left(2\pi\frac{1.1}{t+0.1}\right)+(0.46t^7+0.1t^4+0.37t)\cdot\cos(4\pi t) \tag{2-21}$$

$$\bar{y}(t)=\sqrt{t(1-t)}\cos\left(8\pi\frac{1.5}{t+0.5}\right)+1.6e^{\frac{t}{1.6}} \tag{2-22}$$

为了方便起见，在[0,1]上等间距分为 1024 个点，并将这些点作为 t 的取值范围。图 2-4所示为按照上述三个非线性函数产生的序列波形。

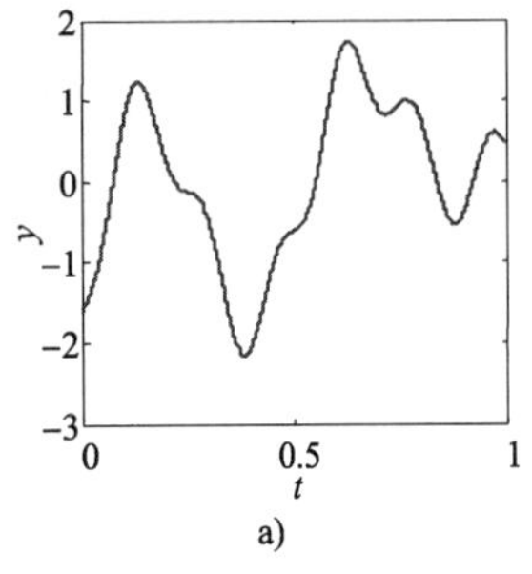

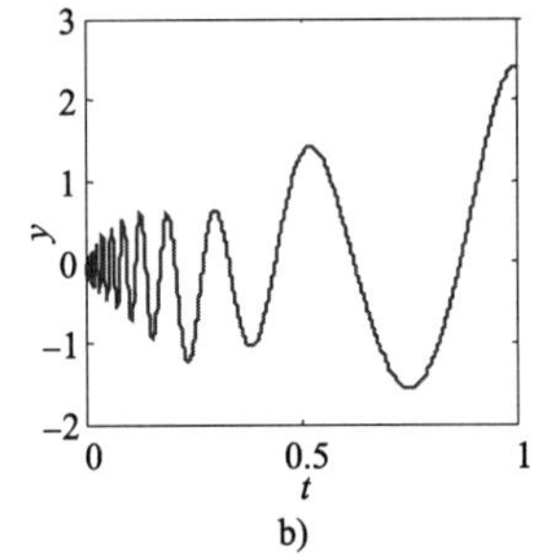

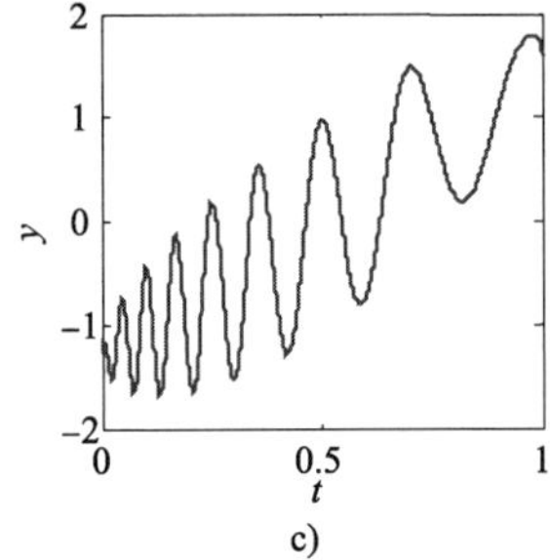

图 2-4　生成的 3 个非线性序列

其次，通过在上述三个序列中混杂不同水平的高斯白噪声，从而生成验证噪声水平估算的测试序列。并且，将掺杂有噪声的序列分别记作为 S1、S2 及 S3。对于各序列，在混杂噪声时，首先假定了掺杂噪声后序列的信噪比分别为 1，4，9，16 和 25，为了方便起见，每次产生的噪声水平保持不变，而是通过改变信号幅值来产生不同信噪比的测试序列。图 2-5 ~ 图 2-7 所示为带有不同噪声水平的被试序列。

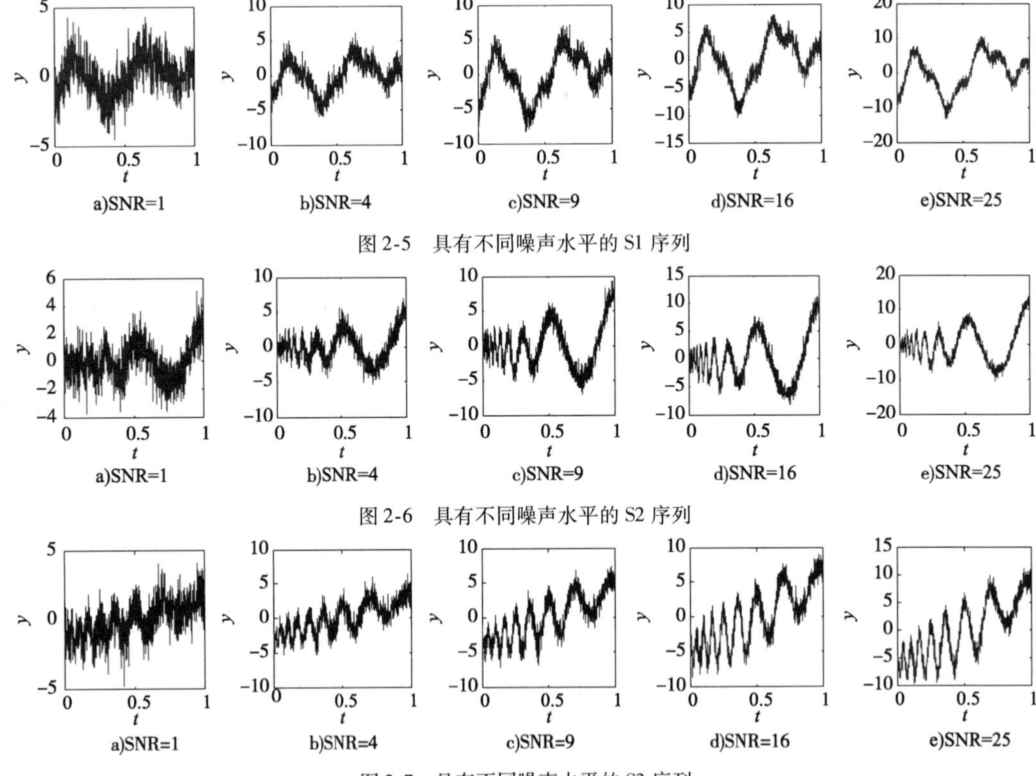

图 2-5　具有不同噪声水平的 S1 序列

图 2-6　具有不同噪声水平的 S2 序列

图 2-7　具有不同噪声水平的 S3 序列

在比较验证过程中，每次实验均进行了100次，且在每次实验中，都随机生成新的噪声序列并将噪声序列混杂到原始序列中。而且，如果没有特殊说明，以下列出的均为平均值结果。在进行Gamma测试估算噪声水平时，本章所列结果均只取前10个近邻作为估算的数据样本。

针对不同噪声水平的被试序列，噪声方差的真实值见表2-1。同时，通过Gamma测试所得的估计值也列于表2-1。表2-1所列结果均为100次独立实验的平均值。从表2-1所示结果，可以看出无论噪声水平的大小，无论原始序列的形态，Gamma测试的结果十分接近真实的噪声水平，表明了该方法能够有效地估算出信号序列的真实噪声水平。

真实噪声方差值与Gamma测试所估算的噪声方差值　　表2-1

信噪比	噪声方差	被测序列 S1	被测序列 S2	被测序列 S3
1	真实值	0.9986	1.0117	0.9942
	估计值	0.9931	1.0045	0.9857
4	真实值	0.9968	1.0085	1.0024
	估计值	0.9972	0.9917	0.9927
9	真实值	1.0000	0.9935	1.0012
	估计值	0.9872	0.9634	0.9772
16	真实值	1.0057	0.9960	0.9966
	估计值	0.9897	0.9450	0.9530
25	真实值	0.9987	1.0002	1.0001
	估计值	0.9785	0.9201	0.9323

接下来，基于上述被测序列，对Daubechies族（即：bd2、db3、db4、db5、db6、db7、db8、db9、db10）、Bior族（即：bior1.3、bior1.5、bior2.2、bior2.4、bior2.6、bior2.8、bior3.1、bior3.3、bior3.5、bior3.7、bior3.9、bior4.4、bior5.5、bior6.8）及Symlet族（sym2、sym3、sym4、sym5、sym6、sym7、sym8）母小波进行了实验分析。在实验中，除了母小波外，阈值方法、阈值选取规则、阈值比例参数均选取为软阈值函数、"sqtwolog"及"mln"，且分解层数均设为3。

为了对所提出的方法进行比较分析，分别计算了应用不同母小波降噪后得到序列的信号比（SNR）及均方差（MSE），如式（2-23）和（2-24）所示。

$$\mathrm{SNR}(i)=\sum_{t=1}^{N}[\bar{y}(t)]^2/\sum_{t=1}^{N}[y(t)-\hat{y}_i(t)]^2 \tag{2-23}$$

$$\mathrm{MSE}(i)=\frac{1}{N}\sum_{t=1}^{N}[\bar{y}(t)-\hat{y}_i(t)]^2 \tag{2-24}$$

其中，i表示当前被试母小波是第i个母小波，$\bar{y}$、y、和$\hat{y}$分别为无噪声信号序列、混有噪声序列及应用第i母小波降噪后的序列。这里计算信噪比主要是为了对比分析降噪后的噪声水平与真实水平的差距。另一方面，由定义可知，均方差主要是用来衡量降噪后序列与真实信号之间的相似程度。

对于某一母小波,经过 100 次独立降噪实验后,分别统计了信噪比、均方差及噪声方差的平均值,并将平均信噪比及噪声方差分别与其各自的真实值进行比较,同时与均方差的平均值一起进行比较,如图 2-8 ~ 图 2-12a)所示。

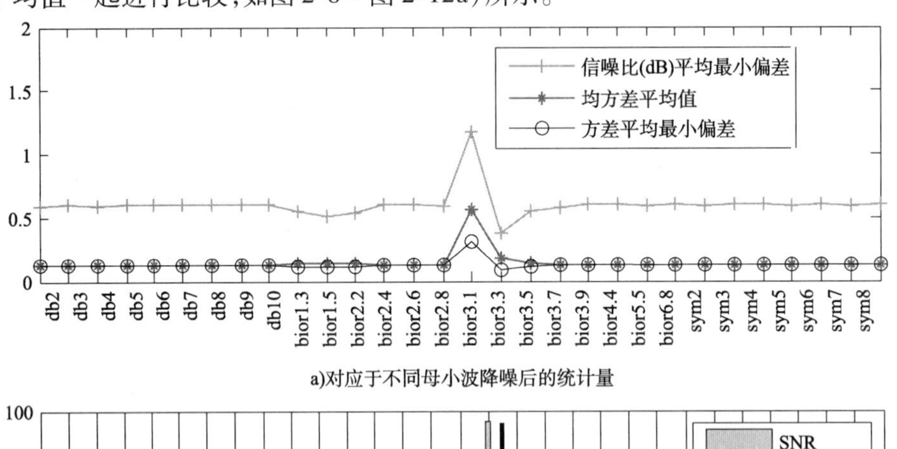

a)对应于不同母小波降噪后的统计量

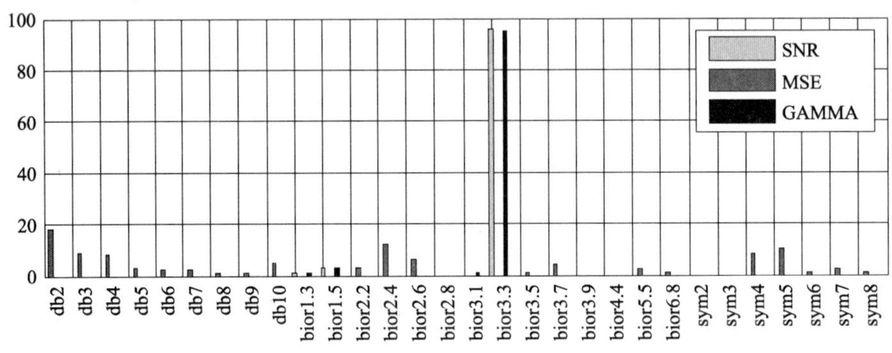

b)确定的母小波分布情况

图 2-8 对于加噪序列 S1(被试序列的信噪比为 1)所确定的母小波情况

此外,为了分析基于 Gamma 测试确定母小波方法的稳定性,将该方法在 100 次独立实验中所确定的母小波分布情况进行了统计,如图 2-8 ~ 图 2-12b)所示。同时,在图 2-8 ~ 图 2-12b)中,还将两外两种方法确定的母小波分布情况也进行了统计,以便三者进行对别分析。其中,标为"SNR"的方法是指,以降噪后序列的噪声比与真实值的绝对信噪比最小偏差为目标,从被试的母小波群体中,选取最终的母小波。类似的,标为"MSE"的方法,在选取母小波时,是以最小均方差值作为选择标准。然而,基于 Gamma 测试的选取方法(在图 2-8 ~ 图 2-12 中简记为 GAMMA),则将降噪后的噪声方差与 Gamma 测试所估算的噪声方差进行比较,从而选取两者绝对偏差最小的作为最终的母小波。由上述可知,前两种确定方法需要事先知道真实信号序列,因此这两方法并不能真正地应用于实际中,这里只是用以检验及分析本书所述新方法的性能。

图 2-8 所示的结果是对加噪的 S1 序列进行的降噪实验,在加噪之后序列的信噪比为 1。从图 2-8a)中可以看出,对应于信噪比平均最小偏差及噪声方差平均最小偏差的母小

波都是bior3.3。而且,还可以看出,在100次实验中,基于SNR和GAMMA的选取方法所确定的bior3.3均在90次以上,说明本书所述新方法具有很好的稳定性。相比而言,基于MSE的方法所确定的母小波则分布很分散,说明该方法对噪声具有较强的敏感性。

虽然,图2-9所示的结果是对信噪比为4的S1序列所进行的降噪实验,但其结果与图2-8所示结果非常类似,信噪比平均最小偏差及方差平均最小偏差都对应于母小波bior3.3,而且基于SNR和基于GAMMA的方法均以很高的频率选取了母小波bior3.3。此外,基于MSE的方法所确定的母小波分布很分散

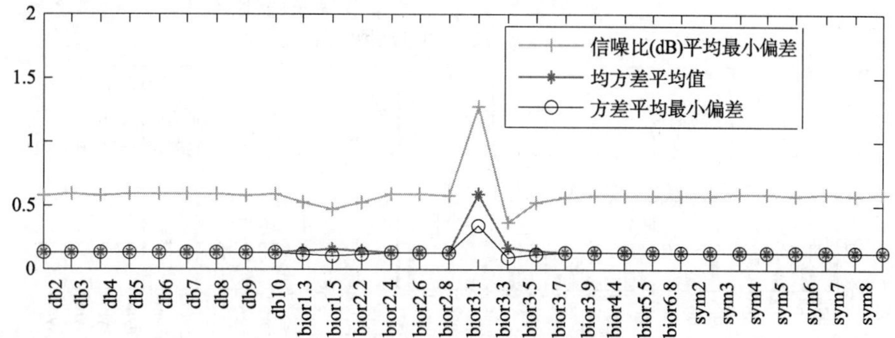

a)对应于不同母小波降噪后的统计量

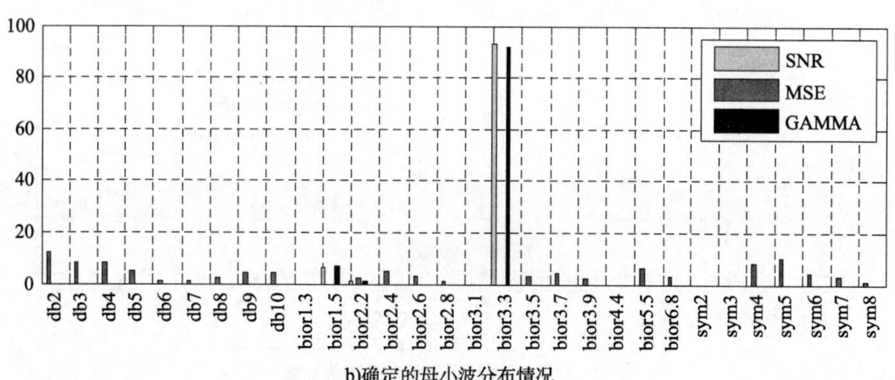

b)确定的母小波分布情况

图2-9　对于加噪序列S1(被试序列的信噪比为4)所确定的母小波情况

同样,图2-10所示结果与前两图具有类似的统计特征,因此这里不再赘述,但需要注意的是被试序列的信噪比要比前两个实验更大。

图2-11中所示的结果是对信噪比为16的序列进行的降噪实验。而且,从图中可以看出,此时信噪比的平均最小偏差及噪声方差的平均最小偏差值仍对应着母小波bior3.3。虽然,在100次的测试中,基于SNR及基于GAMMA的方法近半数地选取了bior3.3作为最终的母小波,但选择该母小波的频率要比之前的情形(即信噪比低于16的实验中)要少。此外,这两种方法还频繁地选取了bior1.5和bior1.3作为最终的母小波,但比基于MSE方法确定的母小波分布的要更为集中。

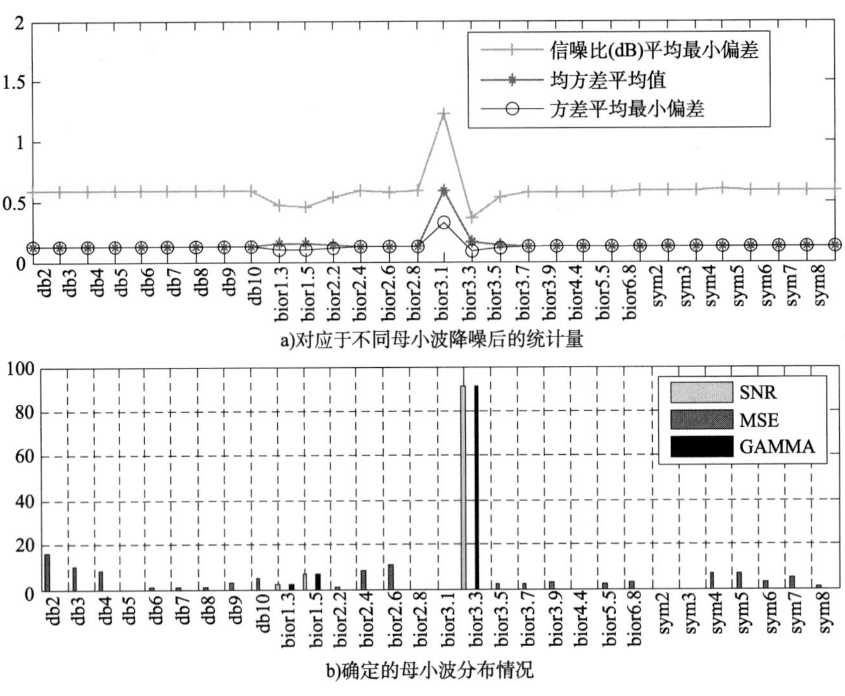

图 2-10 对于加噪序列 S1(被试序列的信噪比为 9)所确定的母小波情况

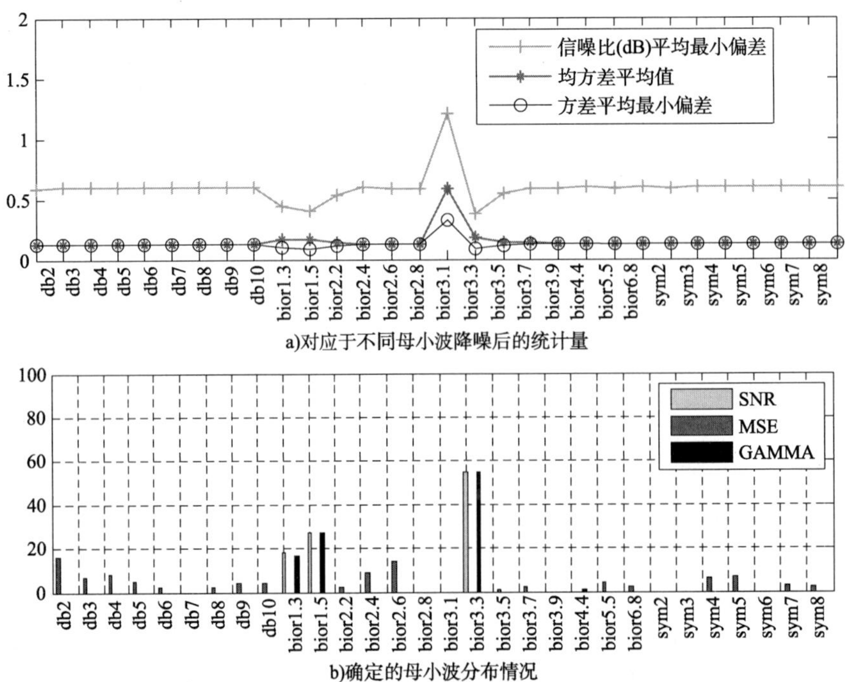

图 2-11 对于加噪序列 S1(被试序列的信噪比为 16)所确定的母小波情况

在对加噪的S1序列所进行的最后实验中，信噪比提升到了25，所得实验结果如图2-12。从图中可以看到，母小波bior1.5所对应的信噪比平均最小偏差和噪声方差平均最小偏差比母小波bior3.3所对应的还略微低一些，而且基于SNR和基于GAMMA的方法在实验中近50次地选取了母小波bior1.5，其次选取了母小波bior1.3和bior3.3。

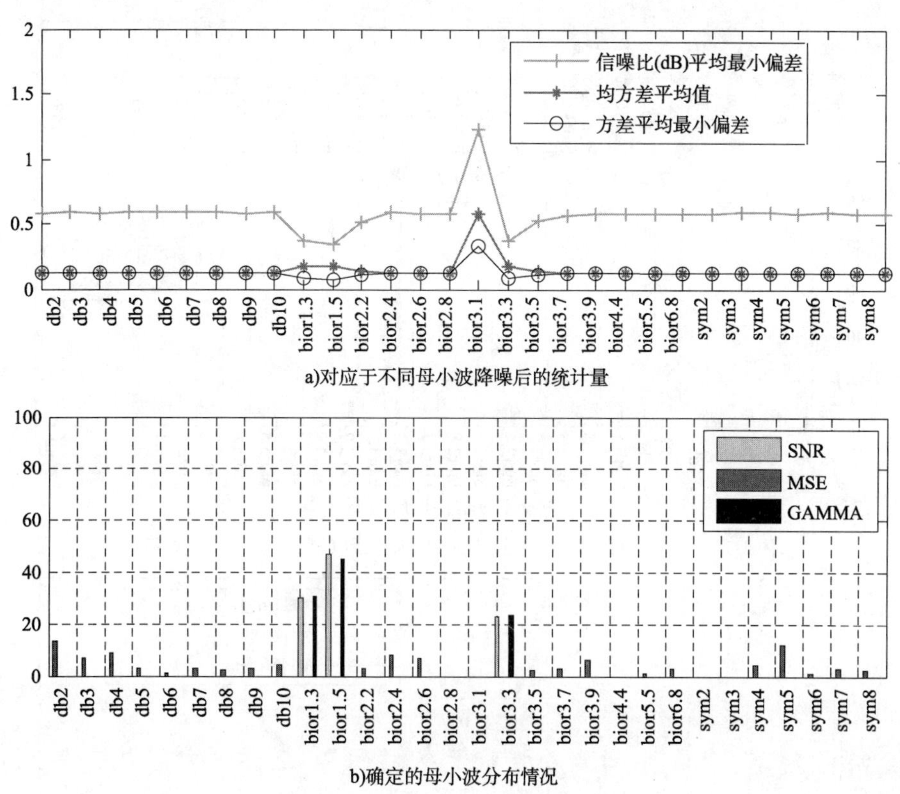

图2-12　对于加噪序列S1(被试序列的信噪比为25)所确定的母小波情况

同样地，在S2序列进行实验时，也分别混入了不同水平的噪声，从而形成了不同信噪比(即信噪比为1、4、9、16、25)的被试序列，且实验结果如图2-13～图2-17所示。

从图2-13中可以看出，信噪比平均最小偏差与噪声方差平均最小偏差对应的母小波均为bior3.3，且在100次重复实验中有90余次，基于SNR和基于GAMMA方法选取了母小波bior3.3，但采用基于MSE的方法时，所确定的母小波分布较散，且选取各母小波的频率差异并不像另外两种方法那样明显。

虽然，图2-14所示实验结果与前一个实验类似，对应于信噪比平均最小偏差及噪声方差最小偏差的仍然是母小波bior.3.3，但从图2-14b)中可以看出，选中母小波bior.3.3的频率较之前有所下降，选中的频率大约为70%，而且有20余次选中了母小波bior1.5。然而，基于MSE的方法所选取的母小波分布依旧分散。

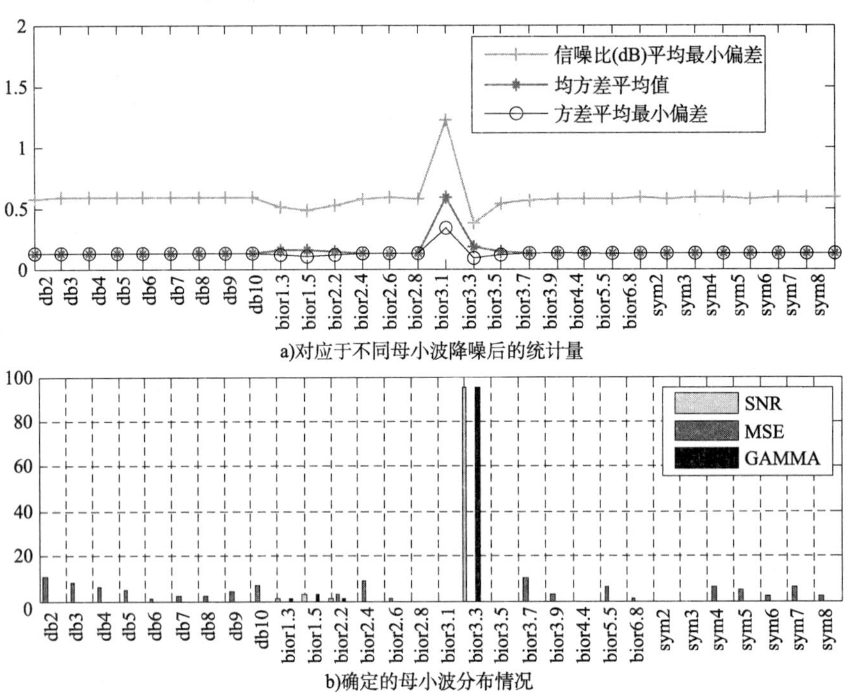

图 2-13　对于加噪序列 S2(被试序列的信噪比为 1)所确定的母小波情况

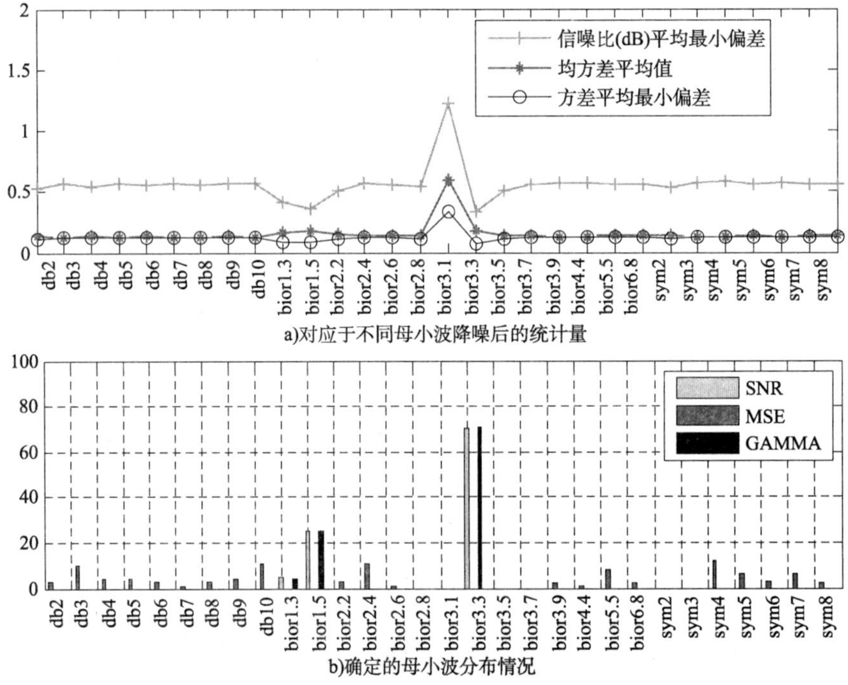

图 2-14　对于加噪序列 S2(被试序列的信噪比为 4)所确定的母小波情况

图2-15中，当被试序列S2的信噪比提升至9时，信噪比平均最小偏差及噪声方差平均最小偏差所对应的母小波均为bior1.5，基于SNR的方法有超过70次选取了该母小波，但基于GAMMA的方法选取该母小波的频率只有约50%。对于这两种方法，选取频率次之的母小波均为bior1.3。

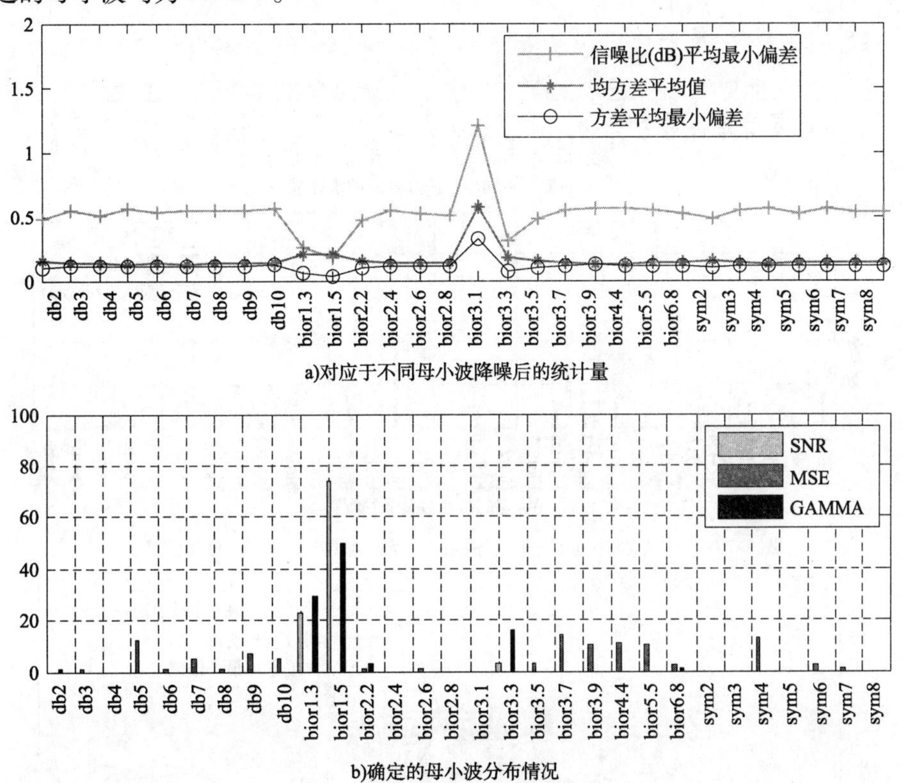

图2-15　对于加噪序列S2(被试序列的信噪比为9)所确定的母小波情况

图2-16所示结果是对信噪比为16的S2序列进行实验所得到的。此时，信噪比平均最小偏差所对应的母小波为bior1.3，而噪声方差平均最小偏差对于母小波bior1.3、bior1.5、和bior3.3来说相差很小。从图2-16b)中可以看出，基于SNR的方法有将近一半的时候选取了母小波bior1.5，选取频率次之的母小波为bior1.3。然而，基于GAMMA的方法选取母小波bior3.3则最为频繁，次之为bior1.3和bior1.5。

如图2-17所示，当被试序列的信噪比增加到25时，基于GAMMA方法所确定的母小波分布不再集中，其中母小波选取频率最高的是bior3.3，选取频率次之的母小波为db2。然而，基于SNR所确定的母小波分布情况依旧比较集中，且选取母小波bior3.3的频数最大。

在对S3序列进行实验分析时，同样加入了不同水平的噪声，从而生成了信噪比分别为1、4、9、16、25的被试序列，所得实验结果如图2-18～图2-22所示。

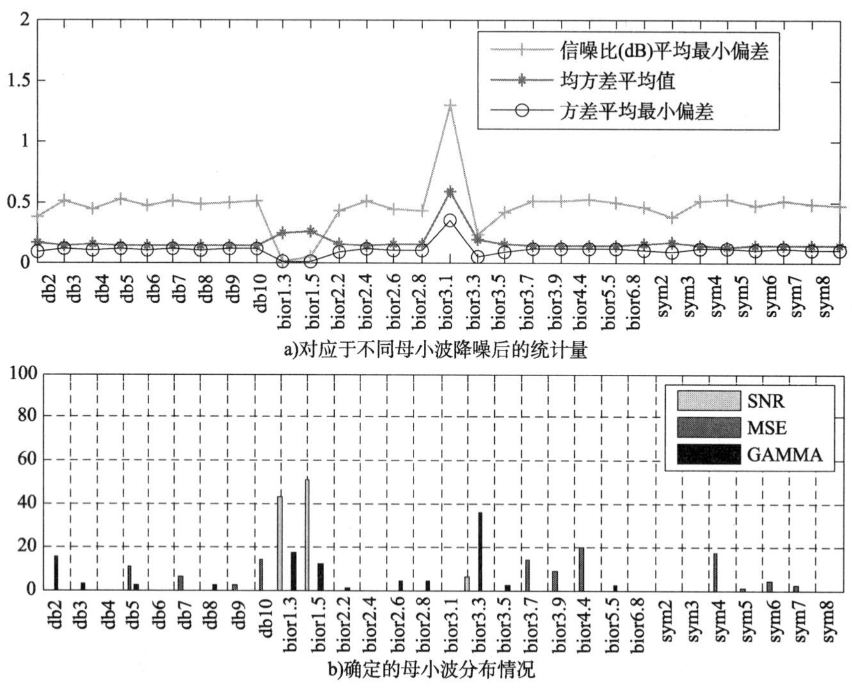

图 2-16　对于加噪序列 S2(被试序列的信噪比为 16)所确定的母小波情况

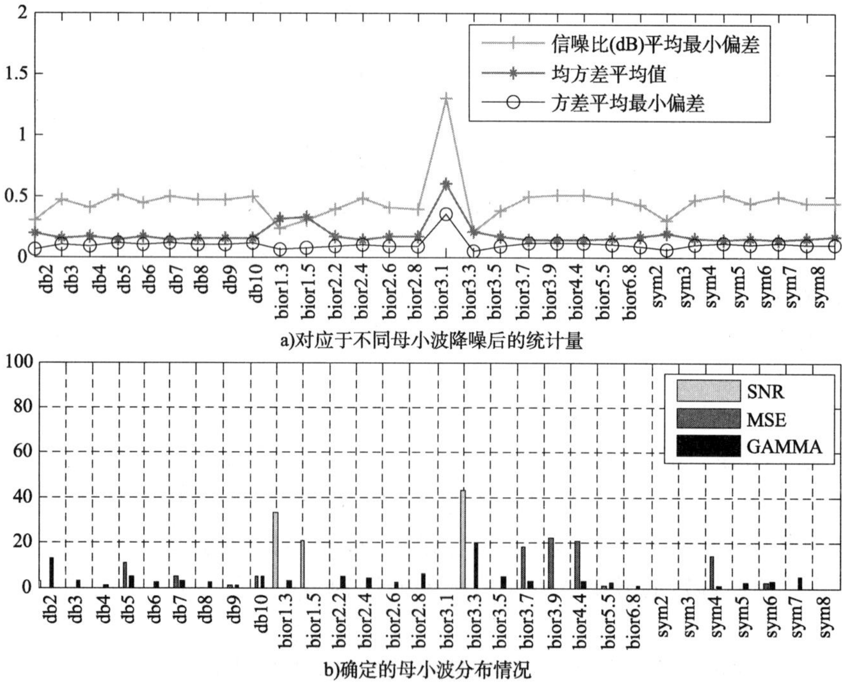

图 2-17　对于加噪序列 S2(被试序列的信噪比为 25)所确定的母小波情况

从图 2-18 中可以看出，信噪比平均最小偏差及噪声方差平均最小偏差所对应的母小波都是 bior3.3，而且基于 SNR 及基于 GAMMA 的方法选取该母小波的频率均在 90% 以上。然而，基于 MSE 所确定的母小波则受到每次生成的噪声影响较大，因此，分布的比较分散。

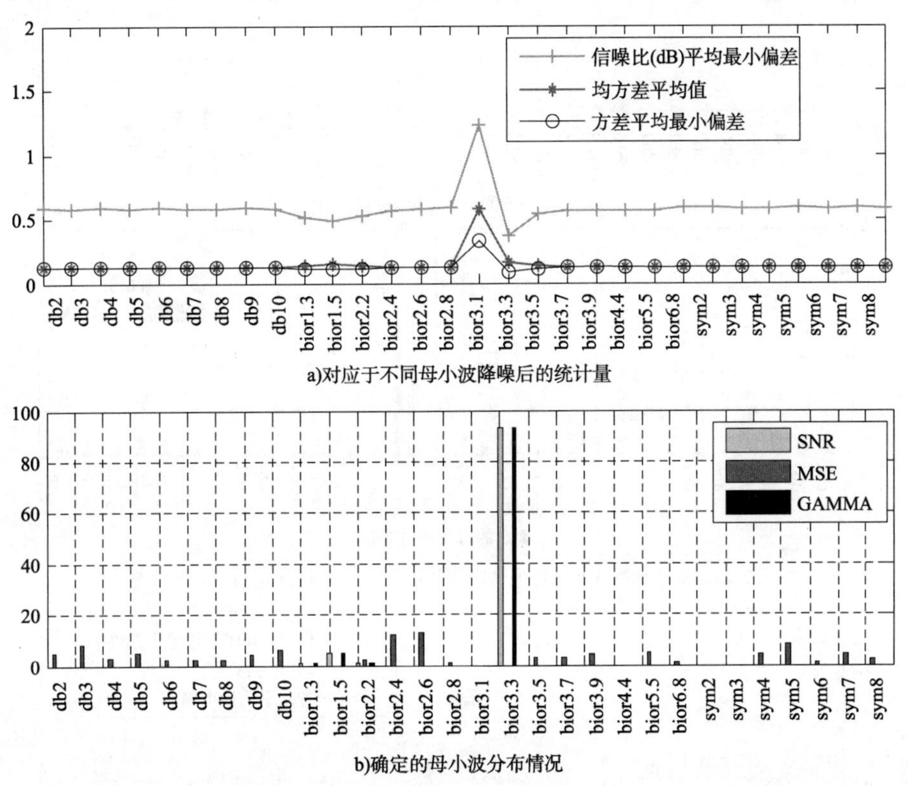

图 2-18　对于加噪序列 S3（被试序列的信噪比为 1）所确定的母小波情况

图 2-19 中，母小波 bior3.3 所对应的信噪比平均偏差及噪声方差平均偏差最小。在应用基于 SNR 及基于 GAMMA 方法时，选中最频繁的母小波仍然是 bior3.3，其次是 bior1.5。基于 MSE 所确定的母小波在分布上则显得不够稳定。

如图 2-20 所示，当被试序列的信噪比增加到 9 时，降噪后序列的信噪比与真实值最为接近的母小波为 bior1.5，但母小波 bior1.5、bior1.3、及 bior3.3 所对应的噪声方差平均最小偏差则相差很小。基于 SNR 和基于 GAMMA 的方法则较为频繁地选取了 bior1.5 作为最终的母小波，另外母小波 bior1.3 被选中的频数也较高，其次是母小波 bior3.3。

当被试序列的信噪比为 16 时，实验结果与前一实验具有类似的分布特征，在应用基于 SNR 和基于 GAMMA 方法时，选取最频繁的母小波仍然是 bior1.5，但选取母小波 bior1.3 的频率也较高。当应用母小波 bior1.5 和 bior1.3 时，降噪后的信噪及噪声方差比与各自的真实值最为接近，且两者之间的差异都很小。

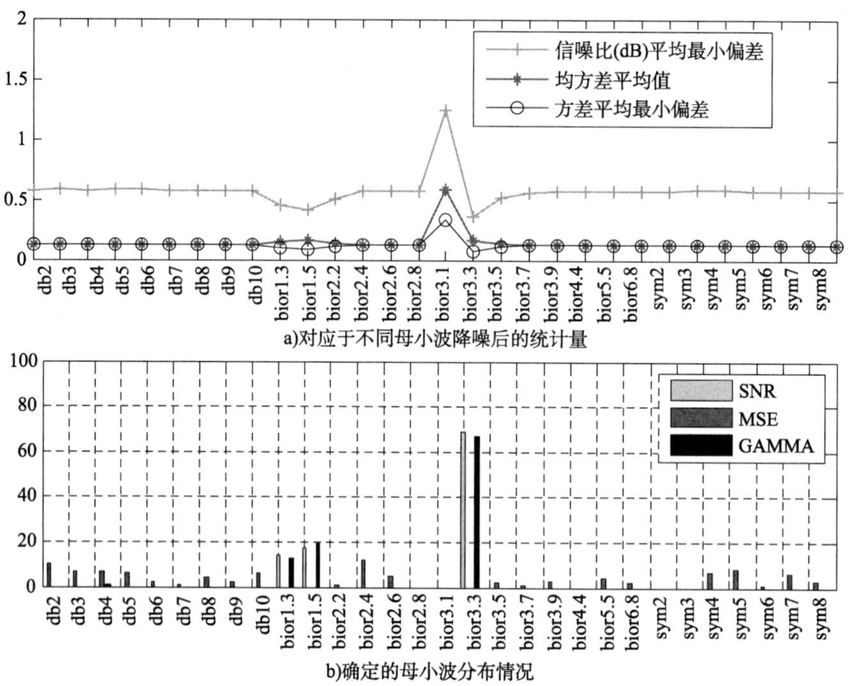

a)对应于不同母小波降噪后的统计量

b)确定的母小波分布情况

图 2-19　对于加噪序列 S3(被试序列的信噪比为 4)所确定的母小波情况

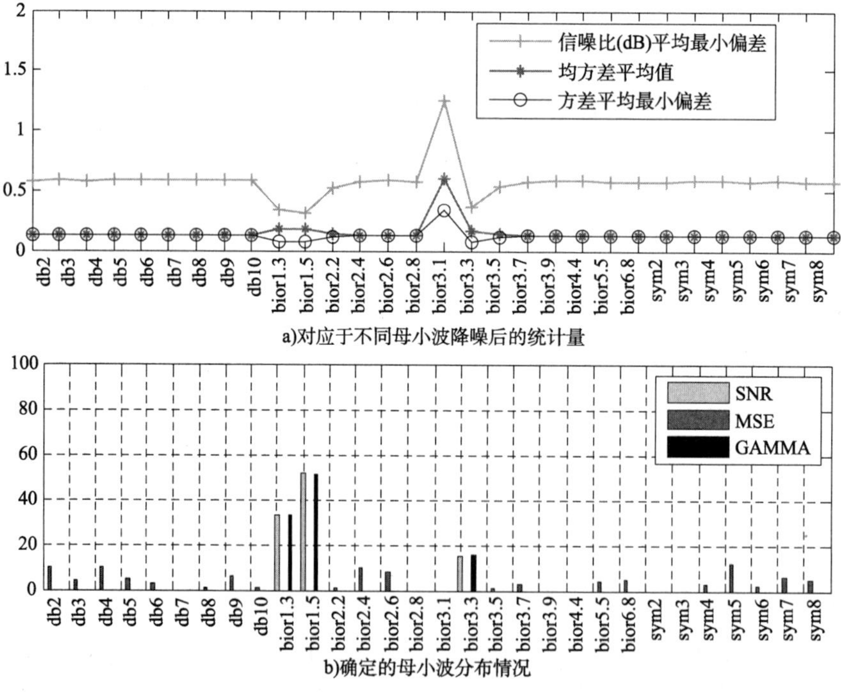

a)对应于不同母小波降噪后的统计量

b)确定的母小波分布情况

图 2-20　对于加噪序列 S3(被试序列的信噪比为 9)所确定的母小波情况

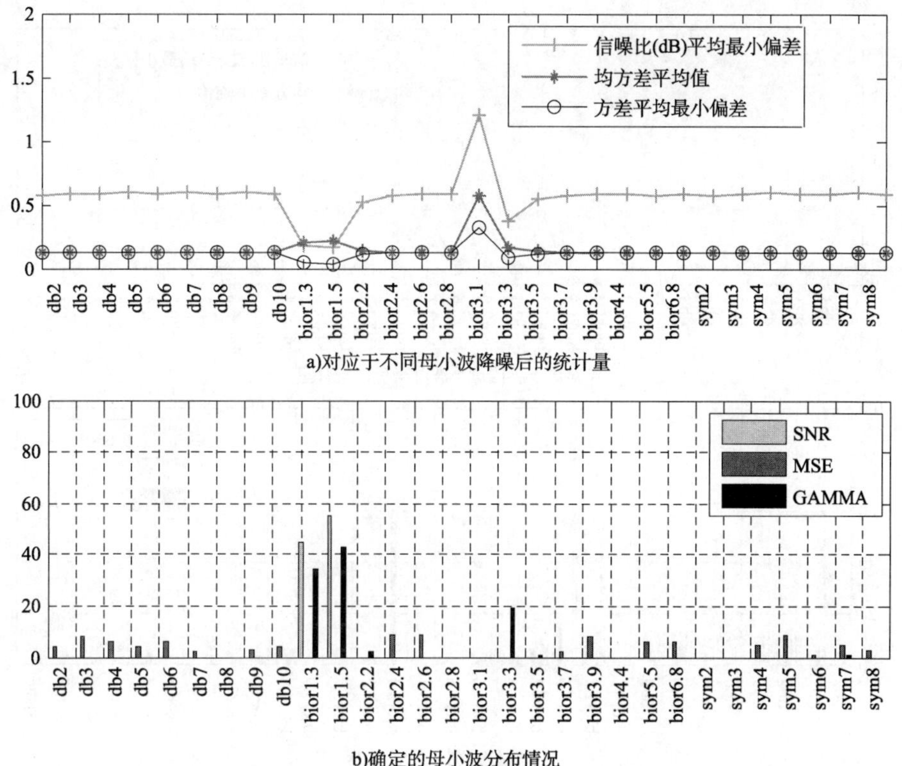

图 2-21 对于加噪序列 S3(被试序列的信噪比为 16)所确定的母小波情况

图 2-22 所示的实验结果与之前的实验结果有较大的不同,主要表现在基于 GAMMA 的方法选取的母小波 bior3.3 的频数最高,选取频率次之的母小波为 bior1.5,而基于 SNR 所确定的母小波频数最高的为 bior1.5,次之的母小波为 bior1.5。当采用母小波 bior1.5 及 bior1.3 时,降噪后序列的信噪比及残余噪声方差与各自对应的真实值最为接近,但两个母小波对应的信噪比平均最小偏差及噪声方差平均最小偏差的差异都很小。

基于上述实验分析可知:

(1)基于 SNR 及基于 GAMMA 选取的母小波在分布情况上具有类似的特点,且都比较集中;

(2)基于 MSE 选取的母小波在分布上呈现出分散的趋势,说明该方法受噪声的影响较大;

(3)在所有实验中,当采用母小波 bior3.1 时,降噪后的信噪比及残余噪声方差与各自真实值的差异最大,而且此时的均方差平均值也最大,说明在被试的母小波中该母小波的降噪性能最低;

(4)当信噪比较大时,基于 SNR 及基于 GAMMA 的方法频繁地选中了母小波 bior3.3,表明了该母小波对噪声水平较高序列的降噪能力比较突出。

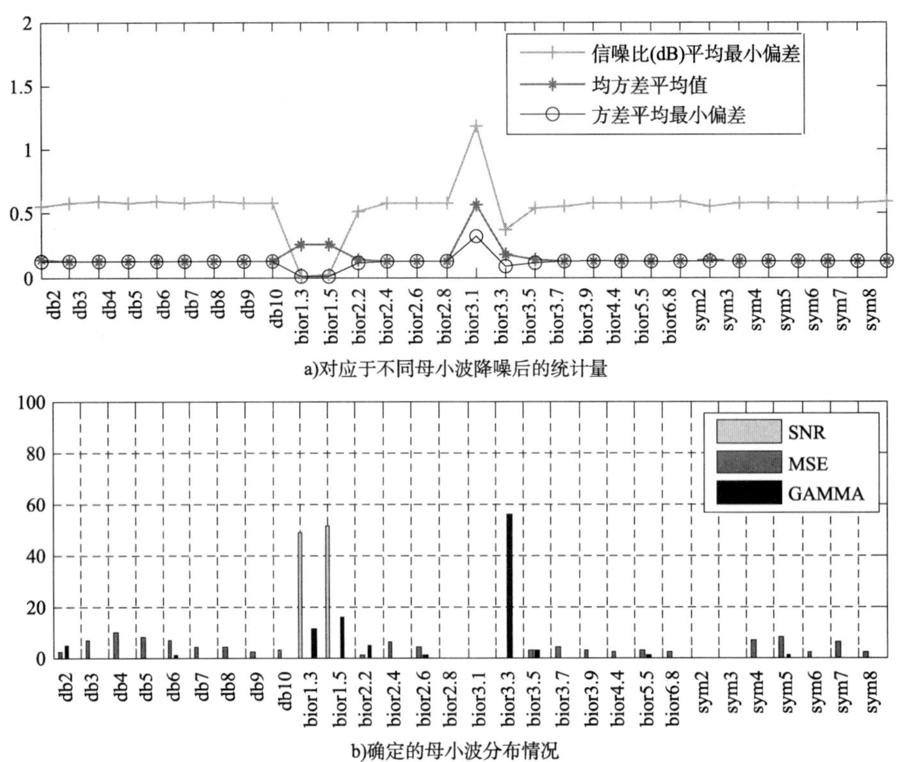

图 2-22　对于加噪序列 S3(被试序列的信噪比为 25)所确定的母小波情况

(5)除了母小波 bior3.3、bior1.5、bior1.3、及 bior3.1 外,其余的母小波所对应的信噪比平均最小偏差、均方差平均值及噪声方差平均最小偏差都很接近,因此降噪的性能差异较小。

因此,通过上述分析可得,基于 Gamma 测试的方法不需要任何有关真实信号的先验信息,Gamma 测试所估计的噪声水平非常接近真实值,该方法能够较好地确定出最佳的母小波,且母小波选取的集中分布特点表明了该方法受噪声影响较小,具有较强的稳定性。

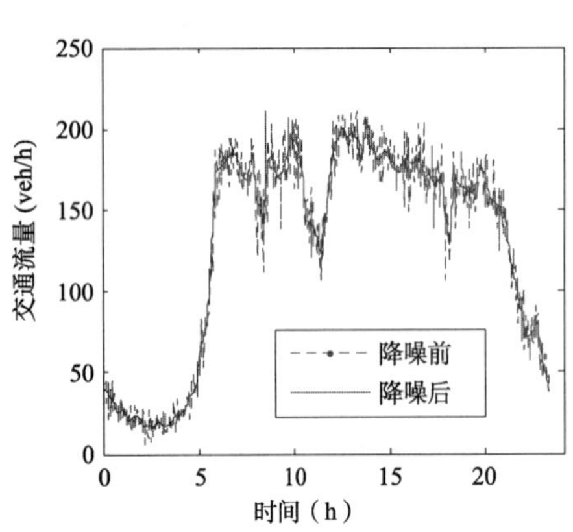

图 2-23　应用母小波 bior2.6 时降噪前后的交通流数据

除了对上述模拟序列进行实验外,还对采集得到的真实交通流数据进行了处理,且实验中的参数均与前述相同(即阈值方法为软阈值函数、阈值选取规则为“sqtwolog”、阈值比例参数为“mln”,且分解层数设为 3)。图 2-23 中的虚线为降噪前原始序列数据,实线为降噪后所得到的序列。从图中可以看出,降噪后的序列在整体上要比原始序列平滑了许多,此时所确定的母小设为 bior2.6。

2.3.4　基于 Gamma 测试的分解层数确定方法

在采用小波变换进行降噪处理时，除了母小波外，分解层数对降噪效果也起着重要的影响作用。一般地，在对含有噪声序列进行小波分解时，可以根据经验预先设定一个分解层数。但对于具有不同噪声水平的信号，要想达到最佳的降噪效果，小波分解的层数也不尽相同。当分解层数过多时，会造成有用信息的丢失，反而使信噪比下降，而且计算量也会增加；当分解层数过少时，噪声又不能得到有效地抑制。

此外，学者们还提出了一些其他方法来确定小波的分解层数，这些方法的基本思想都是建立在噪声的各种特性基础上。其中，Cai 和 Zhu 所提出的方法是，首先对每一级分解重建的序列进行奇异谱分析，然后再根据奇异谱斜率的平坦性进行选择[49]。虽然，该方法具有严谨的数学推导，但是需要确定适当的时间延迟和嵌入维数参数，而这些参数由于缺乏先验信息，所以在实践中往往很难确定。Sang 等提出了一种基于小波能量熵(wavelet energy entropy，WEE)的分解层数确定方法[50]。该方法首先在香农信息熵概念的基础上，定义了用以量化噪声复杂度的小波能量熵，接着分别计算每级降噪后序列及噪声序列的小波能量熵，最后在完成所有层级的小波能量熵计算后，选取降噪后序列与噪声序列小波能量熵差别明显的那个分解层数作为最终的分解层数。然而，在判断最明显的小波能量熵差别存在着一定的不确定性。为了克服这种不确定性，Sang 等随后进行了改进，在改进方法中采用小波能量熵的置信区间及微分系数以便消除判断小波能量熵差值的不确定性[51]。Huang 等采取了类似的方法，但他们并没有采用小波能量熵而是用 χ^2 假设检验[52]。Sun 等提出了一种基于遗传算法的搜寻方法[53]。该方法是建立在有用信号与噪声相互独立的基础上，通过分析估算噪声与降噪后序列的二阶及高阶相关性来判断最佳的分解层数。

虽然，现有方法充分地使用了噪声的各种属性，但是这些方法中都存在着一个共同的问题，即确定最佳分解层数的阈值或多或少地存在着不确定性，而这种不确定性使得最终确定的分解层数可能存在着一定的摆动。鉴于此，我们提出了一种新的确定分解层数方法[54]，该方法是通过 Gamma 测试[47,48]来估计待处理序列的噪声水平，并以此作为参考来选择最佳的分解层数。Gamma 测试方法已在前一小节进行了介绍，故不再赘述。

基于 Gamma 测试来确定分解层数的具体计算流程如下：

(1)如前所述，首先通过 Gamma 测试来估计原有数据集 y 的噪声方差。

(2)其次，根据式(2-25)先确定最大分解层数 M：

$$M = [\log_2(N)] \tag{2-25}$$

其中，[ ]表示只取整数部分，N 表示数据点的数量。

(3)应用小波降噪方法，并计算在分解层数为 j 时，降噪前后数据之间的方差，即：

$$\hat{\sigma}_j = \mathrm{Var}(y - \hat{y}_j) \qquad (j \in [1, 2, ..., M]) \tag{2-26}$$

其中，$\hat{y}_j$ 是原始数据集 y 在分解层数为 j 下降噪后的序列。

(4)计算 Gamma 测试得到的噪声方差 σ 与第(3)步所得到的噪声方差 $\hat{\sigma}_j$ 之间的绝对误差。

(5)按照前述步骤，在对不同分解层数的降噪处理计算后，寻找最小绝对误差所对应的分解层数，并将该分解层数作为所需的最佳分解层数。

$$L = \text{argmin}(|\sigma - \hat{\sigma}_j|) \qquad (j \in [1,2,...,M]) \tag{2-27}$$

同样地，在对该方法进行验证分析时，首先将其在模拟生成的序列上进行了实验。模拟的信号序列采用了前一小节所生成的序列(即 S1、S2 及 S3)，且在这些序列上分别掺杂了不同水平的高斯白噪声，从而生成不同信噪比的被试序列。

除了分解层数外，在所有实验中，其他的参数('sqtwolog'为阈值选择规则，软阈值为阈值法，'mln'为阈值的改变尺度)均保持不变，但母小波均使用了上一小节所确定的母小波。也就是说，对于不同被试序列，选用的母小波可能不同。由于生成的被试序列均限定为 1024 点，因此，根据式(2-25)可得，最大分解层数为 10。

首先，对信噪比为 1 的加噪序列 S1 进行了实验，如图 2-24 所示。从图 2-24a)中可以看出，无论是信噪比平均最小偏差，还是均方差平均值及噪声方差最小偏差，它们的最小值都集中地对应于分解层数 5 和 6。如图 2-24b)所示，基于 SNR、基于 MSE 及基于 GAMMA 的方法均以较高的频率选取了分解层数 6。

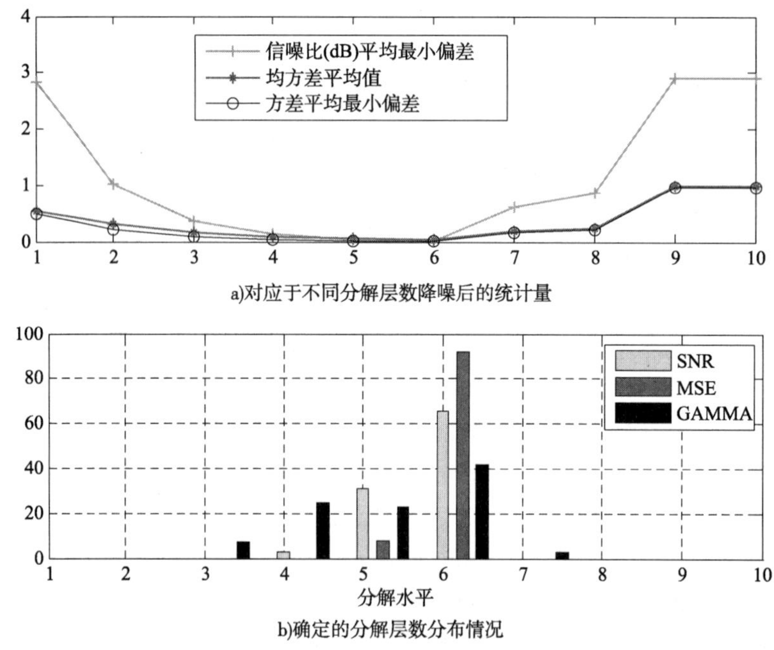

a)对应于不同分解层数降噪后的统计量

b)确定的分解层数分布情况

图 2-24 对于加噪序列 S1(被试序列的信噪比为 1)所确定的分解层数情况

当被试加噪序列 S1 的信噪比提升为 4 时,所得的实验结果如图 2-25 所示。类似于信噪比为 1 的情况,此时信噪比平均最小偏差、均方差平均值及噪声方差平均最小偏差均在分解层数为 5 和 6 时达到最小。从图 2-25b) 中可以看出,三种方法所确定的分解层数主要集中在 5 和 6 层。

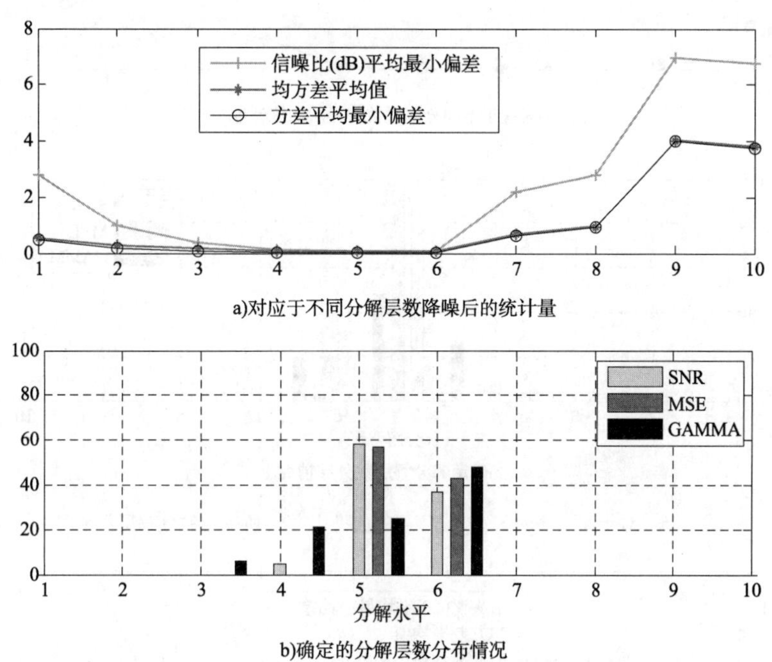

图 2-25 对于加噪序列 S1(被试序列的信噪比为 4)所确定的分解层数情况

图 2-26 所示结果是被试序列的信噪比为 9 时所得到的。此时,分解层数 5 对应的信噪比平均最小偏差、均方差平均值及方差平均最小偏差值为最小。从图 2-26b) 中可以看出,三种方法都频繁地选取了分解层数 5 为最佳分解层数。

从图 2-27 中可以看出,当信噪比提升至 16 时,此时所确定的分解层数及相应的统计量与前一种(即图 2-26 所示)情况类似,最佳分解层数也是频繁地被选为分解层数 5。

如图 2-28 所示,当被试序列的信噪比被提升至 25 时,可以看出信噪比平均最小偏差、均方差平均值及方差平均最小偏差的最小值所对应的分解层数提前至 3 及 4 附近。而且,此时三种方法都以较大的频率选取分解层数 3 为最佳分解层数。

在对序列 S2 进行实验时,也分别参杂了不同水平的噪声。图 2-29 为信噪比为 1 时所得到的实验结果,从中可以看出,信噪比平均最小偏差、均方差平均值及方差平均最小偏差在分解层数为 4 和 5 时达到或接近最小;基于 SNR 和基于 GAMMA 的方法选取分解层数 4 的频率最高(其中,基于 SNR 方法选取分解层数 4 和 5 的频率相差很小,但选取层数 4 的频率要略微高一些),而基于 MSE 的方法则选取层数 5 最为频繁,选取的频率接近 80%。

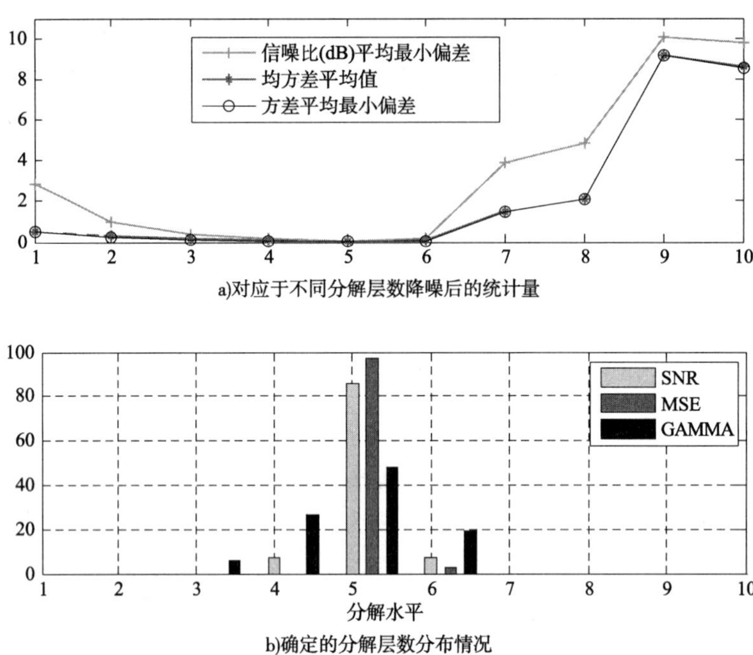

图 2-26　对于加噪序列 S1(被试序列的信噪比为 9)所确定的分解层数情况

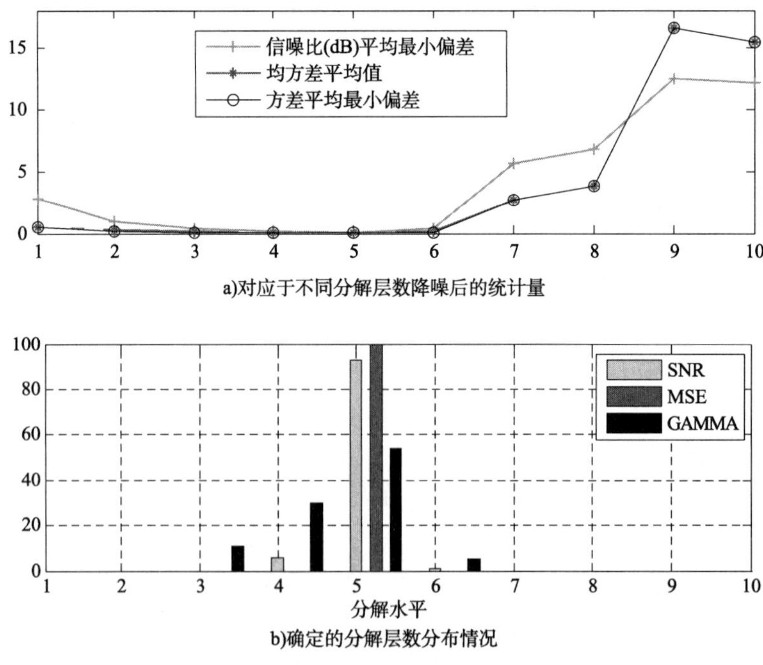

图 2-27　对于加噪序列 S1(被试序列的信噪比为 16)所确定的分解层数情况

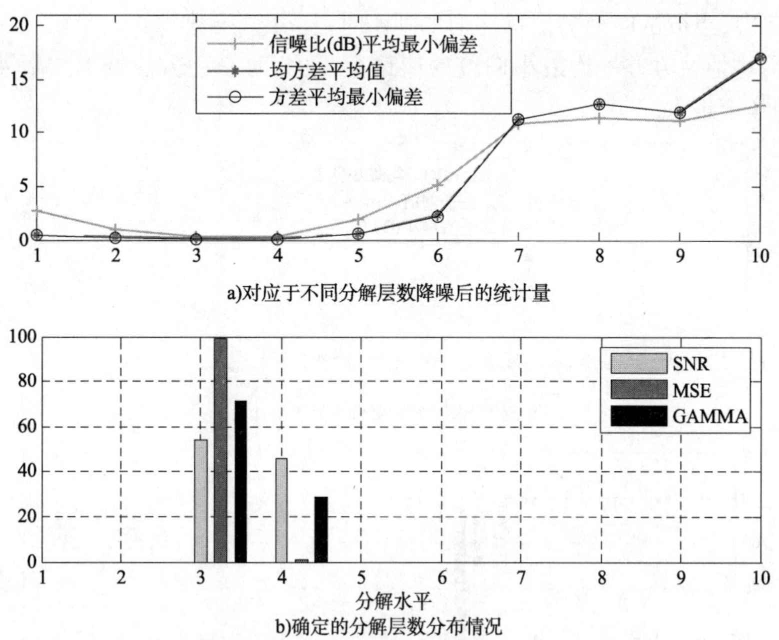

图 2-28　对于加噪序列 S1（被试序列的信噪比为 25）所确定的分解层数情况

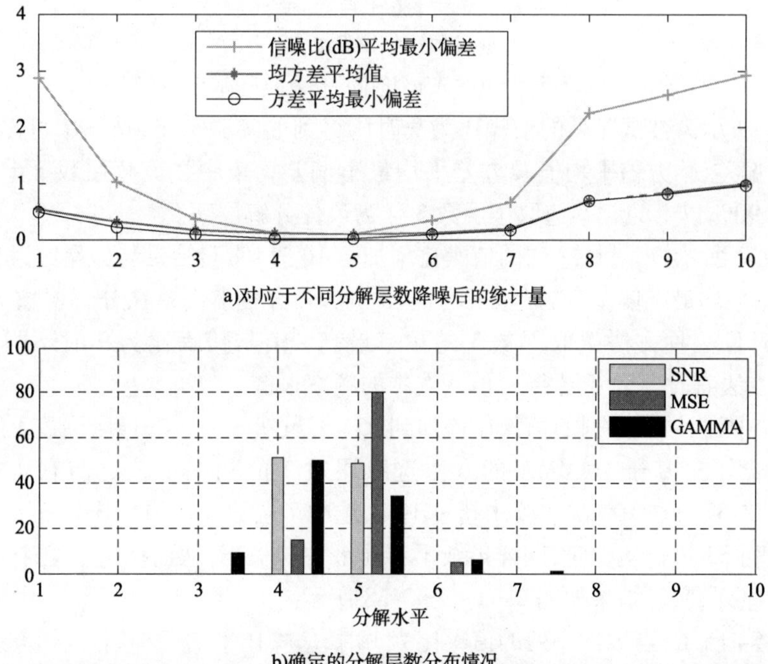

图 2-29　对于加噪序列 S2（被试序列的信噪比为 1）所确定的分解层数情况

图 2-30 中，当被试序列的信噪比增加到 4 时，在分解层数为 4 时信噪比平均最小偏差、均方差平均值及方差平均最小偏差的值最小，且此时三种方法选取层数 4 作为最佳分解层数的频率最大。

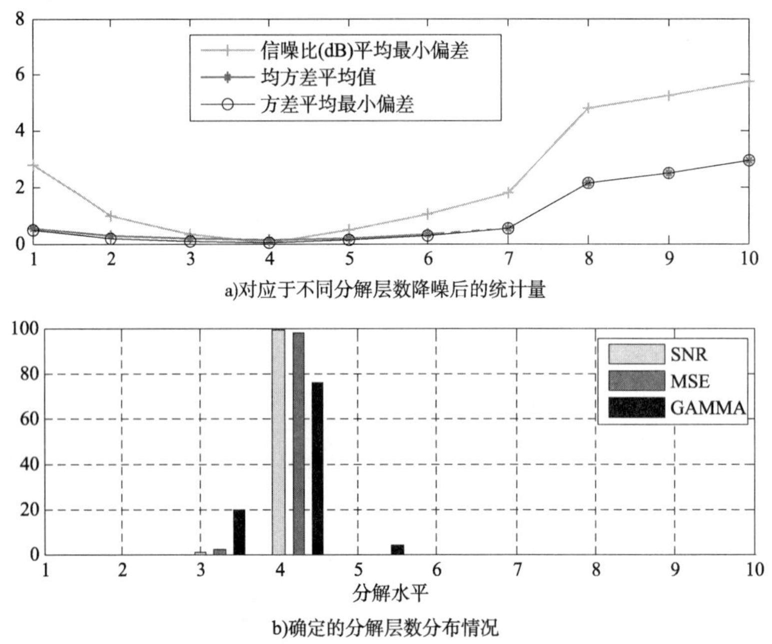

a)对应于不同分解层数降噪后的统计量

b)确定的分解层数分布情况

图 2-30　对于加噪序列 S2（被试序列的信噪比为 4）所确定的分解层数情况

图 2-31 所示为被试序列的信噪比为 9 时所得到的实验结果，从图中可以看出，信噪比平均最小偏差、均方差平均值及方差平均最小偏差均集中在分解层数 3 上，且此时三种方法均以 90% 以上的频率选取了层数 3 作为最佳分解层数。

如图 2-32 所示，当被试序列的信噪比增加至 16 时，实验结果与信噪比为 9 时的结果类似，信噪比平均最小偏差、均方差平均值及方差平均最小偏差在分解层数为 3 时达到或接近最小，且三种方法选取层数 3 的频率最高。但与信噪比为 9 时不同的是，基于 GAMMA 的方法有时选取了层数 2，但其选中的频率很低。

图 2-33 中，当被试序列的信噪比增加到 25 时，虽然三种方法选取层数 3 的频率还是最高，但也可看出，基于 GAMMA 的方法选取层数 2 的频率也较之前有所提升（参见图 2-31 和图 2-32），在 100 次实验中超过 10 次选中了层数 2 作为最佳分解层数。

在对序列 S3 进行实验时，同样掺杂了不同水平的噪声，从而产生了五个具有不同信噪比的被试序列，实验结果如图 2-34 ~ 图 2-38 所示。

如图 2-34 所示，当被试序列的信噪比为 1 时，信噪比平均最小偏差、均方差平均值及方差平均最小偏差在分解层数为 5 时达到了最小，而且三种方法都以较高的频率选取层数 5 为最佳的分解层数。

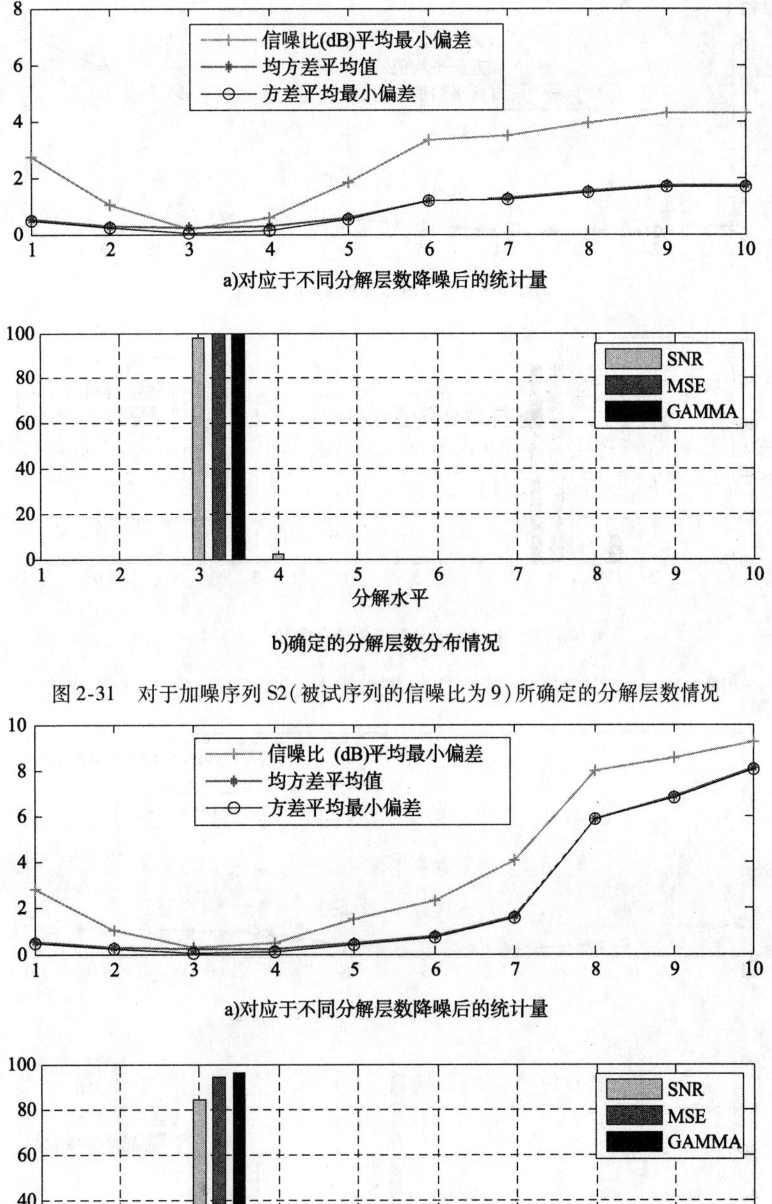

图2-31　对于加噪序列S2(被试序列的信噪比为9)所确定的分解层数情况

图2-32　对于加噪序列S2(被试序列的信噪比为16)所确定的分解层数情况

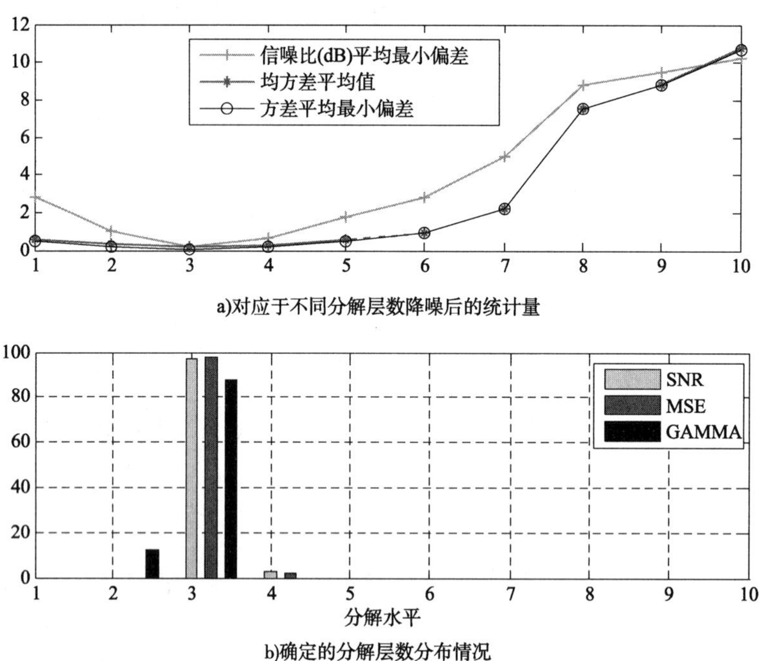

图 2-33　对于加噪序列 S2(被试序列的信噪比为 25)所确定的分解层数情况

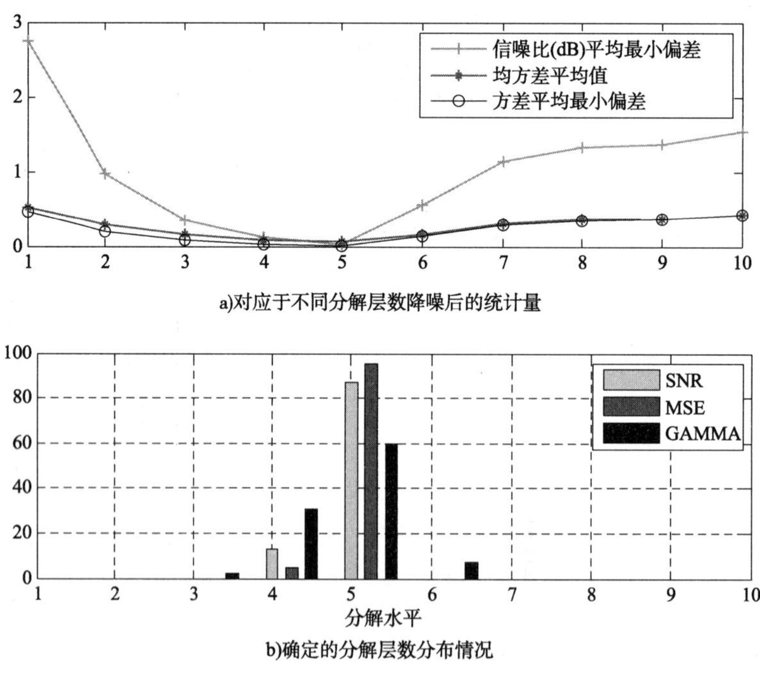

图 2-34　对于加噪序列 S3(被试序列的信噪比为 1)所确定的分解层数情况

从图2-35中可以看出，当被试序列的信噪比由1升高至4时，三种方法选取层数4的频率是最高的，其次才是层数5，而且当分解层数为4时，信噪比平均最小偏差、均方差平均值及方差平均最小偏差达到了最小值。

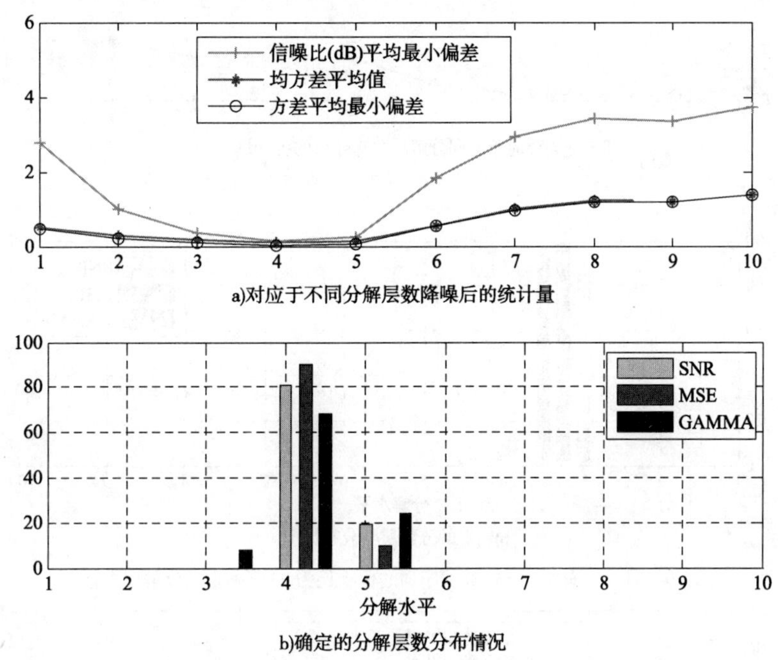

图2-35　对于加噪序列S3（被试序列的信噪比为4）所确定的分解层数情况

图2-36所示是被试序列信噪比为9时所得的结果。从图中可以看出，此时信噪比平均最小偏差、均方差平均值及方差平均最小偏差在分解层数为3时达到了最小，而且三种方法选取层数3为最佳分解层数的频率均在80%以上。

图2-37中，此时被试序列的信噪比达到了16，但信噪比平均最小偏差、均方差平均值及方差平均最小偏差均在分解层数3时达到了最小。而且，相比信噪比为9时，基于SNR和基于GAMMA的方法选取层数3的频率有所上升，且接近100%。

当被试序列的信噪比被提升至25时，实验所得结果如图2-38所示。此时，信噪比平均最小偏差及均方差平均值在分解层数为4时达到了最小，而噪声方差平均最小偏差则在分解层数为3时达到了最小。而且，从图2-38b）中可以看出，选取层数3最频繁的方法是基于GAMMA的方法，而另外两种则总是选取层数4作为最佳分解层数。

从上述实验结果及分析，可以得出以下结论：

（1）随着分解层数的增加，信噪比平均最小偏差、均方差平均值及方差平均最小偏差的值是先降后升，说明了在分解层数较低时噪声得到了一定的抑制，但随着分解层数的增加有用信号也在一定程度上受到了影响产生了畸变失真；

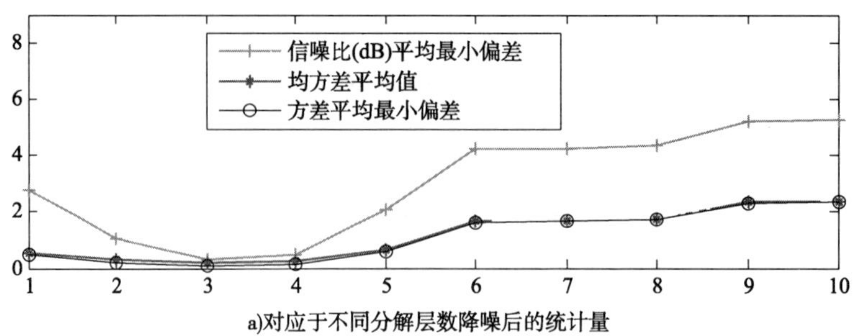

a)对应于不同分解层数降噪后的统计量

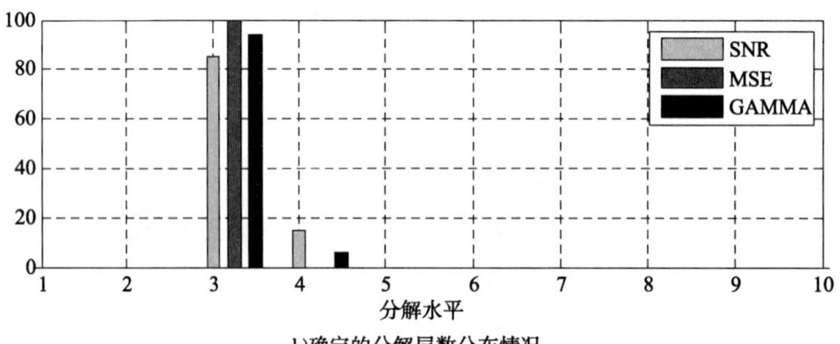

b)确定的分解层数分布情况

图 2-36　对于加噪序列 S3(被试序列的信噪比为 9)所确定的分解层数情况

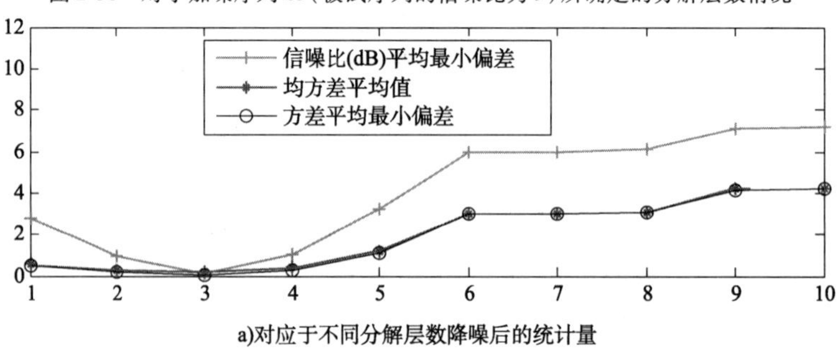

a)对应于不同分解层数降噪后的统计量

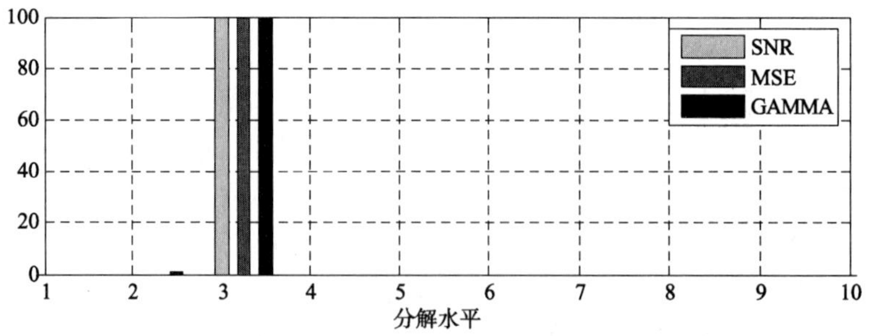

b)确定的分解层数分布情况

图 2-37　对于加噪序列 S3(被试序列的信噪比为 16)所确定的分解层数情况

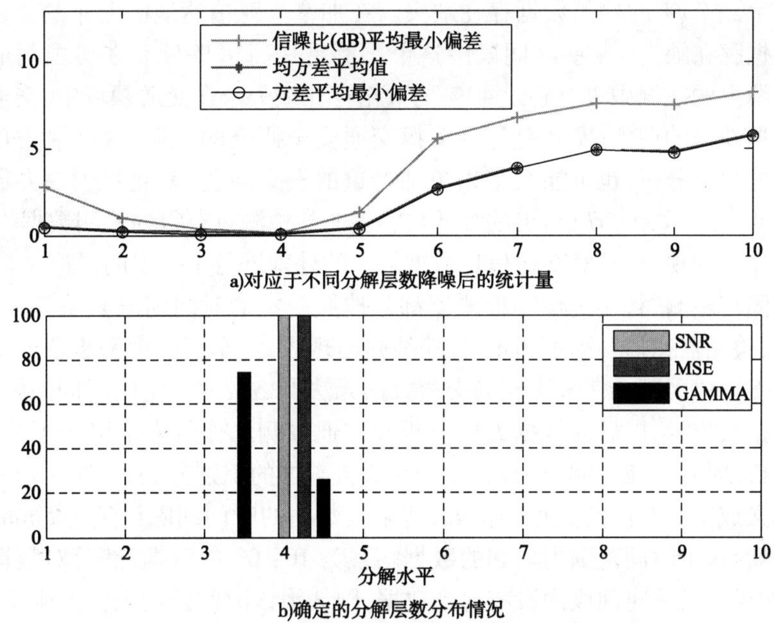

a)对应于不同分解层数降噪后的统计量

b)确定的分解层数分布情况

图2-38 对于加噪序列S3(被试序列的信噪比为25)所确定的分解层数情况

(2)随着序列的信噪比逐渐增加,作为最佳的分解层数却呈现出递减的大体趋势,显然这点说明了由于噪声水平相对于有用信号的比值在逐渐减小时小波分解的层数也应逐渐减少;

(3)在大多数实验中,三种方法均以较高的频率选取了同一分解层数,说明了本书介绍的方法能够有效地确定恰当的分解层数。

同样,该方法也在采集的交通流数据上进行了实验。如前所述,首先对母小波进行了选取,所确定的最佳母小波为 bior2.6,在此基础上,应用分解层数确定方法得到最佳分解层数是3,与确定母小波时所设定的分解层数恰好相同,故此处不再重复。关于该流量序列的降噪结果请参考图2-23。

2.4 缺失数据的填补

交通检测数据是交通规划、设计、控制、组织和管理等方面的基础,在各领域中得到了广泛应用。然而,采集得到的数据由于漏检等种种原因造成部分缺失,这些不完整的数据给据分析带来了不可忽视的障碍。从统计的角度来看,数据丢失可分为两种情况:①随机丢失,即在一段时间内数据丢失并无明显的时间特征;②固定时段丢失,数据丢失频繁地发生在某一特定时段。

Williams 等[55]在运用季节 ARIMA 模型和指数平滑模型进行短时交通流预测研究过

程中发现有大约20%的检测数据存在缺失。在加拿大亚伯达地区七年的交通数据中有近一半的数据存在缺失，某些时间段中这个比例更是高达90%。在美国明尼苏达州交通管理部门给出的数据中也有超过40%的数据存在缺失。在交通领域中，交通检测数据常常伴有数据缺失的现象，尤其是那些支撑交通安全研究的数据，数据缺失现象不仅影响了后期的处理与分析，也可能会带来更加严重的安全问题，因此对于缺失数据的研究显得非常重要[56]。文献[57]给出的统计数字表明从检测点获得的检测数据平均有15%的数据存在缺失的现象，且对交通信息数据缺失的处理进行了一定的讨论。

无论是固定检测器，还是移动检测器都是按照一定的时间间隔来采集数据，但是在实际情况中，检测器扫描频率不固定，传输线路出现故障，车辆过度密集造成检测器无法检测车辆等多种原因都会使采集到的交通数据无法严格按照一定的时间间隔上传，甚至导致部分数据丢失，给以后的数据处理分析和交通预测工作带来了诸多不便，甚至会误导最终的分析结果。文献[58]中设计了一种丢失数据的识别方法，把在一定时间段内得到的数据定义成某一时段的数据。例如，将采集数据的时间间隔设定为5min，比如说在10:00～10:05这个时间范围内得到的数据均视为10:00的数据，然后对数据的时间段进行扫描，如果在某一时间段内没有得到数据，则认为该时间段的数据产生了缺失，系统就需要对缺失的部分进行数据重建。

为了便于分析，我们将采集完整的数据进行了随机删除处理，得到了一条含有3组缺失数据的序列，如图2-39所示。其中，图2-39a)中的椭圆所指区域为数据丢失部分，其真实数据如图2-39b)所示。

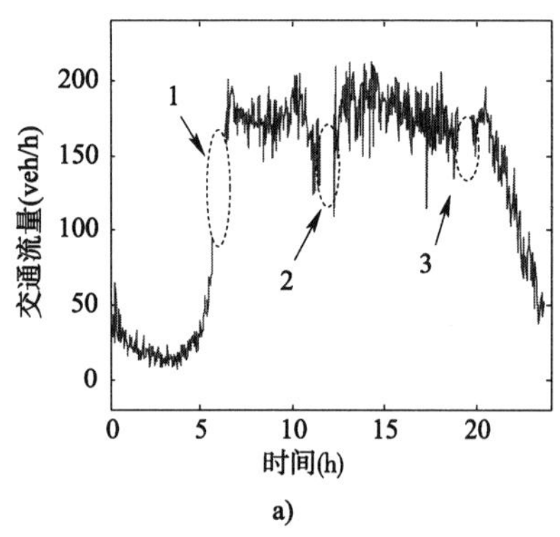

a)

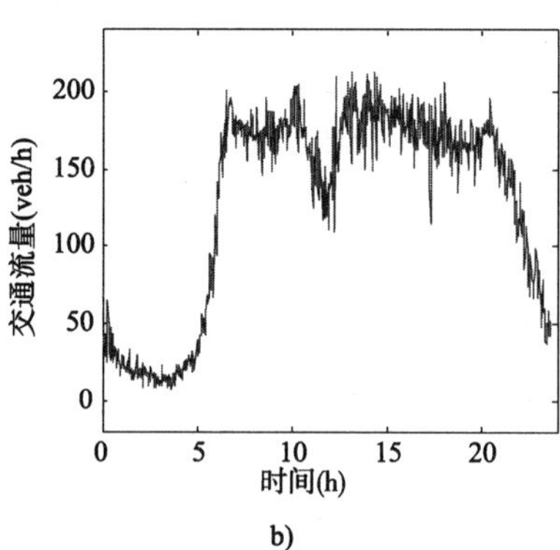

b)

图2-39　含有数据缺失序列(a)及其对应的无缺失序列(2006年11月2日)

根据是否存在与历史交通流量具有相似特征，可以分为两种情况，相应地这里介绍两种缺失数据填补方法。其中，为了简便起见，将第一种方法记为基于相似性的缺失数据填补方法，该方法需要建立在历史数据与当前待填补数据之间的相似程度较大；另一种方法则不需要具有历史数据，其主要是建立在拟合技术的基础上，因此将该方法简记为基于拟合技术的缺失数据填补方法。

(1)基于相似性的缺失数据填补方法。

虽然,交通流量数据在一天的范围内看起来没有任何的明显周期迹象,且具有高度的非线性特点,如图 2-40 所示。然而,在相邻的几天或相邻几周的同一天,交通流量则可能出现较高的相似度,例如图 2-40a)和图 2-40b)所示为相邻两天的交通流量数据,可以看出整体上非常相似。以此为例来介绍该填补方法。图 2-40b)为完整的交通流量数据,其含有缺失部分的数据如图 2-39a)所示。只需将前一天对应于缺失时段的数据(图 2-41 中虚线所示)用作填补的数据即可。同时,在图 2-41 中将原始真实数据也显示出来(图中用实线表示),用以对比填补的数据(图中用虚线来表示)。从图中可以看出,当交通流量波动不大时(图 2-41b)和 c),填补的数据与实际数据相差不大,但当交通流量在短时间内变化较大时(图 2-41a),两者相差较大。因此,该方法虽然简便易行,但处理的结果可能与真实值存在较大误差。为了提高填补的精度,可采用历史平均的方法[59],即将相似程度较高的几天同时段的数据进行平均,以此来降低交通流量数据可能受到的随机干扰影响。由于历史平均法较为经典,这里不再详细讨论。此外,还可根据相邻相同等级道路在同时段具有相似交通流量的特点,对丢失数据进行填补,其工作原理与上述方法类似,故也不在这里展开讨论了。

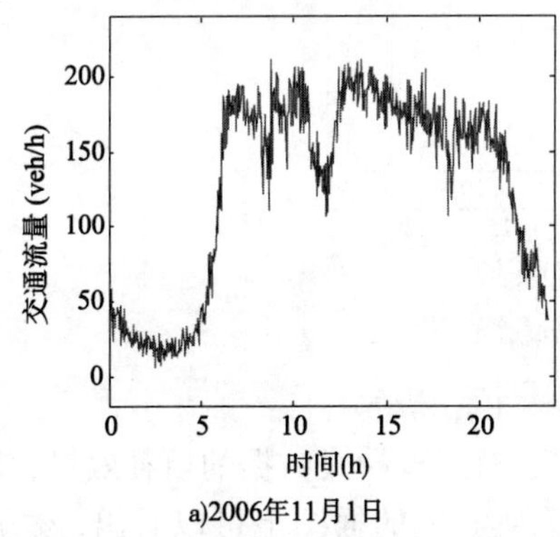

a)2006年11月1日

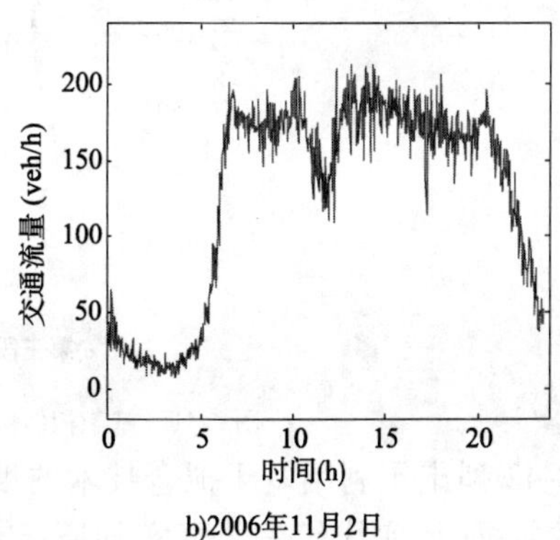

b)2006年11月2日

图 2-40 相邻两天的交通流量

(2)基于拟合技术的缺失数据填补方法。

在没有相似的历史交通流量数据,而且也无法从空间相关的路段上获取到相似的交通流量数据时,前述的基于相似性的填补方法将不再适用。本小节将介绍一种基于拟合技术的缺失数据填补方法。

本小节仍采用图 2-39 和图 2-40 所示的交通流量数据进行描述。首先,将缺失部分的前后 50 个数据拼接到一起,作为待拟合的数据。经过实验分析,将前后 50 个采集的数据合并在一起时,所得到的填补效果较好,但该参数可根据具体情况进行调整。其次,将拼接得到的序列运用最小二乘法实现对多项式的拟合。这里选取的是 6 阶多项式,同样是根据实验分析所得。虽然,高阶多项式的拟合效果更好,但可能存在着过拟合的现象,造成填补的数据误差较大。另一方面,低阶多项式拟合的结果可能不能充分反映出交通流量在局部上的急剧波动现象。

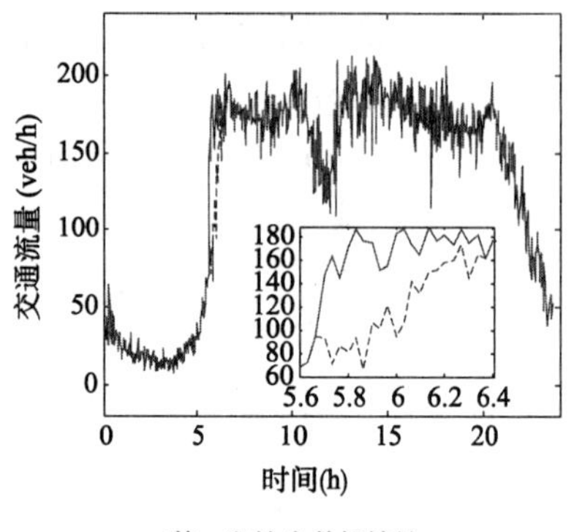

a)第一段缺失数据填补

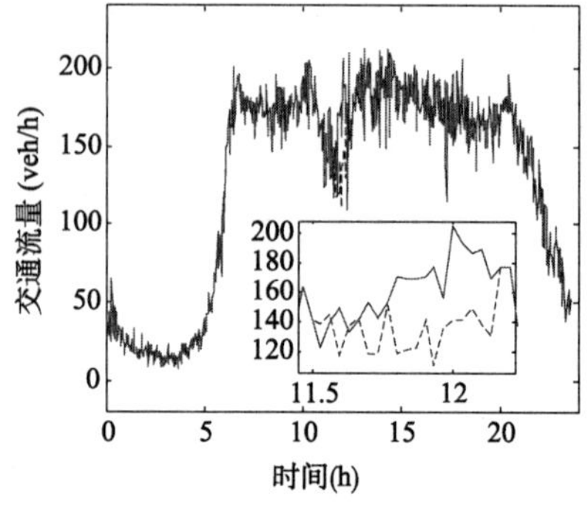

b)第二段缺失数据填补

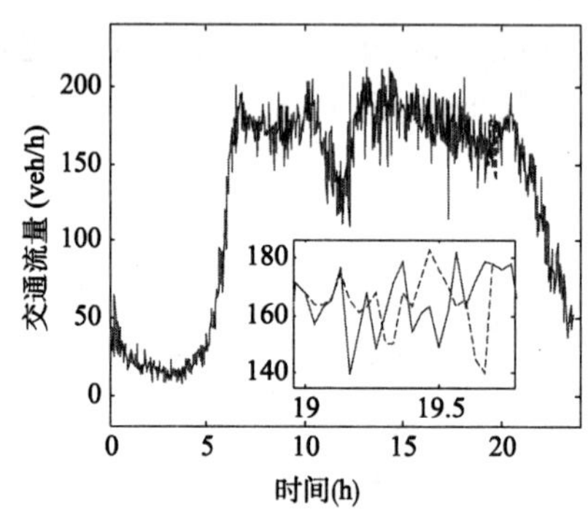

c)第三段缺失数据填补

图 2-41　基于相似性的缺失数据填补方法示例

图 2-42 列出了利用基于拟合技术的填补方法对三段缺失数据的填补效果,其中虚线为填补的数据,而实线代表着真实的原始数据。从放大的插图上可以看出,该方法能够较好地填补缺失数据。

除了直观图示外,还使用了均方差(即填补数据相对于真实数据的均方差)作为填补精度的量化指标,分别将基于相似性及基于插值技术的两种填补方法进行了对比,见表 2-2。显然,基于插值技术的填补方法比基于相似性的填补效果更加明显。

两种数据缺失填补方法的均方差值　　表 2-2

填补方法	第一段	第二段	第三段
基于相似性	3732	1464	297
基于插值技术	320	299	123

上述缺失数据的填补方法是从数理统计的角度出发,如果了解事物发展的规律并清楚产生漏检的可能原因,那么也可以利用这些知识进行更有针对性地填补。

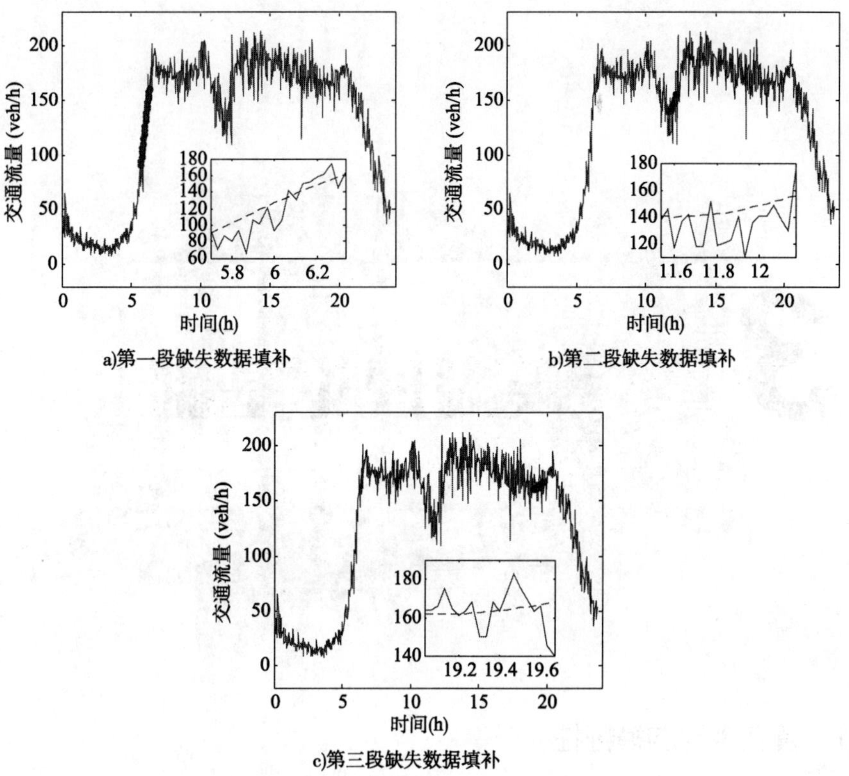

图 2-42　基于插值技术的缺失数据填补方法示例

第 3 章　模糊理论基础

3.1　真实世界的模糊性

由于世界的复杂性，在不断运动中产生变化，使得世界变得不可确定。经典的概率论和统计学的出现和发展为我们提供了一种非常有益的表示、处理和推断随机发生的不确定性。然而，我们所生存的世界中还存在着另一种更为普遍的不确定性，即模糊性。这种不确定性是人们在认知自然和社会的过程中，表示和处理事物发展的不确定性问题时所表现出的高度智慧，因此，也可认为模糊化是人们解决不确定性问题的一种高明手段。就像自然界中不存在着笔直的河流一样，人们在认知客观世界的过程中，总是或多或少地对事物的概念界定不清。

模糊性有别于随机性。随机性侧重于表示事件或现象本身概念清晰明确，但其发生的时间和条件存在着不确定性。例如，在驾驶过程中，接打手机是一种危险的行为，而因此导致的交通事故就是一个典型的随机性事例。显然，交通事故发生与不发生这两种结果是明确的，但发生的时间等是不确定的。在概率论中，为了便于量化随机性，给出了[0,1]这个区间。此外，还有一个重要的约束，即所有可能的互斥事件的概率总和为 1。

然而，模糊性则是指事物或现象的概念本身界限不清晰。例如，在许多的可变信息板上会看到用不同的颜色来代表不同的拥堵程度，而对于每一程度的取值范围往往因人而异。像这种在许多情况时无法找到所有人都认可的统一明确的界定范围，就是模糊的不确定性。但是,我们可以把绝大多数人们认同的范围视为确定性较大,用1或是接近于1的数来量化其明确程度,而那些在大多数人的认知中存在较大差异的部分,则用0或接近于0的数来表示。虽然,模糊理论中仍采用了[0,1]来表示模糊不确定性,但其与概率的一个重要不同就是被表示对象的模糊性之和可不为1。也就是说,在模糊理论中用0和1之间的某个数来表示事物概念边界的模糊性。由此可以看出,这种处理更像是给模糊不清的界限明确化了,因此它也是处理模糊事件的基础。而具有明确界限的对象则可认为是模糊对象的一个特例。

3.2 模糊集合

1965年扎德(L. A. Zadeh)开创性地提出了模糊集合的概念,并最早开始了模糊数学的研究[60]。借助于模糊集合,人们可以对那些模糊不清的对象进行描述和处理。模糊集合不同于经典集合,经典集合只描述某一元素属于或不属于一个集合,而模糊集合则是利用一个隶属函数来描述"从隶属于一个集合"到"不属于该集合"的渐变过程,这种对经典集合的扩展方式,使得模糊集合能够描述诸如"行驶速度较高""拥堵严重"等现象。

3.2.1 模糊集合和隶属函数

令 x 为对象空间 X 的某个元素。在经典集合中,使用一组有序对 $(x, 0)$ 或 $(x, 1)$ 来表示元素 x 是否属于集合 A,其中 A 所有元素是由 X 中的一组元素所构成。然而,模糊集合特征函数的取值可以是0和1之间的某个数,表示了元素隶属于某个给定集合的程度。

定义3.1:模糊集合

设 X 为论域,且 x 是 X 的任意元素。X 上的模糊集合 A 定义为一组有序对:

$$A = \{(x, \mu_A(x)) \mid x \in X\} \tag{3-1}$$

其中,$\mu_A(X)$ 即为模糊集合 A 的隶属函数,而 $\mu_A(x)$ 则表示元素 x 隶属于模糊集合 A 的隶属度。由此可以看出,若隶属函数 $\mu_A(X)$ 的取值只为0或1时,则集合 A 退化为经典集合。

在文献中还会常常看到另一种模糊集合的表示方法:

$$A = \begin{cases} \sum_{x_i \in X} \dfrac{\mu_A(x_i)}{x_i}, X\text{是离散空间} \\ \int_x \dfrac{\mu_A(x)}{x}, X\text{是连续空间} \end{cases} \tag{3-2}$$

此外,模糊集合中还常涉及的一些概念说明如下。

定义3.2:支集

将 X 中所有满足 $\mu_A(x) > 0$ 的点所构成的集合称为模糊集合 A 的支集合,即:

$$\text{support}(A) = \{x|\mu_A(x) > 0\} \tag{3-3}$$

定义 3.3:核

将 X 中满足$\mu_A(x) = 1$ 的所有点的集合称为模糊集合 A 的核,即

$$\text{core}(A) = \{x|\mu_A(x) = 1\} \tag{3-4}$$

定义 3.4:交叉点

在 X 中若 x 满足$\mu_A(x) = 0.5$,则称 x 为模糊集合 A 的交叉点。

定义 3.5:模糊单点

若模糊集合的支集只包含一个点,且满足$\mu_A(x) = 1$,则称此模糊集合为模糊单点。

定义 3.6:α 截集,α 强截集

对于某一水平 α,模糊集合 A 的 α 截集为:

$$A_\alpha = \{x|\mu_A(x) \geqslant \alpha\} \tag{3-5}$$

而它的强 α 截集则为:

$$A'_\alpha = \{x|\mu_A(x) > \alpha\} \tag{3-6}$$

定义 3.6:左开、右开、闭

若$\lim_{x\to-\infty}\mu_A(x) = 1$ 且$\lim_{x\to+\infty}\mu_A(x) = 0$,则称模糊集合 A 是左开;

若$\lim_{x\to-\infty}\mu_A(x) = 0$ 且$\lim_{x\to+\infty}\mu_A(x) = 1$,则称模糊集合 A 是右开;

若$\lim_{x\to-\infty}\mu_A(x) = \lim_{x\to+\infty}\mu_A(x) = 0$,则称模糊集合 A 是闭。

3.2.2 模糊集合的主要运算

在经典集合中最基本的运算就是并、交、补,那么在模糊集合中也有类似的运算。首先,先介绍一下模糊集合中的包含定义,它是构成各种运算的基础判据。

定义 3.7:包含

当且仅当对于任意元素 x,下面不等式成立:

$$\mu_B(x) \leqslant \mu_A(x) \tag{3-7}$$

则称模糊集合 B 包含于模糊集合 A(图 3-1),或称 B 是 A 的子集,有时也称 B 小于等于 A。有时,使用符号 $B \subseteq A$ 来代表此包含关系。

定义 3.8:并

两个模糊集合 A 与 B 的并可表示为 $A \cup B = C$(图 3-2),其中模糊集合 C 的隶属函数具有如下关系:

$$\mu_C(x) = \max(\mu_A(x), \mu_B(x)) = \mu_A(x) \vee \mu_B \tag{3-8}$$

模糊集合的并也称为析取。

定义 3.9:交

两个模糊集合 A 与 B 的交可表示为 $A \cap B = C$(图 3-3),其中模糊集合 C 的隶属函数具有如下关系:

$$\mu_C(x) = \min(\mu_A(x), \mu_B(x)) = \mu_A(x) \wedge \mu_B \qquad (3\text{-}9)$$

模糊集合的并也称为合取。

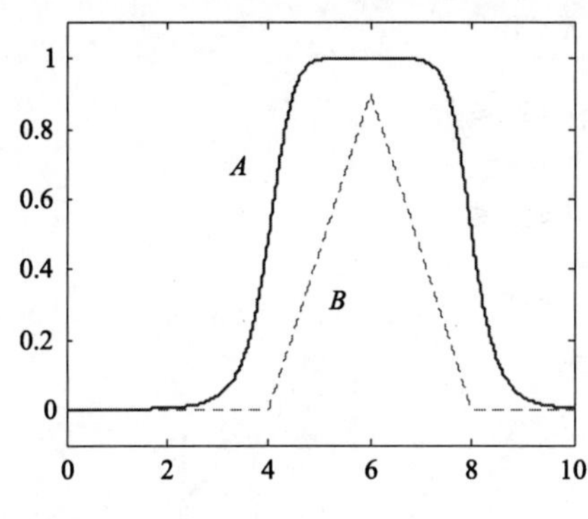

图 3-1　模糊集合 B 包含于模糊集合 A

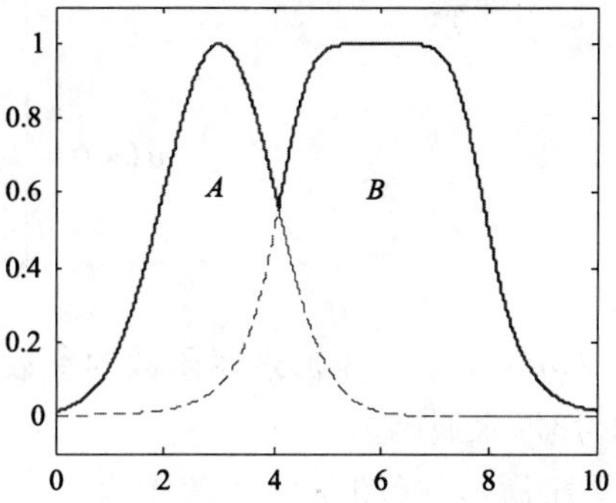

图 3-2　模糊集合 A 与 B 的并(如实线所示)

定义 3.10:补

两个模糊集合 A 的补集记为 $\overline{A}$($\neg A$, NOT A)(图 3-4),补集 $\overline{A}$ 与模糊集合 A 的隶属关系为:

$$\mu_{\overline{A}}(x) = 1 - \mu_A(x) \qquad (3\text{-}10)$$

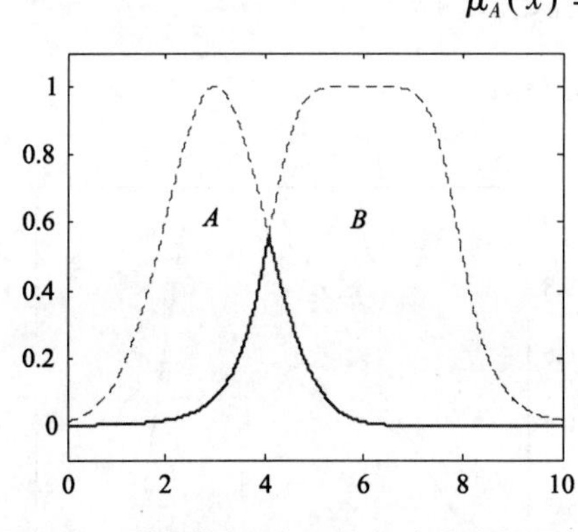

图 3-3　模糊集合 A 与 B 的交(如实线所示)

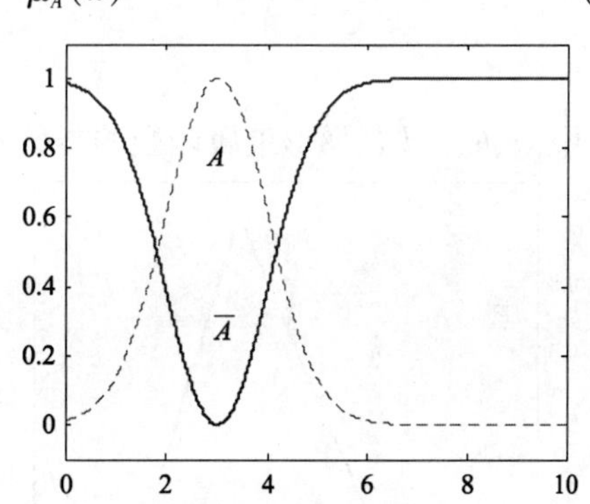

图 3-4　模糊集合 A 的补(如实线所示)

上述只是模糊集合运算中的一些基本运算,或称为标准模糊算子。凡是退化了的集合(隶属函数取值仅限于 0 和 1)运算能够对应上经典集合运算,所构成的模糊集合运算都可成立。

3.2.3　常见的隶属函数形式

使用数学公式来表示隶属函数是一种简洁的形式,不需要像定义一样枚举出所有的有序数。本节只介绍了一些常见的一维隶属函数,二维及高维的隶属函数可参见其他参考书[61]。使用较广的一维隶属函数包括:三角形隶属函数、梯形隶属函数、高斯隶属函数、及钟形隶属函数。

(1)三角形隶属函数。

三角形隶属函数(图 3-5)可表示为:

$$\mu(x)=\begin{cases}0, x\leqslant a\\ \dfrac{x-a}{b-a}, a\leqslant x\leqslant b\\ \dfrac{c-x}{c-b}, b\leqslant x\leqslant c\\ 0, c\leqslant x\end{cases}\tag{3-11}$$

其中,a、b、c 是三角形隶属函数的参数。

(2)梯形隶属函数。

梯形隶属函数(图 3-6)可表示为:

$$\mu(x)=\begin{cases}0, x\leqslant a\\ \dfrac{x-a}{b-a}, a\leqslant x\leqslant b\\ 1, b\leqslant x\leqslant c\\ \dfrac{d-x}{d-c}, c\leqslant x\leqslant d\\ 0, d\leqslant x\end{cases}\tag{3-12}$$

其中,a、b、c、d 是梯形隶属函数的参数。

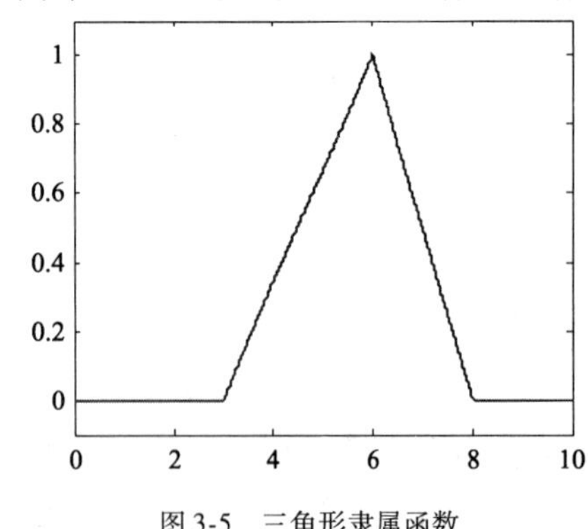

图 3-5　三角形隶属函数

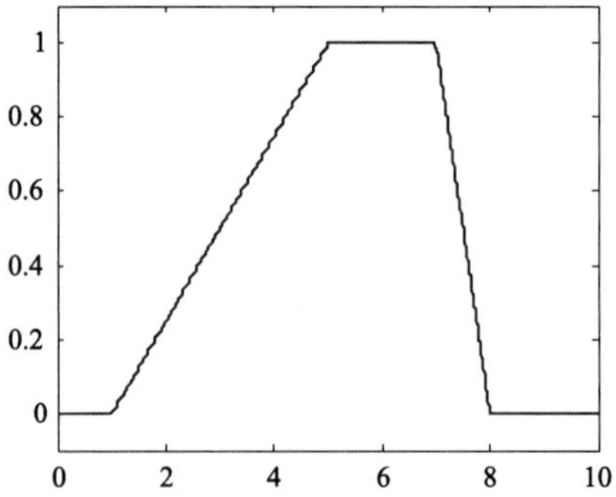

图 3-6　梯形隶属函数

(3)高斯隶属函数。

高斯(正态)隶属函数(图 3-7)可表示为:

$$\mu(x)=e^{-\frac{1}{2}\left(\frac{x-c}{\sigma}\right)^2}\tag{3-13}$$

其中,c 和 σ 是高斯隶属函数的参数。

(4)钟形隶属函数。

钟形隶属函数(图 3-8)可表示为:

$$\mu(x)=\frac{1}{1+\left|\frac{x-c}{a}\right|^{2b}} \tag{3-14}$$

其中,a、b、c 是高斯隶属函数的参数。

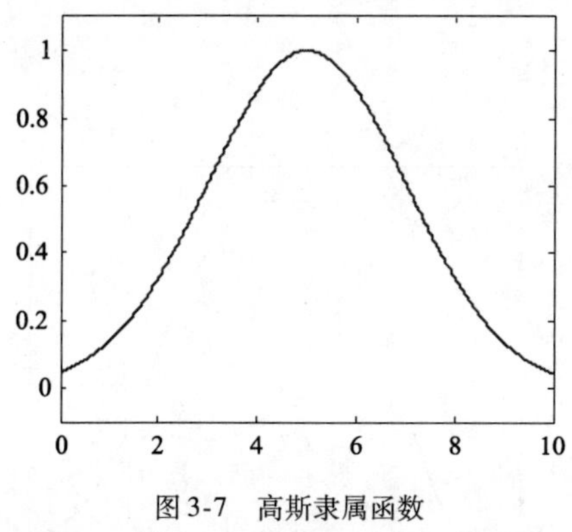

图 3-7　高斯隶属函数

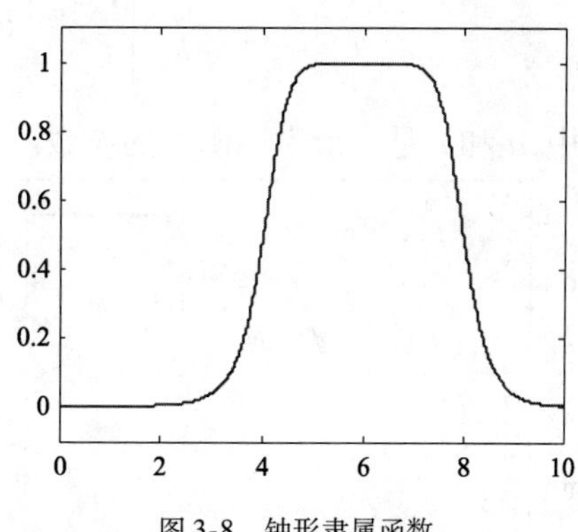

图 3-8　钟形隶属函数

(5)Sigmoid 隶属函数。

Sigmoid 隶属函数(图 3-9)可表示为:

$$\mu(x)=\frac{1}{1+e^{-a(x-c)}} \tag{3-15}$$

其中,a 和 c 是 Sigmoid 隶属函数的参数。

(6)π 形隶属函数。

π 形隶属函数(图 3-10)可表示为:

$$\mu(x)=\begin{cases}0,x\leqslant a\\ 2\left(\frac{x-a}{b-a}\right)^2,a\leqslant x\leqslant\frac{a+b}{2}\\ 1-2\left(\frac{x-b}{b-a}\right)^2,\frac{a+b}{2}\leqslant x\leqslant b\\ 1,b\leqslant x\leqslant c\\ 1-2\left(\frac{x-c}{d-c}\right)^2,c\leqslant x\leqslant\frac{c+d}{2}\\ 2\left(\frac{x-d}{d-c}\right)^2,\frac{c+d}{2}\leqslant x\leqslant d\\ 0,d\leqslant x\end{cases} \tag{3-16}$$

其中,a、b、c、d 是 π 形隶属函数的参数。

(7)S 形隶属函数。

S 形隶属函数(图 3-11)可表示为:

$$\mu(x)=\begin{cases}0, x\leqslant a\\ 2\left(\dfrac{x-a}{b-a}\right)^2, a\leqslant x\leqslant\dfrac{a+b}{2}\\ 1-2\left(\dfrac{x-b}{b-a}\right)^2, \dfrac{a+b}{2}\leqslant x\leqslant b\\ 1, b\leqslant x\end{cases}\tag{3-17}$$

其中,a 和 b 是 S 形隶属函数的参数。

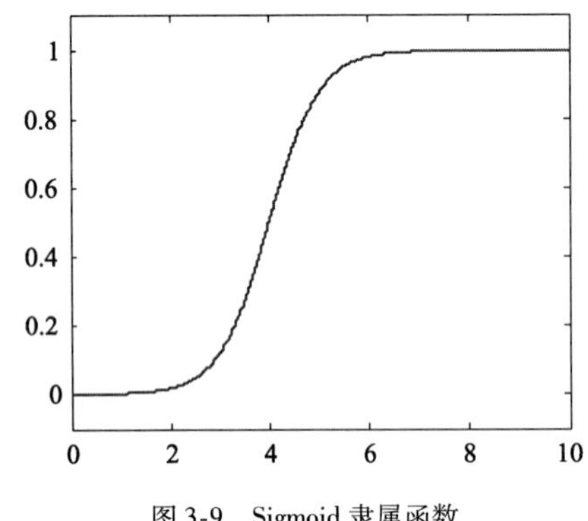

图 3-9　Sigmoid 隶属函数

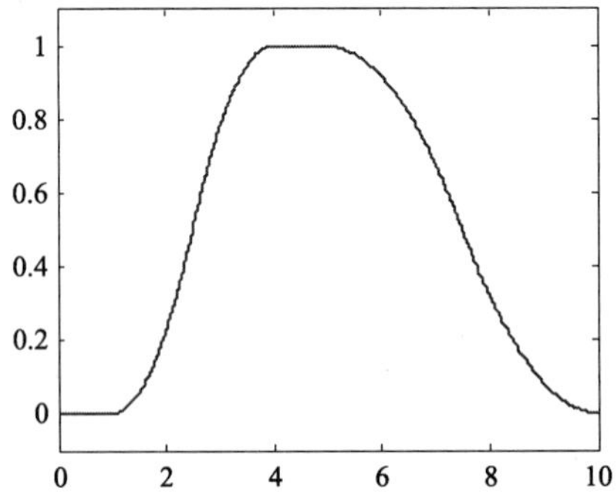

图 3-10　π 形隶属函数

(8)Z 形隶属函数。

Z 形隶属函数(图 3-12)可表示为:

$$\mu(x)=\begin{cases}1, x\leqslant a\\ 1-2\left(\dfrac{x-b}{b-a}\right)^2, a\leqslant x\leqslant\dfrac{a+b}{2}\\ 2\left(\dfrac{x-a}{b-a}\right)^2, \dfrac{a+b}{2}\leqslant x\leqslant b\\ 0, b\leqslant x\end{cases}\tag{3-18}$$

其中,a 和 b 是 S 形隶属函数的参数。

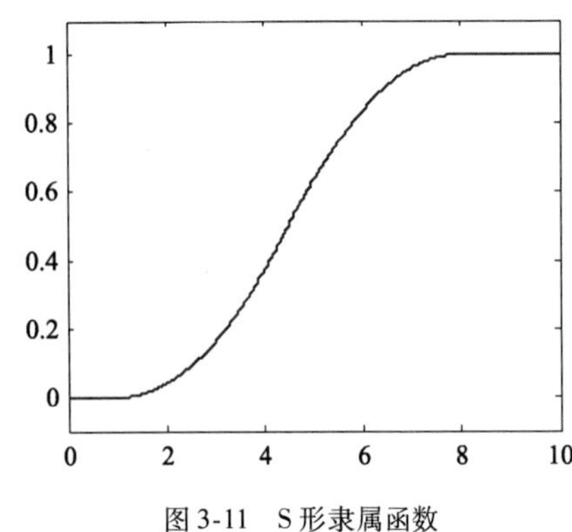

图 3-11　S 形隶属函数

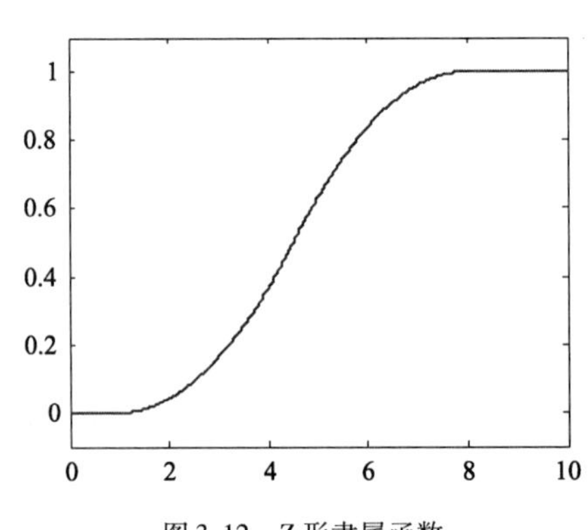

图 3-12　Z 形隶属函数

3.3　模糊规则

3.3.1　扩展原理

扩展原理是模糊数学理论中一个重要的基础原理。在介绍扩展原理之前,首先给出两个模糊集合的笛卡尔积的定义。

定义 3.11:笛卡尔乘积

设 A 和 B 分别是论域 X 和 Y 上的模糊集合,A 与 B 的笛卡尔乘积定义为乘积空间 $A \times B$ 上的一个模糊集合,记作为 $A \times B$。由于两集合的笛卡尔乘积仍为一个集合,因此其也有隶属函数,即:

$$\mu_{A \times B}(x,y) = \min(\mu_A(x), \mu_B(y)) \tag{3-19}$$

定义 3.12:笛卡尔协积

设 A 和 B 分别是论域 X 和 Y 上的模糊集合,A 与 B 的笛卡尔协积也是一个模糊集合,记作为 $A \times B$,其隶属函数为:

$$\mu_{A + B}(x,y) = \max(\mu_A(x), \mu_B(y)) \tag{3-20}$$

定义 3.13:扩展原理

设 f 是论域 X 到论域 Y 的一个映射,即:f:$X \to Y$。而且,设 A 是 X 上的模糊集合,则由映射 f 导出的模糊集合 B 的隶属函数可表示为:

$$\mu_B(y) = \begin{cases} \bigvee\limits_{f(x)=y} \mu_A(x), \text{如果} f^{-1}(y) \neq \varnothing \\ 0, \text{如果} f^{-1}(y) = \varnothing \end{cases} \tag{3-21}$$

在以上定义中,f 是精确函数,$\vee$ 表示并运算。

3.3.2　模糊关系

模糊关系实质上也是一种模糊集,只不过模糊关系的论域是 n 个集合的叉积,也可认为它是定义在 n 个论域上。由于可以从二元模糊关系直接推广到 $n(n>2)$ 元模糊关系,因此本小节只介绍二元模糊关系。

定义 3.14:二元模糊关系

设 X 和 Y 是两个论域,定义在 $U = X \times Y$ 上的模糊集就称为其是从 X 到 Y 的二元模糊关系,并记为:

$$R = \{((x,y), \mu_R(x,y)) \mid (x,y) \in X \times Y\} \tag{3-22}$$

其中 $\mu_R(x,y)(x \in X, y \in Y)$ 为其隶属函数(二维隶属函数)。而且,将 $((x,y), \mu_R(x,y))$ 称为模糊关系 R 中的一个模糊元组,并把定义在 $X \times Y$ 上的所有模糊关系的全体记为 $F = (X \times Y)$。

若 X 和 Y 中的元素均为有限个，即 $X=\{x_1, x_2, \cdots, x_m\}$，$Y=\{y_1, y_2, \cdots, y_n\}$，则从 X 到 Y 的一个二元模糊关系可以表示成模糊矩阵的形式：

$$\begin{bmatrix} \mu_{11} & \mu_{12} & \cdots & \mu_{1\pi} \\ \mu_{21} & \mu_{22} & \cdots & \mu_{2\pi} \\ \cdots & \cdots & \cdots & \cdots \\ \mu_{m1} & \mu_{m2} & \cdots & \mu_{m\pi} \end{bmatrix}$$

其中，μ_{ij}：$0 \leqslant \mu_{ij} \leqslant 1(i=1,2,\cdots,m;j=1,2,\cdots,n)$称为元素 x_i 与 y_j 之间关系 R 存在的程度。

模糊关系是经典集合论中关系的一种推广，由于每个模糊元组都赋予了一个在 0 到 1 之间的隶属度，正是由此将元素之间的关系模糊化了。

模糊关系普遍存在于我们的现实交通系统中，如酒驾与交通事故之间的模糊关联关系、远处的红灯看上去很像信号灯、如果雨很大则低速行车。其中，最后列举的模糊关系正是模糊推理系统建立的基础，因此将在下节中进行介绍。

3.3.3 IF-THEN 规则

模糊关系中的一大类是可以用 IF-THEN 规则来表述的推理，然而由于模糊集能够更好地描述人们所使用的自然语言，使得这种推理更加接近于人们在日常生活中的非精确推理，并且这种非精确推理方式在处理现实世界中的种种不确定性时表现出了高度的智慧。本节将首先简要地介绍模糊语言，然后再对 IF-THEN 规则进行阐述。

由于现实世界的复杂性，人类对世界本质认知的局限性，常常无法做出精准的判断，传统意义上的分析方法都是建立在精确的数字，无法有效地解决实际中的建模及分析。模糊语言正是基于这种考虑而孕育而生的一种新的分析思想。

(1)语言变量。

定义 3.15：模糊语言变量

定义一个五元组$(x, T(x), X, G, M)$来描述一个语言变量，其中 x 是变量名称，$T(x)$是 x 的术语集合，X 是论域，G 为产生 $T(x)$中术语的句法规则，M 是句法规则。

在表征城市道路的交通路况时，由于驾驶员对畅通、拥堵等状态的定义存在着一定的差异，这主要是因为除了客观的行驶速度等外，驾驶员的心理感受不同。以此为例，可将“路况”作为一个语言变量，而它所包含的术语集合可以是

$$T(\text{路况})=\{\text{拥堵、缓慢、畅通}\}$$

当然，该术语集合也可以由其他不同的元素构成(如，{非常拥堵、轻微拥堵、行驶缓慢、较为畅通、非常畅通})。简便起见，这里的术语集合只包含三个元素，如图 3-13 实线所示。而且，术语集中的每个术语都是定义在论域 $X=[0\ 80]$(行驶速度，单位为 km/h)上的模糊集合。当路况的赋值为拥堵时，就相当于“路况拥堵”。句法规则就是用来确定术语集

合中各语言值的方式，即给每个模糊集合确定一个隶属函数。

此外，还可增加一些否定词或程度词来修饰基本的术语。如，可在术语“拥堵”前增加一个程度词“轻微”，其隶属函数如图 3-13 虚线所示。

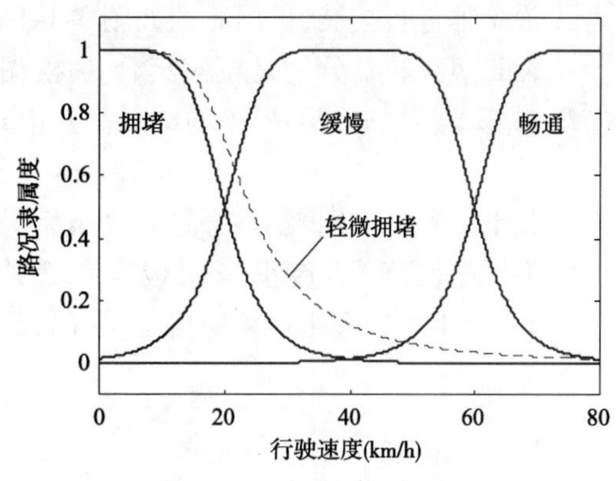

图 3-13　隶属函数示例

(2)模糊 IF-THEN 规则。

模糊 IF-THEN 规则（也称为模糊产生式）具有以下形式：

IF <x 是 A>, THEN <y 是 B>

ELSE <y 是 C>

其中 <x 是 A> 是模糊条件，也称为前件或前提，而 <y 是 B> 和 <y 是 C> 是结论，也称为后件。而 A 和 B 分别是论域 X 或 Y 上的模糊集的语言值。在许多情况下，可将 <y 是 C> 省去。在模糊 IF-TEHN 规则中，条件是模糊的（即并不是非真即假的二值逻辑），所以规则的结论也不一定只执行结论中的一条，而大多数情况下是将不同的结论同时按照其为真的程度来执行，并且将执行的各结果融合在一起作为最终的结论，因此它是一种“扩散浸润式”的并行执行方式。

这种模糊 IF-THEN 规则在我们实际的生活中可以说是比比皆是，例如：

如果雨下得大，那么行驶速度应降低；

如果跟车太近，那么应适当减速；

如果交叉口车辆较少，那么应快速通过。

3.4　模糊推理基础

所谓推理，就是从现有的知识中推出其所蕴含的其他知识，或者是挖掘和归纳出新知识的一种方法。可以看出，在进行推理时，总是要涉及前提（即已知的知识）和结论（即新知识）之间的关系，且根据他们关系的不同可分为演绎推理和归纳推理。

由于世界本质的模糊性，人们在实践中基于模糊知识常常采用近似推理的方法来获取一些未知的知识，这种推理就是模糊推理。而且，这里所说的模糊推理就是指利用 IF-THEN 规则从前提中得出结论的过程。

3.4.1　模糊变换

假设 $R_{A\times B}$ 为定义在笛卡儿积 $X\times Y$ 上的一个模糊关系，且 A 为论域 X 的模糊集合，欲推理得到论域 Y 上的模糊集合 B。其中，模糊关系 R 如图 3-14a) 所示。首先将模糊集

合 A 沿 y 轴进行扩展，扩展后的如图 3-14b）所示。

设μ_A，μ_B，和μ_R分别是模糊集合 A，模糊集合 B 和模糊关系 R 的隶属函数，则称 $B = A°R_{A\times B}$是 A 经模糊变换所得的结果。其中 o 为复合算子，且模糊集合 B 的隶属函数为：

$$\mu_B(y) = \vee_x[\mu_A(x) \wedge \mu_R] \tag{3-23}$$

其中∨和∧分别表示某种"并型运算"和"交型运算"。

为了简便起见，这里采用极大和极小作为并型和交型运算。图 3-14c）所示为图 3-14a）和 b）经极小运算所得结果，而图 3-14d）则是图 3-14c）在论域 Y 上的投影。

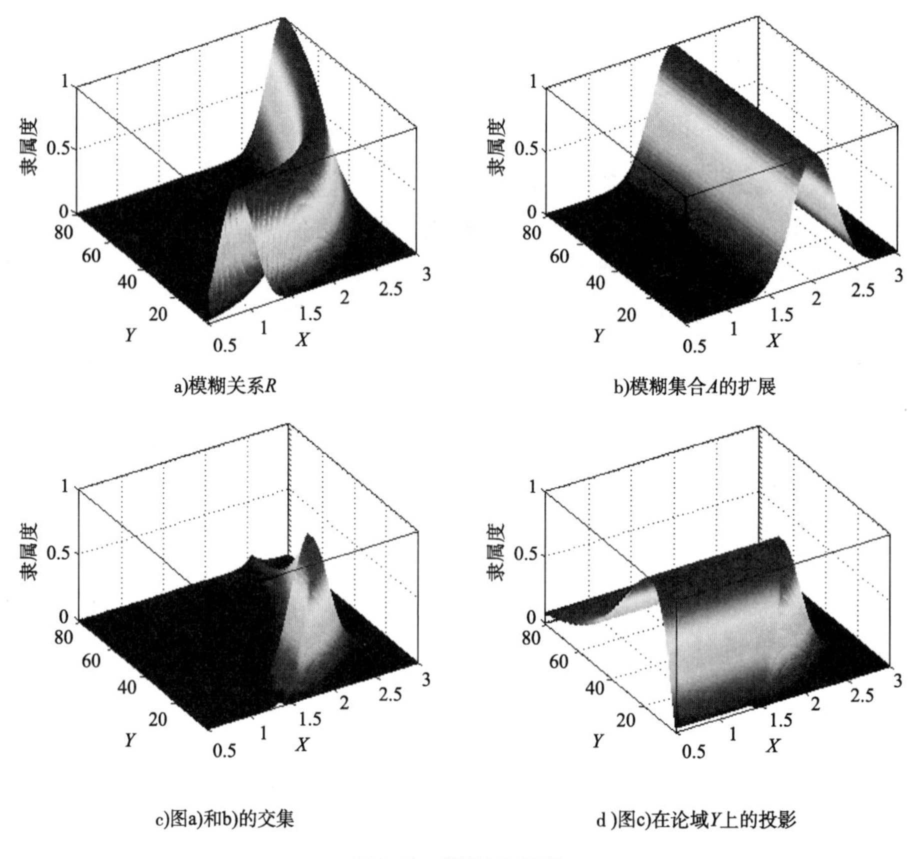

图 3-14　模糊变换示例

3.4.2　模糊推理

模糊变换可以认为是一种最基础的模糊推理，这主要是因为作为从 A 到 B 的模糊关系的隶属度可解释为 $a_i \rightarrow b_j$的真度为 μ_{ij}（其中 $i = 1,2,\cdots,m$ 且 $j = 1,2,\cdots,n$）。下面通过一个例子来说明可以用模糊变换来实现模糊推理的工作。

假设 A = {速度高，速度中，速度低}，B = {畅通，缓慢，拥堵} 为两个论域，且由参数 i

推出路况 j 的可能性为 $\mu_{ij}(i=1,2,3$ 且 $j=1,2,3)$,即模糊关系矩阵 $R_{A\times B}$ 为:

$$R_{A\times B}=\begin{bmatrix}\mu_{11} & \mu_{12} & \mu_{13}\\ \mu_{21} & \mu_{22} & \mu_{23}\\ \mu_{31} & \mu_{32} & \mu_{33}\end{bmatrix}$$

如果当前的平均行驶速度可用 A 上的一个隶属函数 μ_A 来表示的话,那么依据模糊变换可得:

$$B=A\circ R_{A\times B} \quad 或 \quad \mu_j=\vee_{i=1}^{3}(\mu_{ij}\wedge\mu_i) \quad (j=1,2,3) \tag{3-24}$$

这也就是说,当前速度所对应的路况 j 的可能性为 μ_j。

由于模糊推理可从不同的角度来进行分类,如从输入输出类型、规则集类型等。为了便于介绍模糊推理的思想,此处将按照模糊规则的个数和前提的个数对模糊推理进行分类,即:单条件单规则的模糊推理、多重模糊推理、多维模糊推理及多重多维模糊推理。

(1)单条件单规则的模糊推理。

单条件单规则的模糊推理是一种最简单的模糊推理,因此也称为简单模糊推理。模糊推理是经典逻辑的扩展,可看作是一种经典逻辑的近似推理。在经典逻辑中,假言推理和拒取式推理是两个最基本的推理规则。

假言推理可表示为:

$$\begin{array}{l} A\rightarrow B \\ \underline{A\qquad} \\ \quad\ B \end{array} \tag{3-25}$$

例如,推理规则为:如果 x 是尾号为2的小汽车,则 x 今天限行;此时前提假定为车牌号为京A32142,那么该小汽车今天限行。

拒取式推理可表示为:

$$\begin{array}{l} A\rightarrow B \\ \underline{\quad\ \neg B} \\ \neg A \end{array} \tag{3-26}$$

其中"¬"表示取反。例如,推理规则为:如果绿色信号灯亮,那么车辆可以通行;若此时前提为车辆等待排队,那么可以推出此时绿色信号灯不亮。

实际中大量存在着所给前提 A^* 与规则中的前件 A 不完全重合的情形,此时就需要对经典逻辑进行扩展才能有效地解决这种带有模糊不确定的问题。因此,从这个角度来看,模糊推理可以看作是经典推理的扩展。

假设 A^* 和 A 都是论域 X 上的模糊集合,且已知 $A\rightarrow B$ 的模糊推理规则,其中模糊集合 A^* 和 A 接近但不完全重合,此时:

$$\begin{array}{ll} 规则:如果\ x\ 是\ A,那么\ y\ 是\ B & \\ \underline{前提:当前\ x\ 是\ A^* \qquad\qquad\quad} & \\ 结论:\qquad\qquad\qquad\quad y\ 是\ B^* & \end{array} \tag{3-27}$$

该推理过程就称为模糊推理,或称为近似推理,也称为广义假言推理,其模型可表示为:

$$\frac{\begin{array}{c}A\to B\\ A^*\end{array}}{B^*} \tag{3-28}$$

同理,另一种简单模糊推理是建立在对拒取式推理进行扩展的基础上,由于采用的思路相同,故这里不再详述。

(2)多重模糊推理。

多重模糊推理实际上是简单模糊推理的一种扩展,涉及存在 n 条规则的情况,其一般形式为:

规则:如果 x 是A_1,那么 y 是B_1

如果 x 是A_2,那么 y 是B_2

…

如果 x 是A_n,那么 y 是B_n

前提:当前 x 是A^*

结论:　　y 是B^*　　(3-29)

其中,$A_i(i=1,2,\cdots,n)$ 和 A^* 是论域 X 上的模糊集,而$B_i(i=1,2,\cdots,n)$ 和 B^* 是论域 Y 上的模糊集。其模型可表示为:

$$\frac{\begin{array}{c}A_1\to B_1\\ A_2\to B_2\\ A_n\to B_n\\ A^*\end{array}}{B^*} \tag{3-30}$$

由于涉及多条规则,因此再从前提 A^* 推理得到 B^* 存在不同的方法,常用的方法有 Zadeh 法、Dubois 法及点火法。

Zadeh 法是把 n 条规则通过∩聚合成为 1 条规则后,即:

$$(A_1\to B_1)\cap(A_2\to B_2)\cap\cdots\cap(A_n\to B_n)=A\to B \tag{3-31}$$

再利用简单模糊推理来求 B^*。

而 Dubois 法是将前提 A^* 按照各条规则进行推理,即:

$$\frac{\begin{array}{c}A_1\to B_1\\ A^*\end{array}}{B_1^*},\frac{\begin{array}{c}A_2\to B_2\\ A^*\end{array}}{B_2^*},\cdots,\frac{\begin{array}{c}A_m\to B_n\\ A^*\end{array}}{B_n^*} \tag{3-32}$$

再取各结果的∩,即:$B^*=B_1^*\cap B_2^*\cap\cdots\cap B_n^*$。

虽然,在 Zadeh 法和 Dubois 法都采取了∩,但也可根据实际情况,采用∪操作。点火法则是先衡量前提 A^* 与各前件之间的“相似度”,并取其中最相似的那条推理规则,来进行模糊推理[62]。

(3)多维模糊推理。

多维的模糊推理可以将输入看作为具有多维的向量，或者简单地认为是多个输入。假设其输入维数为 m，$A_i(i=1,2,\cdots,m)$ 和 A^* 是论域 X 上的模糊集，而 $B_i(i=1,2,\cdots,m)$ 和 B^* 是论域 Y 上的模糊集，则其一般形式为：

$$\begin{array}{l}\text{规则：如果} x_1 \text{是} A_1, x_2 \text{是} A_2, \cdots, x_m \text{是} A_m, \text{那么} y \text{ 是 } B \\ \text{前提：当前} x_1 \text{是} A_1^*, x_2 \text{是} A_2^*, \cdots, x_m \text{是} A_m^* \\ \hline \text{结论：} \qquad\qquad\qquad\qquad y \text{ 是} B^* \end{array} \tag{3-33}$$

且其模型形式为：

$$\begin{array}{c} A_1, A_2, \cdots, A_m \to B_n \\ A_1^*, A_2^*, \cdots, A_m^* \\ \hline B^* \end{array} \tag{3-34}$$

类似于多重模糊推理，在进行多维模糊推理时也存在多种方法，例如 Zadeh 法、Tsukamoto 法及 Sugeno-Takagi 法等。

Zadeh 法是通过笛卡尔乘积直接将多维输入转化为一维简单模糊推理模型，即：

$$\begin{gathered} A_1 \times A_2 \times \cdots \times A_m = A \\ A_1^* \times A_2^* \times \cdots \times A_m^* = A^* \end{gathered} \tag{3-35}$$

Tsukamoto 法是把多维模糊推理模型按 m 个前件分解成 m 个简单的模糊推理模型，再将这些简单模糊推理模型进行并联。

$$\begin{array}{c} A_1 \to B \quad A_2 \to B \qquad A_m \to B \\ \dfrac{A_1^*}{B_1^*}, \dfrac{A_2^*}{B_2^*}, \cdots, \dfrac{A_m^*}{B_m^*} \end{array} \tag{3-36}$$

且 $B^* = B_1^* \cap B_2^* \cap \cdots \cap B_m^*$。

类似于 Tsukamoto 法，Sugeno-Takagi 法是将多维模糊推理模型分解成 m 个简单模糊推理模型的串联，即：

$$\begin{array}{c} A_1 \to B \quad A_2 \to B_1^* \qquad A_m \to B_{m-1}^* \\ \dfrac{A_1^*}{B_1^*}, \dfrac{A_2^*}{B_2^*}, \cdots, \dfrac{A_m^*}{B^*} \end{array} \tag{3-37}$$

(4)多重多维模糊推理。

多重多维模糊推理是上述多重模糊推理及多维模糊推理的综合，依然沿用前述的模糊集合和前提，那么多重多维模糊推理的一般形式为：

$$
\begin{array}{ll}
\text{规则:} & \text{如果}x_1\text{是}A_{11}, x_2\text{是}A_{12}, \cdots, x_m\text{是}A_{1m}, \text{那么 } y \text{ 是}B_1 \\
 & \text{如果}x_2\text{是}A_{21}, x_2\text{是}A_{22}, \cdots, x_m\text{是}A_{2m}, \text{那么 } y \text{ 是}B_2 \\
 & \cdots \\
 & \text{如果}x_n\text{是}A_{n1}, x_2\text{是}A_{n2}, \cdots, x_m\text{是}A_{nm}, \text{那么 } y \text{ 是}B_n \\
\text{前提:} & \text{当前}x_1\text{是}A_1^*, x_2\text{是}A_2^*, \cdots, x_m\text{是}A_m^* \\
\hline
\text{结论:} & \qquad\qquad\qquad\qquad\qquad y\text{ 是}B^*
\end{array}
\tag{3-38}
$$

其模型形式为:

$$
\begin{array}{c}
A_{11}, A_{12}, \cdots, A_{1m} \rightarrow B_1 \\
A_{21}, A_{22}, \cdots, A_{2m} \rightarrow B_2 \\
\cdots \\
A_{n1}, A_{n2}, \cdots, A_{nm} \rightarrow B_n \\
A_1^*, A_2^*, \cdots, A_m^* \\
\hline
B^*
\end{array}
\tag{3-39}
$$

由于可将多重多维模糊推理按照不同路径进行简化,因此出现了不同的方法,这里只介绍常见的两种方法,即多重 Zadeh 法和 Sugeno-Takagi 法。

多重 Zadeh 法是先通过笛卡尔积将各规则的多维前件简化为一维前件,即:

$$
\begin{aligned}
A_1 &= A_{11} \times A_{12} \times \cdots \times A_{1m} \\
A_2 &= A_{21} \times A_{22} \times \cdots \times A_{2m} \\
&\cdots \\
A_n &= A_{n1} \times A_{n2} \times \cdots \times A_{nm}
\end{aligned}
\tag{3-40}
$$

至此已将多重多维模糊推理简化为多重模糊推理,此时可按多重模糊推理的解决思路来进行求解。

Sugeno-Takagi 法是先将多维前提与 n 条规则分别按照多维模糊推理的思路进行处理,即:

$$
\begin{array}{ccccc}
A_{i1} \rightarrow B_i & A_{i2} \rightarrow B_{i1}^* & & A_{im} \rightarrow B_{i,m-1}^* \\
\dfrac{A_1^*}{\qquad B_{i1}^*}, & \dfrac{A_2^*}{\qquad B_{i2}^*}, & \cdots, & \dfrac{A_{im}^*}{\qquad B_{im}^*}
\end{array}
\tag{3-41}
$$

其中$B_{im}^* = B_i^*$再将所得的$B_1^*, B_2^*, \cdots, B_i^*$聚合为最终结果$B^*$。

3.5 模糊推理系统

模糊推理系统(Fuzzy Inference Systems, FIS)因其能够以任意精度逼近紧致集上的任意连续函数,所以被广泛地应用于数据分类、自动控制、决策分析、模式识别等众多领域中，而且可能会随着应用领域的不同有着不一样的名称，但都是建立在模糊集合理论、模糊规则和模糊推理等基本概念基础上的一种先进计算框架。因此，首先介绍一下模糊推理系统的基本结构。

3.5.1　基本结构

模糊推理系统的一般框架结构如图 3-15 所示。

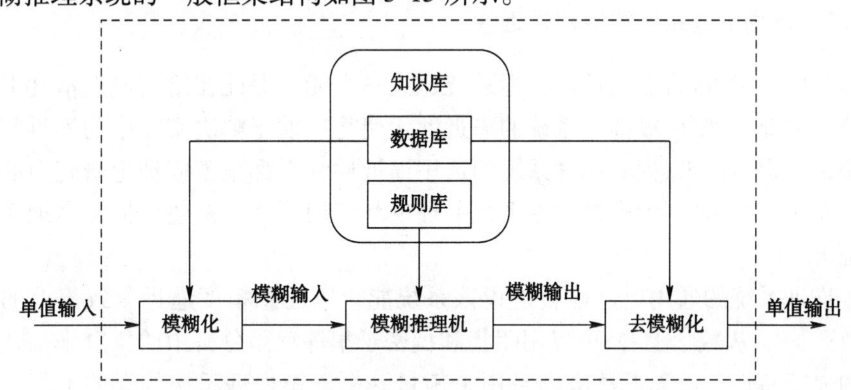

图 3-15　模糊推理系统的一般框架结构

模糊推理系统主要由四个单元组成。

①知识库(Knowledge Base)：由存储模糊规则的规则库和各规则参数(隶属函数)的数据库组成。

②模糊化单元(Fuzzification)：该单元主要完成将单值输入转换为模糊值的工作。

③模糊推理机(Inference)：根据模糊规则，应用模糊推理机制(如蕴涵、聚合等操作)，得到输出模糊集。

④去模糊化单元(Defuzzification)：将模糊推理得到的模糊集转换成单值输出。

自从 Zadeh 提出模糊理论以来，相继出现了多种模糊推理系统，但常见的模糊推理系统有 Mamdani 模糊推理系统，Sugeno-Takagi 模糊推理系统，其主要区别在于构成后件的方式不同[61]。

由 Mamdani[63] 提出的 Mamdani 模糊推理系统可以说是最早和最基本的模糊推理系统，它完整地体现了模糊语言概念。Mamdani 模糊推理系统的特征是规则后件为模糊集(语言值)，其规则的标准形式为：

$$\text{规则 } i\text{：如果 } x_1 \text{ 是 } A_{i1}, x_2 \text{ 是 } A_{i2}, \cdots, x_n \text{ 是 } A_{in}\text{，那么 } y_i \text{ 是 } B_i$$

其中$x_1, x_2, \cdots, x_n$是前提，$i(1 \leqslant i \leqslant C)$是模型中第 i 条规则(假设总共有 C 条规则)，A_{ij}是规则 i 前件中的语言值(模糊集)，而B_i为此规则后件的语言值(模糊集)。

在一般情况下，特定的操作点附近的非线性可通过局部线性模型来近似，正是基于这个思想，日本学者 Takagi 和 Sugeno 提出了一种新的模糊推理系统，并简称为 T-S 模糊

推理系统[64]。T-S 模糊推理系统的特征就是规则后件是关于输入变量的一阶线性多项式,其规则的标准形式为:

$$\text{规则 } i\text{:如果 } x_1 \text{ 是} A_{i1}, x_2 \text{ 是} A_{i2}, \cdots, x_n \text{ 是} A_{in}, \text{那么} y_i = f_i(X)$$

其中$X=[x_1, x_2, \cdots, x_n]$是前提,$i(1 \leqslant i \leqslant C)$是模型中第 i 条规则(总共有 C 条),A_{ij}是规则 i 前件中的语言值(模糊集),而$f_i(X)$为后件的精确函数,通常为输入变量的多项式。

3.5.2 模糊推理系统的通用逼近性

在实际应用中,常常需要针对目标系统建立一个能够保证在给定逼近精度下的模糊推理系统。因此,了解模糊推理系统的逼近性无疑将有助于解决实际中的逼近问题。自模糊推理系统提出以来,模糊推理系统的通用逼近性一直都是模糊理论研究中的一个重要研究方向,这主要是因为模糊推理系统的理论和应用研究都是建立模糊推理系统的逼近性基础上。

模糊推理系统的通用逼近性就是指该系统能否以任意精度逼近紧致集上的任意连续实函数[65,66]。从数学上看,可以用闭集和稠密子集等泛函分析中的概念来描述模糊推理系统的逼近特性。而逼近精度则是用来衡量一个模糊推理系统的误差上界。对于一个任意给定的连续函数,一个模糊推理系统的每个输入变量设置多少个模糊子集才能保证该系统的逼近精度,这是模糊推理系统作为函数逼近器的充分条件。而且,可利用其构成通用逼近器的必要条件作为架构模糊推理系统的基础,其中包括输入和输出模糊子集、模糊规则等方面的确定。

在近十年,关于模糊推理系统的逼近性研究是一个热点和重点,相继从不同的角度证明了模糊推理系统是一种万能逼近器。下面针对 Mamdani 模糊推理系统和 T-S 模糊推理系统的通用逼近性作一简单介绍。

(1)Mamdani 模糊推理系统的通用逼近性。

Kosko 可能是最早对 Mamdani 模糊推理系统的逼近性进行研究的学者,虽然其从数学的角度通过输入输出空间的划分证明了 Mamdani 模糊推理系统能够一致逼近定义在紧致集上的连续函数,但不够严密[67]。同年,Lixin Wang 用 Stone-Weierstrass 定理证明了一类 Mamdani 模糊推理系统的通用逼近性[68]。此外,还有学者利用其他方法(如模糊基函数、拉格朗日余项等)证明了 Mamdani 模糊推理系统的通用逼近性[69,70]。

为了找出模糊推理系统为何具有通用逼近性,一些学者借鉴插值理论,提出了模糊推理系统的插值机理,对于模糊推理系统的函数逼近性提出了新的方法[71,72]。

(2)T-S 模糊推理系统的通用逼近性。

正如前述,T-S 模糊推理系统与 Mamdani 模糊推理系统的最大区别在于其后件部分。Hao Ying 证明了简化线性的 T-S 模糊推理系统的通用逼近性[73],然而简化了的线性 T-S 模糊推理系统虽然减少了参数,但同时也局限了其应用。Wang 得出了线性 T-S 模糊推理系统是光滑非线性动态系统的通用逼近器[74]。曾珂采用广义全交叠输入隶属函数对经典模糊推理系统的通用逼近性进行了证明[75]。而Chen在证明时则采用了终值定理[76]。

不难看出,现有研究大多集中于对线性T-S模糊推理系统的通用逼近性的探讨,这主要是因为T-S模糊推理系统采用了局部线性化实现全局非线性逼近的基本思想。

3.5.3 模糊推理系统建立基本流程

由于模糊推理系统具有通用逼近性和良好解释性,成为交通预测的重要技术支撑。然而,预测的准确度在很大程度上取决于模糊推理系统,因此模糊推理系统的建立过程就至关重要。

一般地,一个模糊推理系统的建立大致分为以下三个步骤。

(1)模糊推理系统类型的确定。

由于现有的模糊推理系统有多种,且各模糊推理系统都各有千秋。例如,常见的模糊推理系统,即Mamdani和T-S模糊推理系统,在许多领域中得到了广泛的应用。这两个模糊推理系统结构之间的主要区别在于去模糊化的机制不同。T-S模糊推理系统输出的隶属函数是有关输入的函数或是常数,而Mamdani模糊推理系统一般取输出模糊集合的质心。虽然,在选择模糊推理系统时,应重点考虑模糊推理系统的通用逼近性及逼近精度。但也应考虑实际数据(包括输入数据和训练样本)的质量及其他因素(如可解释性)等。

(2)系统辨识。

一个模糊推理系统往往可以通过相关领域专家提供的专业知识来构造的。这种利用专家经验所建立的模糊推理系统通常称为模糊专家系统。但是,在领域知识全部或部分未知时,需要利用观测数据来构建模糊推理系统,而且把通过分析观测数据建立模糊推理系统的过程称为模糊系统辨识[77]。

由于现实中,存在着许多专家知识不准确不完备,甚至对目标系统的认知尚属于空白的情况。因此,基于数据挖掘对这些灰箱、黑箱系统进行有效辨识显得尤为重要。模糊推理系统的辨识主要包括两部分:①结构辨识,即对输入和输出空间进行模糊划分并确定输入-输出模糊区间的映射关系,也称为规则库的学习;②参数辨识,主要是确定规则的前件(前提)和后件(结论)的参数值,也称为数据库的学习。

在进行系统辨识前,一般先将采集得到的原始数据经异常值和规范化等一系列预处理后,再将数据分为两部分,即一部分数据用于系统识别的数据,通常被称为训练数据,而另一部分数据则称为检验数据,主要用于验证建立的模糊推理系统性能。

(3)模型验证和评估。

用于检验建立的模糊推理系统的数据,既可以是训练数据也可以不同于训练数据。

在建立模型时,通常通过均方误差(MSE)的计算来量化模型的质量并判断是否继续进行训练。模型验证的方法也有很多,但一般来说交叉验证[78]是应用最为普遍的一种,有关该验证方法将在4.2.3节中作进一步的说明。

3.6 基于聚类的模糊推理系统辨识方法

系统辨识是建立模糊推理系统过程中最为关键的一步,而且不同的辨识方法也直接影响着模糊推理系统建立的效果。对模糊推理系统辨识的早期研究通常把结构与参数辨识分为两部分。首先利用模糊决策树[79]、基于自组织的模糊神经网络[80]、支持向量基[81]等方法进行结构辨识,然后再用最小二乘估计法[82]、基于熵准则法[83]、基于曲线图法[84]等方法确定参数。遗传算法因其自适应寻优能力常被用于系统的辨识,并孕育出一个新的分支—遗传模糊系统[85]。对此方面的初期研究较集中在利用遗传算法学习模糊规则集,并逐渐转向对隶属函数的优化,乃至近年来对整体模糊系统的辨识和优化。

尽管,文献中先后提出了不同的系统辨识方法,但这些方法都可大致地划分为有监督学习(supervised learning)和无监督学习(unsupervised learning)两大类。

有监督学习就是指在给定的包含有输入输出的训练数据集下,通过学习可以建立一个能够反映输入与输出之间映射关系的函数或模型。可以形象地理解为,有监督学习就是要通过训练样本告诉模型怎么去做。在BP神经网络及支持向量机中就常用到监督学习方法来建立模型。

然而,在许多实际中,无法提供与输入相关的输出,或者已知的输入与输出之间的关联关系存在着较大的不确定性。此时,就需要采用无监督学习(也称为非监督学习)来完成系统的辨识工作。也就是说,无监督学习不需要告知如何去做,即不需要任何反馈信息便可从输入向量中挖掘规律从而实现学习的目的。聚类就是无监督学习里最为典型的例子。

3.6.1 聚类方法概述

"物以类聚",聚类的本质就是将物理或抽象的对象集合按照对象间的相似性划分成多个簇的过程,以便簇内对象间具有高度的相似性,而不同簇内的对象相异性较大。在这个过程中通常没有任何先验知识,即是一种无监督的分类过程。尽管,也有一些聚类方法因具有一些指导信息而归为有监督或是半监督学习,但通常情况下将聚类认为是典型的无监督学习。

聚类算法是数据挖掘、模式识别等研究方向的重要研究内容之一,同时随着不同聚类算法不断地提出,一些聚类算法已经成功地应用于语音识别、机器视觉、图像处理、信息检索、时空数据库应用等,此外聚类在分析生物学、心理学、考古学、地质学及地理学等研究也起着重要的辅助作用。

(1)聚类的定义。

聚类的形式化定义如下[86]：

假设 $X=\{x_1,x_2,\cdots,x_n\}$ 为一个给定的对象集合,并且假设每个对象 $x_i(i=1,2,\cdots,n)$ 都有 m 个特征 $(l_1, l_2,\cdots, l_m)$,按照对象的特征进行相似性划分,并得到 k 个簇,即聚类的结果可表示为 $C=\{c_1,c_2,\cdots,c_k\}$,且满足以下条件

①$\cup_{i=1}^{k}c_i=X$;

②$c_i\cap c_j=\emptyset,i\neq j$,且 $i,j=1,2,\cdots,k$。

上述第二个条件只适用于硬聚类算法(参见聚类的分类)。

(2)聚类的分类。

迄今为止,已在各种文献上发表的聚类算法及变种众多,可以从不同的角度进行划分。其中一种分类方式是将聚类算法分为:基于划分的聚类算法、基于层次的聚类算法、基于密度的聚类算法、及基于网格的聚类算法。

基于划分的聚类算法需要事先指定簇数目,并使用迭代技术逐步减少目标函数的值,直至目标函数收敛至一定精度时,所划分的结果即为聚类结果。属于此类的典型聚类算法包括经典的划分方法是 K-means[87]、K-medoids [88]、CLARANS [89]以及模糊聚类算法[90]等。虽然,此类聚类算法能够对较大规模的数据进行高效分类,但其最大问题在于需要事先确定簇的个数,而在没有充分认知被聚类对象属性的前提下,不易获得准确的值。此外,此类聚类算法大多采用随机的初始化,因此其聚类结果易受到随机初始化的影响。

基于层次的聚类算法(简称为层次聚类算法,又称为树聚类算法),利用对象间的关联规则,通过架构树一样的结构,反复将对象进行从上而下的分裂或从下而上的聚合操作,生成一个具有一定层次关系的分类树。比较典型的层次聚类算法主要包括 CURE[91]、ROCK[92]和 Chameleon [93]。虽然,层次聚类算法具有清晰的层次关系,但分裂或聚合的规则则十分关键,且无论是分裂还是聚合都存在着不可逆的问题。

基于密度的聚类算法是通过比较对象所处空间邻域的密度来判断是否属于不同的簇。也就是说,根据对象邻域的密度,将分布紧密的一些对象归到同一簇,而簇与簇之间则相对稀薄。属于此类的聚类算法主要有 DBSCAN [94]、OPTICS[95]和 DENCLUE[96]。基于密度的聚类算法可以较好地发现不同形状的簇,同时还能有效地甄别出离群点,并且不依赖于对象输入的顺序,但其对高维数据的聚类效率不高,易出现类似于"维数灾难"问题。

基于网格的聚类算法是使用一个有限网格的结构,结合模式组织将值空间划分为多个块,在此基础上,根据块的分布特征实现聚类。基于网格的聚类方法常常与基于密度的聚类方法相结合。比如说,可将对象映射到事先建立的网格中,然后再根据网格密度

进行聚类。此类中比较典型的聚类算法有 Wave Cluster[97]、OptiGrid [98]、CLIQUE[99]和 MAFIA[100]。虽然,这类算法大多具有快速聚类的优点,但其具有类似于基于密度的聚类算法的缺点,即单元格数量随着对象维数的增加而呈现指数增加,故其不能高效地处理高维数据的聚类问题。

除了可以按上述方式进行分类外,聚类算法还可以分为硬聚类和软聚类两大类。所谓硬聚类就是指每个对象属于并且只能属于一个簇,也就是说其所属状态可以用 0 或 1 来表示,且簇与簇之间没有交集。例如,K-means 聚类算法就是典型的硬聚类算法。而软聚类算法则允许每个对象属于一个以上的簇,即簇与簇之间有交集,因此有时也称为重叠聚类。软聚类算法中最具代表性的算法就是模糊 C 均值聚类算法,且在该算法中,利用隶属函数来表示同一对象属于不同簇的程度。

(3)聚类的过程。

通常情况下,聚类的过程包括数据预处理、特征提取及变换、相似度计算、聚类及对聚类结果进行评估等[101],具体过程如下。

①数据预处理:主要包括降噪、祛除异常数据、特征标准化及降维等。

②特征提取及变换:即从原始的一组特征中选择并提取出最有效的特征,并根据具体情况将所选择的特征进行转换,从而形成新的特征,以便更加突出特征。

③聚类(也称为分组):首先选择或构造适合于特征类型的某种相似性函数,再对各对象之间进行相似性衡量,最后根据所计算的相似程度进行划分从而形成不同的簇。

④聚类结果评估:在对聚类结果进行有效性评估时,通常选用的评估包括外部有效性评估、内部有效性评估及相关性测试评估。

(4)相似性度量。

对象之间的相似程度可以从不同的角度来判断,一般是通过建立相似度函数,又称为距离函数来进行衡量。虽然,先后提出了最大似然准则[102]、最大熵准则[103]及最小体积准则[104]等来判断相似度,但实际中最常用的还是基于最短距离的准则。

由于相似性可以是语义、状态、形状、时间、粗糙程度等,因此这里所说的"距离"并非是通常狭义上的空间距离。而且,可能会出现从某个角度来说,对象是相邻的,但从另一个角度来看,可能两者之间相距很远。因此,在进行相似性衡量时,选择合适的相似性函数十分重要,直接关系着聚类的最终结果。

在交通领域中,空间位置及时间是重要的信息,因此常常采用欧式距离(Euclidean Distance)、明可夫斯基距离(Minkowski Distance)、曼哈顿距离(Manhattan Distance)、切比雪夫距离(Chebyshev Distance)、向量空间余弦距离(Cosine Distance)等[105]。

为了便于描述,现假设欲衡量对象 x_i 和对象 x_j 间的差异,且都包含了 m 个维的特征,即 $x_i = (x_i^1, x_i^2, \cdots, x_i^m)$,$x_j = (x_j^1, x_j^2, \cdots, x_j^m)$。

欧式距离:$D_{ij} = \sqrt{\sum_{d=1}^{m} (x_i^d - x_j^d)^2}$

明可夫斯基距离：$D_{ij} = \left(\sum_{d=1}^{m} |x_i^d - x_j^d|^p\right)^{\frac{1}{p}}$

曼哈顿距离：$D_{ij} = \sum_{d=1}^{m} |x_i^d - x_j^d|$

切比雪夫距离：$D_{ij} = \lim_{p\to\infty}\left(\sum_{d=1}^{m} |x_i^d - x_j^d|^p\right)^{\frac{1}{p}}$

向量空间余弦距离：$D_{ij} = \dfrac{\vec{x_i} \cdot \vec{x_j}}{\|x_i\| \cdot \|x_j\|}$

3.6.2　基于减法聚类的模糊推理系统辨识方法

减法聚类[106]是一种基于密度的聚类方法，它是把所有的数据点作为可能簇中心的候选者。

同样，假设所要聚类的 n 个数据具有 m 维，且都经归一化处理到一个超立方体上。由于聚类中心是以数据点为候选对象，因此可定义数据点 x_i 的密度 S_i 为：

$$S_i = \sum_{j=1}^{n} \exp\left(-\frac{\|x_i - x_j\|^2}{\left(\frac{r_a}{2}\right)^2}\right) \tag{3-42}$$

其中，r_a 是一个正常数，它定义了数据点 x_i 的一个以其为半径的邻域。从上式可知，如果数据点 x_i 的近邻数越多，则其密度就越大，且半径 r_a 以外的数据对计算该数据点的密度影响不大。

按式(3-42)计算所有数据点的密度，并找出密度最高的那个数据点作为第一个簇中心，记作 x_{C1}，且将其密度记为 S_{C1}。接下来，在确定下一个簇中心之前，需先排除第一个簇中心的影响。在减法聚类中将每个数据点的密度值按下式进行修正：

$$S_i = S_i - S_{C1} \exp\left(-\frac{\|x_i - x_{C1}\|^2}{\left(\frac{r_b}{2}\right)^2}\right) \tag{3-43}$$

其中，r_b 是一个正常数，通常取为 $1.5\, r_a$。显然，通过上式修正后，第一个簇中心的近邻点的密度将会减少，这样一来就避免了第一个簇中心的近邻被选为下一个簇中心的风险。

对修正后的数据点，再按照密度的大小确定第二个簇中心，然后再次修正每个数据点。不断重复上述过程，直至产生足够多的簇中心。簇的数目可以预先指定，也可根据一定的准则自动确定。

减法聚类具有简单快速的优点，而且运算量与被聚类的对象数目成简单的线性关系，并且与对象的特征维数无关，因此运算量不会随着维数的增加而迅速增大。但是，该聚类方法需要事先给定的参数较多，对异常值和噪声比较敏感，而且以数据点为聚类中心可能无法反映真正的簇中心。

对于给定的输入输出数据集，可以通过应用减法聚类得到模糊推理系统前件及后件的模糊集合中心（如果后件具有模糊集，如 Mamdani 模糊推理系统），即将聚类结果分别投影到输入及输出轴上，便可得到输入及输出的模糊集合，还可通过近似方法得到设定隶属函数的参数值（如高斯隶属函数的均值及标准差）。同时，通过对照前件及后件模糊集的对应关系还可以得到模糊规则。

3.6.3 基于模糊C均值聚类的模糊推理系统辨识方法

模糊C均值（Fuzzy C Means, FCM）聚类算法实际上是K-means聚类算法推广到模糊集合上的形式。模糊C均值聚类算法就是将 n 个数据点划分为事前指定簇数目的 c 个簇，力求式（3-44）所示的目标函数值达到最小：

$$J = \sum_{k=1}^{c}\sum_{i=1}^{n} u_{ik}^{w}\|x_i - v_k\|^2 \tag{3-44}$$

其中，u_{ik}^{w} 介于0到1之间，$v_k = (v_k^1, v_k^2, \cdots, v_k^m)$ 为簇中心向量，且 $w \in [1, \infty)$ 称为加权指数（或称为平滑参数）。

模糊C均值聚类过程如下。

步骤一：指定簇数目 $c(2 \leqslant c \leqslant n)$，设定迭代终止条件，初始化簇中心点（一般采用随机初始化策略）；

步骤二：根据公式（3-45）计算或更新隶属矩阵 $U = [u_{ik}]$；

$$u_{ik} = \left[\sum_{k=1}^{c}\left(\frac{\|x_i - v_j\|^2}{\|x_i - v_k\|^2}\right)^{1/(w-1)}\right]^{-1}, 1 \leqslant j \leqslant c \tag{3-45}$$

步骤三：按照公式（3-46）计算 c 个簇中心 v_k，$1 \leqslant k \leqslant c$；

$$v_k = \frac{\sum_{i=1}^{n}(u_{ik})^w x_j}{\sum_{i=1}^{n}(u_{ik})^w} \tag{3-46}$$

步骤四：根据公式（3-44）计算目标函数值，如果目标函数值小于设定的阈值，则停止迭代，否则转至步骤二继续执行。

模糊C均值聚类算法在被广泛应用的同时，也成为其他模糊聚类算法的原型，因此该聚类算法成为一个经典的模糊聚类算法。随着对模糊C均值聚类算法的不断深入，其缺点也被逐渐揭露了出来，主要包括：

①虽然，加权指数 w 具有降噪和平滑等作用，但如何确定最优的加权指数尚无有效地理论指导，通常是依据经验或通过实验测试。

②在聚类之前，需要设定簇中心个数，当没有先验知识时，很难选取最优的簇数。

③该聚类算法对初始的簇中心及隶属矩阵较为敏感，易陷入局部极小值，主要是因为目标函数是非凸的，而该算法经过迭代逐步减少目标函数值。

与基于减法聚类的模糊推理系统辨识方法一样，通过对输入－输出数据集的聚类，便可得到输入及输出的模糊集合，同时也可得到对应的模糊规则集合。这里不再赘述。

第4章 预测效果检验及性能评价

虽然,在建立预测方法中预测效果检验及性能评价是最后一个环节,但这一环节也是非常重要的。这主要是因为只有客观的检验和科学的评价才能达到正确地对待所建立的预测方法,而且更重要的是检验及评价本身就是一种重要的分析手段,为改进预测方法、提高预测性能提供了重要的参考。

4.1 评价内容

在对预测模型进行评价前,首先要解决的问题是,从哪些方面对其进行评价,或者说对建立的预测模型哪些性能更加关心。这就意味着,在选取评价内容时,需要结合具体的需求和实际的条件。例如,在某些路段因周围电磁干扰等因素的存在,通过地磁(或环形感应线圈)所采集的数据常常混杂着一些噪声,还有因传输问题造成的数据丢失等。虽然,在设计具体预测模型前,可增加数据质量提升环节的设计,但有时为了满足实时性等其他方面的要求,需要简化繁冗的数据预处理过程。

鉴于在短时交通信息预测的实际应用,可作为预测方法评价内容的主要有:预测精度、计算时间(即实时性)、抗噪能力、鲁棒性及稳定性。

4.1.1 预测精度

预测精度可能是所有建立预测模型时都须检验的重要内容,因为预测模型的质量直接取决于预测精度。对于预测精度的评价可以从不同的角度来进行,如相对误差、百分比误差等。有关预测精度的评价指标将在4.3中进行介绍。

通常情况下,使用历史记录或采集的数据来建立预测模型,然而经过样本训练后,所建立的预测模型可能会以较高的精度拟合了历史数据,但历史数据中不可能蕴含着未来的全部信息,因此对历史数据的过度拟合可能会造成较大的预测误差。例如,人工神经网络因其本身具有经验最小风险而容易出现过拟合现象。因此,评价预测精度,可以从另一面来审视预测模型是否会出现严重的过拟合现象。

4.1.2 计算时间

在许多实际应用中,都需要较高的实时性。所谓实时性,就是需要在限定的时间内做出反应或完成既定工作,否则可能造成诸如系统堵塞或瘫痪等问题。因此,为了能够在更多的场合加以应用,预测模型的计算时间一直成为一个重要的性能指标,也是众多研究者一直努力的一个方向。

4.1.3 结构的复杂性

虽然,一个结构复杂的模糊推理系统可以提高预测精度,但是在许多实际应用中常常希望能以较快的速度给出预测。然而,复杂的模糊推理系统常常导致了计算负荷过大,延长了预测时间。在本书中,模糊推理系统的结构复杂性是以模糊规则的总数作为衡量的标准。

4.1.4 抗噪能力

在交通领域中,因采集手段及技术的限制以及各种干扰,采集得到的原始数据往往混杂着不同类型的噪声。虽然,通过增加数据预处理环节,能够在一定程度上降低噪声对预测效果的影响,但很多降噪方法常常只对某种噪声的降噪能力显著,而且繁冗的降噪处理过程无疑将降低预测的实时性。因此,希望建立的预测模型本身就具有良好的噪声抵抗能力。这也是评价预测模型性能的一个重要指标。

4.1.5 鲁棒性

这里所谓的预测模型鲁棒性主要是指当预测模型的输入出现部分数据丢失时,预测的性能是否会有大幅的下降。鲁棒的预测模型应该对丢失的数据具有较强的抵抗力。

在采集数据和传输数据的过程中,常常会出现数据缺失的现象,而且造成数据丢失的原因也很多,比如说浮动车进入隧道后导致GPS信号的暂时缺失,再如环形线圈传感器可能因通过的车辆过重造成线圈损坏,等等。虽然,可以利用数据填补技术实现丢失数据的补充,但如果填补数据的质量不高,还可能对预测带来负面影响。因此,在对预测模型评价时,也可考虑预测模型对缺失数据的抵抗能力。

4.1.6　泛化性

在短时交通信息预测中,常常希望预测模型能够适应不同的道路,且对不同道路的交通信息预测的精度能够在合理的误差范围。也就是说,预测模型的预测精度不会随着道路的不同而发生较大的波动。这是从空间的角度来评价预测模型的泛化能力。此外,还应从时间的角度来评价预测精度是否会出现较大的变化。

4.1.7　预测性

虽然,我们会经常遇到需要对下一个时刻的交通参数进行预测(通常称为一步预测),例如实时导航等,但也存在着许多应用中需要知道未来的几个时刻之后的交通状态,这时就需要进行多步预测。因此,希望一个预测算法既能够准确地预测下一时刻的状态,也希望该算法多步预测的精度能够在一个可接受的范围内。

4.2　验证方法

4.2.1　Holdout 验证法

Holdout 验证法是一种最简单的验证法。该方法是将 N 个采集数据分为两部分,其中一部分用于预测模型的建立,并把这部分数据称为训练样本,而另一部分则用来验证预测模型,这部分数据被称为测试数据。Holdout 验证法的优点是不需要复杂重复的计算,但是验证结果可能对训练样本及测试数据的依赖性较强,也就是说如果测试数据的质量不高或与训练数据出入较大时可能无法正确客观地评价预测模型的平均效果。因此,对数据的不同划分,可能引起评价结果较大的变化。

4.2.2　留 p 交叉验证法

留 p 交叉验证法是将 N 个采集数据中 p 个数据抽取出来作为验证数据,而把剩余的数据作为训练样本来建立预测模型。在验证完后,再次从 N 个数据中抽取 p 个不同的数据作为验证数据,利用剩余数据来训练预测模型,并进行验证。如此循环,直至所有的数据都被当作验证数据进行验证后,且容易得到验证的总数为 C_N^p。最后,取这些验证的平均值作为最终的性能指标值。

值得注意的是,当 p 为 1 时即所谓的留一交叉验证法。显然,若此时数据量较大时,验证过程所需的时间将会很长。

4.2.3　K 倍交叉检验法

一般地,K 倍交叉验证(其中,K 为大于 1 且小于 N 的实数)首先将样本数据集随机地均等划分为 K 个子集，并将其中的 K-1 个子集作为训练集来建立预测模型，而将剩余的那个子集作为测试数据；再次，将另外一个子集作为测试数据，而把其余的数据集作为训练样本，如此轮流重复上述过程。最终将建立 K 个预测模型，并利用测试集对建立的预测模型分别进行验证，再取其平均作为最终的验证结果。

K 倍交叉验证法的主要优点是每一个数据都将被用于训练，也会被用于测试预测模型，这样就有效地避免了过学习和欠学习情况的发生，因此得到的验证结果具有较大的说服力。这就是为什么 K 倍交叉验证法被广泛应用的主要原因。

在实际应用中，常常选 K 为 10，即 10 - 倍交叉验证法。当 K 为 N 时，便成为留一交叉验证法，即留一交叉验证法可看作是 K 倍交叉验证的特例。

4.2.4 重复随机子抽样验证法

重复随机子抽样验证法就是将采集的数据随机地划分为训练样本和测试数据两组。并且，利用训练样本来建立预测模型，而用测试集来验证预测模型。以此重复多次，即将数据集进行多次划分并进行建模及验证，最后用验证的均值作为最终的验证结果。

相对于 K 倍交叉验证法，这种方法与 K 的选取无关。但可能会出现有些数据从未用于训练或测试，而另外一些数据则可能被选为训练或测试数据多次。

4.3 评价指标

由于预测中最关心的就是预测精度，因此在以往的研究中相继提出了多种评价指标，这些评价指标都从一定程度上反映了预测的精度，而且可将大部分评价指标分成尺度相关、基于百分比及基于相对误差三大类。

在介绍这三类误差衡量指标之前，先令y_t和$\widehat{y}_t$分别为 N 个测试数据中 t 时刻的观测值和预测值，并令误差e_t为$y_t - \widehat{y}_t$。

4.3.1 尺度相关的评价指标

尺度相关的评价指标是在验证预测模型中最常使用的一类，其结果依赖于测试数据的尺度，故称为尺度相关评价指标（Scale-dependent measures）。属于这类的评价指标主要是建立在绝对误差和误差平方的基础上。

平均绝对误差（Mean Absolute Error, MAE）：

$$\text{MAE} = \text{mean}(|e_t|) \tag{4-1}$$

中值绝对误差（Median Absolute Error, MdAE）：

$$\text{MdAE} = \text{median}(|e_t|) \tag{4-2}$$

均方误差（Mean Square Error, MSE）：

$$\mathrm{MSE} = \mathrm{mean}(e_t^2) \tag{4-3}$$

均方根误差(Root Mean Square Error, RMSE),又称为标准误差:

$$\mathrm{RMSE} = \sqrt{\mathrm{mean}(e_t^2)} \tag{4-4}$$

虽然均方误差和均方根误差应该是使用最频繁的误差衡量指标,但由于均方根误差因具有与测试数据相同的尺度而更加受到欢迎。但这两种要比平均绝对误差和中值绝对误差更加容易受到异常数据的干扰。但是,如果是利用不同尺度的测试数据来对比不同的预测模型时,这类方法将无法给出正确的判断。

4.3.2　基于百分比误差的评价指标

当需要使用不同尺度的数据对预测模型进行比较评价时,百分比误差是常用的一种评价指标。一般地,百分比误差可表示为:$p_t = 100\ e_t/y_t$。以下几种也是常用的基于百分比误差的衡量指标。

平均绝对百分比误差(Mean Absolute Percentage Error,MAPE):

$$\mathrm{MAPE} = \mathrm{mean}(|p_t|) \tag{4-5}$$

中值绝对百分比误差(Median Absolute Percentage Error,MdAPE):

$$\mathrm{MdAPE} = \mathrm{median}(|p_t|) \tag{4-6}$$

绝对百分比误差方差(Varience of Absolute Percentage Error, VAPE):

$$\mathrm{VAPE} = \mathrm{var}(p_t) \tag{4-7}$$

均方根百分比误差(Root Mean Square Percentage Error, RMSPE):

$$\mathrm{RMSPE} = \sqrt{\mathrm{mean}(p_t^2)} \tag{4-8}$$

百分比误差中值方根(Root Median Square Percentage Error, RMdSPE):

$$\mathrm{RMdSPE} = \sqrt{\mathrm{median}(p_t^2)} \tag{4-9}$$

然而,当测试数据中有观测值y_t为0时,则会导致百分比误差无限大或无定义。或者,y_t非常接近0时,百分比误差将可能非常大。这就意味着,在很多情况下MAPE所得的结果会比MdAPE的值大很多。尤其是当测试数据集中出现接近0的观测值占大多数时,MAPE和MdAPE的值都会非常大。此外,由于百分比误差的分母为观测值y_t,因此MAPE和MdAPE对于正负误差所得到的值并不对称。也就是说,在相同误差e_t下,正向误差MAPE和MdAPE所得的值均要高于负向误差的值。

4.3.3　基于相对误差的评价指标

基于相对误差的评价指标是另一种可以避免对尺度依赖的衡量指标。相对误差就是指当前被试预测模型的误差相对于一种标准预测模型的误差。假设e_t和$\bar{e}_t$分别是当前被试预测模型的误差和标准预测模型的误差，那么相对误差就是$r_t = \frac{e_t}{\bar{e}_t}$。基于相对误差的评价指标主要包括以下几个。

平均相对绝对误差(Mean Relative Absolute Error, MRAE)：

$$\mathrm{MRAE} = \mathrm{mean}(|r_t|) \tag{4-10}$$

中值相对绝对误差(Median Relative Absolute Error, MdRAE)：

$$\mathrm{MdRAE} = \mathrm{median}(|r_t|) \tag{4-11}$$

需要注意的是，当$\bar{e}_t$为0时相对误差r_t则不再有意义，或者是当$\bar{e}_t$接近于0时r_t会很大。

还有一种也可称之为相对误差，它是通过归一化处理所得到的，例如，

标准均方根误差(Normalized Root Mean Square Error)：

$$\mathrm{NRMSE} = \sqrt{\frac{\frac{1}{N}\sum_{i=1}^{N}(\hat{y}(i) - y(i))^2}{\sigma^2}} \tag{4-12}$$

其中，σ 为 N 个观测值的标准方差。

4.4 混沌时间序列对比分析

本小节通过对比 Mamdani 和 Sugeno 模糊推理系统在泛化能力、预测时间及模型复杂度三方面的预测性能，来说明本章所述的评价内容、验证方法及评价指标三者的具体应用。此外，有关这两种模糊推理系统在交通信息上的预测比较将在下章进行讨论。

4.4.1 不同混沌时间序列预测的泛化能力

在对比分析 Mamdani 和 Sugeno 模糊推理系统的预测泛化能力时，这里选择了典型的混沌时间序列 Logistic 映射，即：

$$x_{k+1} = \mu x_k(1 - x_k) \tag{4-13}$$

其中，μ 是控制参数，可通过改变该参数来获得不同混沌程度的时间序列，如图 4-1 所示。根据图 4-1所示的李雅谱诺夫指数谱，可以看出控制参数 μ 在 3.86 至 4 这个范围内，大部分对应的李雅谱诺夫指数为正，即表明此时时间序列为混沌时间序列[107]。在此范围内依据等间距原则选取了 10 个控制参数(但对应的李雅谱诺夫指数之间并不等间距)，并由此生成了 10 条混沌时间序列，且每条序列包含 1000 个数据点。简便起见，这里选用

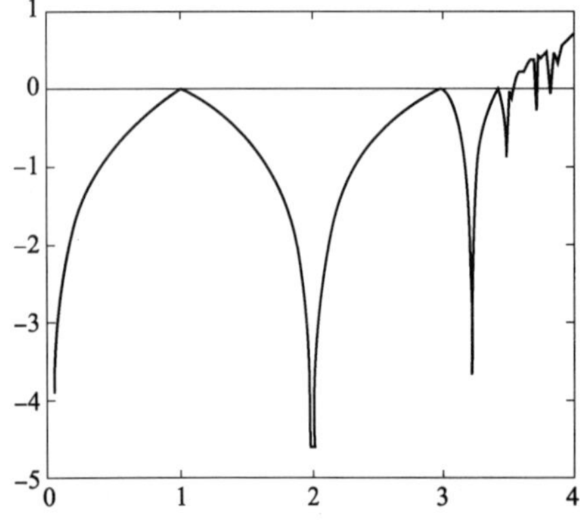

图 4-1 Logistic 映射的李雅谱诺夫指数谱

了 Holdout 验证法,即将每条时间序列的前 500 个数据点选为训练样本,而把后 500 个数据点用作为测试数据集。

为了对比两种模糊推理系统对不同时间序列预测的泛化能力,分别计算了预测的标准均方根误差(NRMSE),如图 4-2 及表 4-1 所示。可以看出,两种模糊推理系统在混沌程度不断升高的情况下,并没有出现明显的过拟合现象。此外,Mamdani 模糊推理系统的预测精度随着李雅谱诺夫指数的增加而显示出非线性的降低趋势,而 Sugeno 模糊推理系统的预测精度并未显现出较明显的规律。

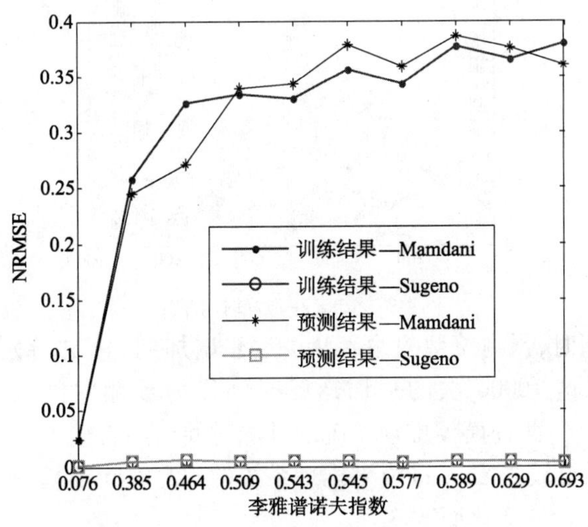

图 4-2　两种模糊推理系统对不同混沌时间序列预测的泛化能力

两种预测模型的 NRMSE 值　　表 4-1

阶段		训练（e-3）		预测（e-3）	
模糊推理系统		Mamdani	Sugeno	Mamdani	Sugeno
李雅谱诺夫指数（e-3）	75.9	23.6	0.2	23.8	0.2
	385	258.6	4.6	244.5	4.5
	463.8	326.1	6.1	270.8	5.8
	508.7	333.5	4.7	338.6	4.9
	543	330.3	4.7	342.6	4.9
	544.6	355.8	4.3	378.3	4.5
	577.1	343.4	3.5	358.6	3.6
	589.3	377.4	4.5	386.5	4.5
	628.7	364.8	4.6	375.3	4.4
	692.8	379.6	3.2	360.6	3.2

4.4.2 两种模糊推理系统预测时间

在进行预测时间分析时，选取了 Santa Fe 激光时间序列，该时间序列也是具有典型的混沌特征[108]。同样，选取了该数据集中连续的 1000 个点作为数据集（图 4-3）。

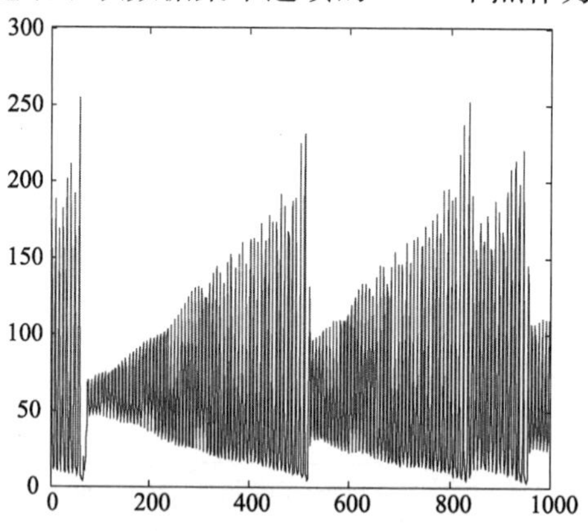

图 4-3 Santa Fe 激光时间序列

在分析预测时间时，预测模型的输入从 1 逐步增加到 30，并分别进行多达 10000 次的预测运算，最终取这 10000 次的平均运行时间作为预测时间的结果。所得结果如图 4-4所示。可以看出，两种模糊推理系统的预测时间均随着输入变量的增加而增加，且 Mamdani 模糊推理系统较之 Sugeno 模糊推理系统的预测时间都长一些，但两者之间的时间差并不随着输入变量的变化而改变。

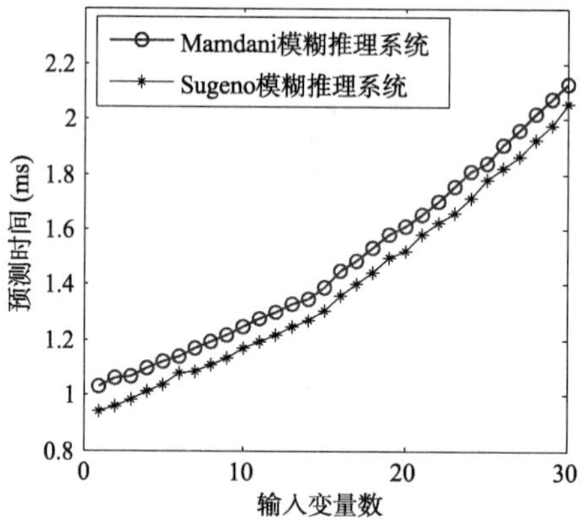

图 4-4 两种模糊推理系统的预测时间

4.4.3 两种模糊推理系统的复杂度

在对比分析 Mamdani 模糊推理系统和 Sugeno 模糊推理系统的复杂度时，首先构建了一个输入和输出都只有两个模糊集合的紧凑 Sugeno 模糊推理系统（所得到的规则数也为

2)，并利用测试数据计算出均方误差，记为MSE_s。接着，分别建立了输入和输出的模糊集合由 2 逐步增至 30 的 Mamdani 模糊推理模型(所得到的规则数也相同)。在此基础上，分别计算了预测所得的均方误差(MSE)，记为MSE_m。

所选取的混沌时间序列为 Mackey-Glass 时间序列[109]。Mackey-Glass 时间序列是由下面含有时滞的微分方程产生的：

$$\frac{dx(t)}{dt}=\frac{0.2x(t-\tau)}{1+x^{10}(t-\tau)}-0.1x(t) \tag{4-14}$$

所产生的混沌时间序列包含 1000 个数据点，且将前 500 个点作为训练集而将后 500 个点作为测试集。为了进行比较，定义了以下指标。

相对均方误差平方(Square Relative Mean Square Error)：$SRMSE=(MSE_m^i-MSE_s^j)^2$

其中，$i=2,3,\cdots,30$ 且 $j=2$。所得结果如图 4-5 所示，从中可以看出，当模糊集合数(亦即规则数)为 23 时，两种模糊推理系统的预测精度最为接近。也就是说，如果想达到基本相同的预测精度时，Mamdani 模糊推理系统要比 Sugeno 模糊推理系统要复杂得多。

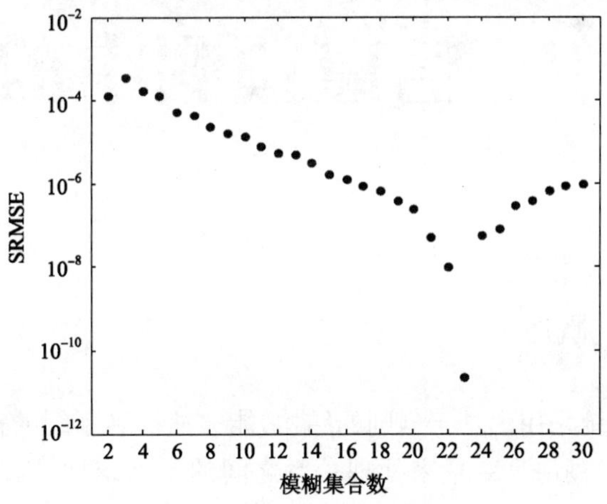

图 4-5　两种预测模型的复杂度(纵轴为对数坐标)

第5章 Mamdani和Sugeno模糊推理系统在交通信息预测中的比较

5.1 相关研究概述

由于模糊推理系统采用了基于规则的结构,能够捕捉到系统的输入与输出之间的因果关系,并且使用了模糊语言变量来处理关系之间的不确定性,因此成为一种有效的模型。在许多领域中的应用,表明模糊推理系统对随机噪声不敏感,能够处理不确定性问题,而且所建立的模糊规则常常有助于分析系统的内在因果关系。

然而,模糊推理系统在交通流预测领域中的应用并不广泛。Zhang 和 Ye 提出了一种预测方法,通过利用模糊推理系统来融合了两种其他预测方法,而所选的两种预测方法是自回归积分滑动平均模型、BP 神经网络、指数平滑法及卡尔曼滤波,从而得到了四种不同组合的预测方法[110]。文献[111]中采用了类似的想法,但被模糊推理系统所融合的两种方法分别是历史平滑法和人工神经网络模型。文献[112]介绍了一种混合预测方法,该预测方法构造了两个模糊推理系统,其中的一个使用当前流量数据来预测下一个时刻的流量,而另一个则是根据当前位置和上游位置的流量来进行下一步预测。文献[113]提出了一种基于 Sugeno 模糊推理系统的短期交通流预测方法,其系统的初始结构是通过利用 Mean Shift 聚类算法来划分输入向量空间,再使用 Mean Firing 法对冗余结果进行后期优化修剪,最有运用粒子群优化算法来估计系统参数。

Mamdani 模糊推理系统和 Sugeno 模糊推理系统是两种应用最为广泛的两类模糊推理系统,并成功地解决了许多实际问题。在城市交通中的信号配时和更新方面,预测的交通流量是重要的参考依据,同时也成为路径诱导和可变信息板的重要数据基础。其中,一些应用需要在限定时间内提供准确的流量预测数值,如信号配时等。而另外一些应用则对预测的实时性并不严苛,且往往只需要涵盖一定范围的模糊值,如可变信息板使用不同颜色来表征路况。Mamdani 模糊推理系统在进行去模糊化之前,便可得到预测的模糊值[114],而 Sugeno 模糊推理系统对非线性系统的拟合具有更好的效果[115]。因此,从理论上分析,这两类模糊推理模型都适用于交通流的短时预测。尽管已经提出的模糊推理系统很多,但大多数都是建立在这两类模糊推理系统之上的。因此,本书在介绍所提出的预测方法之前,先对这两类模糊推理系统在交通流短时预测方面进行了比较。

虽然,关于 Mamdani 模糊推理系统与 Sugeno 模糊推理系统的应用报道很多,但是对于两类之间在预测方面的性能比较却相对较少。文献[116]对 Mamdani 模糊推理系统和 Sugeno 模糊推理系统在 hapto – audio – visual 方面的应用进行了比较研究,并总结出:虽然 Sugeno 模糊推理系统具有更好的预测精度,但 Mamdani 模糊推理系统在不同的应用中预测精度保持相对稳定;此外,两者在预测时间上没有太大的差异。文献[117]报道了关于两种模糊推理系统在空间故障诊断方面的比较研究,该研究从处理时间、抗噪能力及对输入变化的敏感度三方面进行了比较,实验结果表明在相同复杂程度下,Sugeno 模糊推理系统要比 Mamdani 模糊推理系统的整体性能更优。文献[118]对 Mamdani 模糊推理系统和自适应模糊神经模糊推理系统(Adaptive Neuro – fuzzy Inference System,ANFIS)在城市用水方面的预测进行了研究,发现自适应模糊神经模糊推理系统具有更高的预测精度,但其算法结果比较复杂。文献[119]对比了在天线共振频率方面应用 Mamdani 和 Sugeno 模糊推理系统的效果,实验结果表明 Sugeno 模糊推理系统表现更胜一筹。

然而,已有研究中并没有涉及 Mamdani 模糊推理系统和 Sugeno 模糊推理系统在交通流预测方面的比较研究。因此,本书将通过一系列实验对这两类模糊推理系统的结构复杂性、计算时间、抗噪能力、泛化性能、鲁棒性等进行系统的比较研究。在介绍对比实验前,先在下一节中简述被试模糊推理系统。

5.2　被试模糊推理系统概述

由于 Mamdani 模糊推理系统和 Sugeno 模糊推理系统的主要区别在于其后件中去模糊机制,而又因不同的去模糊方法形成了不同的模糊推理系统。因此,在本节对被试模糊推理系统介绍中,将主要说明不同的去模糊机制,有关两类模糊推理系统的基本结构已在 4.5 节中有所介绍,故不再赘述。

5.2.1 五种 Mamdani 模糊推理系统

由于实际应用中常常需要精确的数值,因此如何从模糊推理系统的后件模糊集中提取精确解是去模糊的关键。对于 Mamdani 模糊推理系统,现有研究先后提出了多种去模糊机制,其中应用最广泛的去模糊方法有如下 5 种[61]。

(1)重心法(Centroid of Area,COA)。

如果在模糊推理系统的后件 y 变量论域 V 上得到一个模糊集 $Y=\mu_Y(y)$,则重心法的去模糊输出可表示为:

$$y_{\mathrm{COA}} = \frac{\int_V y \cdot \mu_Y(y)\,dy}{\int_V \mu_Y(y)\,dy} \tag{5-1}$$

(2)面积等分法(Bisector of Area,BOA)。

如果在模糊推理系统的后件 y 变量论域 V 上得到一个模糊集 $Y = \mu_Y(y)$,则面积等分法可表示为:

$$\int_{\alpha}^{y_{\mathrm{BOA}}} \mu_Y(y)\,dy = \int_{y_{\mathrm{BOA}}}^{\beta} \mu_Y(y)\,dy \tag{5-2}$$

其中,$\alpha=\min\{y|y\in Y\}$,$\beta=\max\{y|y\in Y\}$。

面积等分法就是利用垂直线 $y = y_{\mathrm{BOA}}$ 将隶属函数 $\mu_Y(y)$ 与坐标轴围成的面积分为面积相等的两部分。

(3)极大最小法(Smallest of Maximum,SOM)。

该去模糊方法是先将后件变量 y 的隶属函数 $\mu_Y(y)$ 取最大,再找出所对应 y 中最小的那个,即为:

$$y_{\mathrm{SOM}} = \min\{y|\mu_Y(y) = \max(\mu_Y(y))\} \tag{5-3}$$

(4)极大最大法(Largest of Maximum,LOM)。

类似的,该去模糊方法也是先将后件变量 y 的隶属函数 $\mu_Y(y)$ 取最大,然后找出所对应 y 中最大的那个,即为:

$$y_{\mathrm{LOM}} = \max\{y|\mu_Y(y) = \max(\mu_Y(y))\} \tag{5-4}$$

(5)极大均值法(Mean of Maximum,MOM)。

该去模糊方法是建立在结合极大最小法和极大最大法的基础上,取两者的平均值作为最终的数值输出,因此可表示为:

$$y_{\mathrm{MOM}} = \frac{y_{\mathrm{SOM}} + y_{\mathrm{LOM}}}{2} \tag{5-5}$$

需要注意的是,当聚合的隶属函数只具有一个点为最大时(即不存在多个点同时为最大),此时极大最小法、极大最大法、和极大均值法所得到的数值解相同。

5.2.2　两种 Sugeno 模糊推理系统

虽然，Sugeno 型模糊推理系统每条模糊规则对应的后件是一个关于输入的函数，但其去模糊机制也有不同的方法。本书中采用了两种 Sugeno 模糊推理系统，其去模糊方法具体如下。

(1)加权平均(Weighted Average，WA)。

该去模糊方法是将每条模糊规则对应的输出，按照加权平均来得到最终的输出，即：

$$y_{\mathrm{WA}} = \frac{\sum_{i=1}^{M} w_i\, y_i}{\sum_{i=1}^{M} w_i} \tag{5-6}$$

(2)加权和(Weighted Sum，WS)。

该去模糊方法相对简单，即把对应于不同模糊规则的输出通过加权的形式综合在一起：

$$y_{\mathrm{WS}} = \sum_{i=1}^{M} w_i\, y_i \tag{5-7}$$

此外，为了简便起见，在比较以上七种模糊推理系统时，实验结果中均以去模糊方法的缩写来代表被试的模糊推理系统，如 COA 代表具有重心法去模糊机制的 Mamdani 模糊推理系统，而 WA 则代表具有加权平均去模糊机制的 Sugeno 模糊推理系统。

5.3　预测性能比较

在本书中，模糊 C 均值(FCM)主要是用于建立 Mamdani 型模糊推理系统，即从一组训练数据中提取规则，且聚类预定义的类数目就是规则的数目。虽然 Sugeno 型模糊推理系统也采用了模糊 C 均值聚类算法来确定模糊推理系统的前件，而后件是输入变量的线性函数，故采用了最小二乘法来确定后件参数。

5.3.1　仿真实验

本书从结构复杂性、计算时间、抗噪能力、泛化性及鲁棒性等方面，对 COA、BOA、SOM、LOM、MOM、WA 及 WS 模糊推理系统在交通流短时预测上进行了比较研究。在进行定量分析时，本书采用了三个衡量标准，即均方误差(MSE)、平均绝对百分比误差(MAPE)和绝对误差百分比方差(VAPE)。其中，均方误差是用于预测效果评价中最常用的标准之一，这主要是因为它能够表明一个模型的预测值与平均值的差距。另一方面，平均绝对百分比误差计算的是估计值和实际观测数据之间的平均相对误差，而绝对误差百分比方差则可表征出预测算法的稳定性。

为了比较模糊推理系统的预测性能，收集了北京市某条道路从 2006 年 11 月 20 日到 26 日一周的交通流量数据，并将原始数据聚合成两分钟的平均值。由于在估计 Sugeno

型模糊推理系统后件参数时,采用了最小二乘法来进行拟合,因此存在着出现过拟合的风险,所以在进行比较验证前都采用了小波方法对原始数据进行了去噪处理。

5.3.2 实验结果及分析

5.3.2.1 结构复杂性

当进行结构复杂度比较分析时,将模糊推理系统的输入从1逐步增至为10,并且将输入的模糊集从2逐步增加到10。这里采用了10倍交叉验证法进行了验证。而且,每个实验都进行了100次,并将所得到的MSE、MAPE、和VAPE值进行了平均。根据MSE、MAPE、和VAPE的平均值,对每一个组合(即不同输入数与不同输入模糊集数的组合)下的各模糊推理系统在训练及预测时的性能进行了排序,并将在所有组合中出现频率最高的序号列入表5-1中。

基于MSE、MAPE及VAPE平均值的模糊推理系统排序　　表5-1

FIS		COA	BOA	SOM	LOM	MOM	WA	WS
MSE	训练	6	5	4	3	2	1	7
	预测	5	3	6	4	2	1	7
MAPE	训练	7	5	3	4	2	1	6
	预测	6	5	2	4	3	1	7
VAPE	训练	7	6	3	4	2	1	5
	预测	6	5	3	4	2	1	7

从表5-1中可以看出,WA模糊推理系统无论是在训练还是在预测时,根据MSE、MAPE、和VAPE的平均值,其表现都要优于其他被试模糊推理系统,但是WS模糊推理系统则总是排到了最后。另外,可以看出,MOM,SOM,LOM和BOA在大多数情况下分别排在第二、第三、第四和第五位。由此可以分析出,当WA模糊推理系统与其他模糊推理系统在结构上具有相同复杂度时,其预测精度最高。

表5-2中所列结果为各模糊推理系统当输入变量从1增加到10时,所得到的MSE平均值。可以看出,Mamdani型模糊推理系统与Sugeno型模糊推理系统表现出了不同的行为。具有不同去模糊机制的Mamdani模糊推理系统在训练及预测阶段,误差随着输入变量的增加而增大;然而,对于Sugeno型模糊推理系统来说,误差一般是随着输入的增加先减少后增加。此外,在大多数情况下,WA模糊推理系统的MSE值要比其他模糊推理系统低3个数量级,表明了WA模糊推理系统明显优于其他模糊推理系统。然而,WS模糊推理系统则表现最差。此外,还可以看出当输入数量大于6时,WA模糊推理系统虽然其训练误差仍然持续减少,但是预测误差却迅速增大,这表明此时出现了过度拟合训练数据的现象。最后,几乎所有模糊推理系统预测时的MSE值都要大于其训练时的值。

对应于不同输入时各模糊推理系统在训练及预测时的平均 MSE 值　　表 5-2

输入数目		1	2	3	4	5	6	7	8	9	10
COA	训练	456.4	457.5	460.8	466.9	473.1	480.2	488.8	498.8	508.6	518.8
	预测	534.2	538.1	543.4	554.1	564.1	575.7	586.9	600.5	616.4	633.3
BOA	训练	315.7	318.0	322.5	328.9	335.2	342.2	351.4	362.5	372.5	383.0
	预测	387.1	392.0	397.8	409.8	421.2	433.2	444	457.7	475.3	493.2
SOM	训练	188.4	200.0	214.0	227.6	245.0	266.2	288.8	315.1	345.4	376.5
	预测	307.6	325.1	345.0	376.8	401.1	430.4	453	490.4	540.0	598.2
LOM	训练	181.8	189.4	197.7	211.1	222.7	232.8	246.2	258.6	270.4	283.2
	预测	315.9	334.6	353.2	368.4	386.8	407.7	438.3	465.5	494.6	524.7
MOM	训练	99.73	101.0	103.3	106.9	111.0	115.8	121.9	128.7	136.3	144.4
	预测	169.5	173.5	178.4	185.0	190.2	198.0	207.5	219.4	234.6	251.5
WA	训练	2.144	0.272	0.267	0.246	0.237	0.206	0.193	0.193	0.194	0.186
	预测	5.018	1.845	2.846	3.966	7.533	8.715	48.48	83.74	83.74	1814
WS	训练	19246	7038	3488	2287	1973	2120	2510	3019	3617	4219
	预测	18503	6862	3724	2835	2839	3291	3937	4688	5479	6306

表 5-3 列出了当输入向量的模糊集合由 2 增加到 10 时，各模糊推理系统在训练及预测时所得的 MSE 值。同样，所列出的 MSE 值也是 100 次独立实验的平均值。从表 5-3 中可以看出，当输入变量的模糊集合数不断增加时，Mamdani 型模糊推理系统的平均 MSE 值基本上都是出于持续下降的趋势。然而，对于 WA 模糊推理系统来说，其训练误差随着模糊集合数的增加而减少，但预测误差却反而越来越大。另一方面，WS 模糊推理系统的训练及预测误差都随着模糊集合数的增加而不断增大。

对应于不同输入模糊集合数时各模糊推理系统在训练
及预测时的平均 MSE 值　　表 5-3

模糊集合数		2	3	4	5	6	7	8	9	10
COA	训练	1905	570	344.3	292.1	264.3	246.9	239.2	235.3	231.6
	预测	1977	758.2	434.2	384.3	354.4	328.3	317.4	311.2	307.1
BOA	训练	1406	403.1	235	197.6	182.3	171.7	167	164.3	161.4
	预测	1489	585.3	317.2	279.2	264	241.9	238.3	233.6	231.5
SOM	训练	644.6	450.6	318.9	252.4	202.5	165.2	137	120.1	108.9
	预测	696.0	744.0	505.0	514.5	461.6	288.8	230	209.9	191.1
LOM	训练	818.1	446.6	234.6	158.2	118.4	92.1	75.1	64.6	56.8
	预测	1214	706.1	427.6	289.1	243	231.8	214.3	187.6	167.0

续上表

模糊集合数		2	3	4	5	6	7	8	9	10
MOM	训练	338.1	209.4	128.5	96.2	76.1	62.1	52.5	46.6	42.6
	预测	457.1	340.2	221	185.3	167.8	130	112.6	100.5	92.1
WA	训练	0.441	0.435	0.425	0.416	0.412	0.406	0.4	0.397	0.3917
	预测	0.612	0.684	1.041	0.8	1.375	24.15	17.8	7814	120150
WS	训练	948.0	2784	3470	3598	4313	5308	6264	7844	10035
	预测	1124	3278	4692	5021	5823	6634	7130	8455	10461

综上所述，可得出：

(1)增加输入变量的模糊集合数能够有效地提高 Mamdani 型模糊推理系统的预测性能，但对于 WA 模糊推理系统，无论是增加输入变量还是增加输入变量的模糊集合数，其预测精度却持续降低；

(2)当输入变量数及输入变量的模糊集合数选择适当时，WA 模糊推理系统能够提供最精确的预测；

(3)一般情况下，增加输入变量的数目可以提高 WS 模糊推理系统的性能，但是训练和预测误差均相对较大。

5.3.2.2 计算时间

在进行计算时间的评价时，每个被试模糊推理系统都分别进行了 1 万次的独立实验，从而得到各模糊推理系统的平均计算时间。

图 5-1 所示是当输入模糊集合数为 4 时，输入变量由 1 增加到 10 时，各模糊推理系统的平均计算时间。而图 5-2 所示是当输入变量为 4 且输入模糊集合数由 2 增加到 10 时，各模糊推理系统的平均计算时间。从图 5-1 和图 5-2 中可以看出，COA 模糊推理系统所需的计算时间最长，而 WS 模糊推理系统的计算时间最短。此外，Sugeno 型模糊推理系统的计算时间均短于 Mamdani 型模糊推理系统。除了 COA 模糊推理系统外，其他 Mamdani 型模糊推理系统的预测时间都基本相当。当输入变量数目变化时，被试的模糊推理系统的计算时间大体上均按照相同的速率递增。然而，当输入模糊集合数增加时，Mamdani 型模糊推理系统预测时间的增长率要大于 Sugeno 型模糊推理系统。

5.3.2.3 抗噪能力

在这组实验中，首先将交通流量时间序列进行了降噪处理，然后在无噪声的时间序列里掺杂了白噪声，从而产生了一组具有不同信噪比(SNR)的时间序列，具体为 30dB、25dB、20dB、15dB、10dB、5dB、0dB、-5dB 及 -10dB。对于每个时间序列，分别进行了 50 次独立实验。在进行评价时，分别使用了无噪声和有噪声的时间序列来建立模糊推理系统，然后利用两者预测输出来计算 MSE 值。同样，这里的 MSE 值也是数次独立实验的平均值。

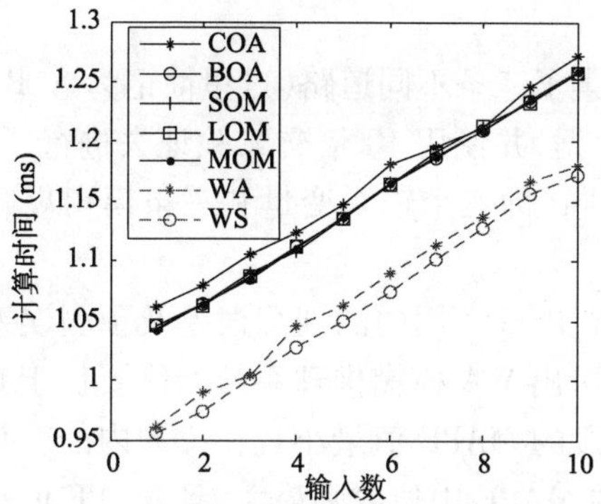

图 5-1 当输入集合数为 4 且输入变量由 1 增加到 10 时，各模糊推理系统的平均计算时间

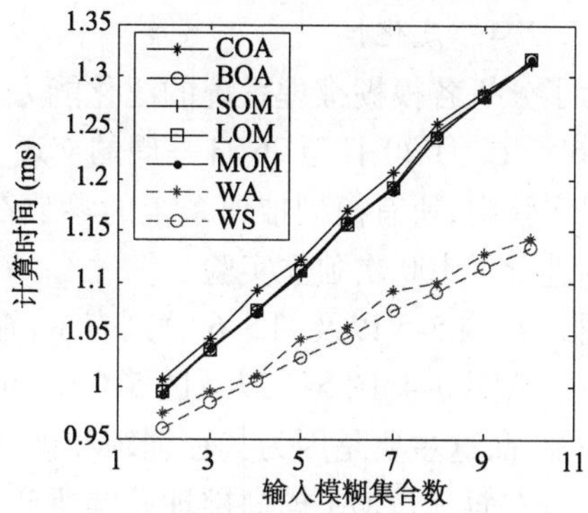

图 5-2 当输入变量为 4 且输入模糊集合数由 2 增加到 10 时，各模糊推理系统的平均计算时间

图 5-3 和表 5-4 列出了在不同信噪比下，各模糊推理系统的平均 MSE 值。从图 5-3 中可以看出，随着时间序列里的噪声水平逐渐增大时，WS 模糊推理系统的预测精度下降的速度和幅度都要高于其他模糊推理系统。然而，当信噪比相对较大时，其他模糊推理系统的平均 MSE 值相差不是很大，但当信噪比小于 5dB 时，则随着信噪比的减少呈现出逐渐扩大的趋势。仔细观察图 5-3 和表 5-4，可以发现 COA 模糊推理系统的平均 MSE 值随着信噪比的减少增长速率最慢，表明其对噪声最不敏感。而且，当时间序列里的噪声水平逐渐增大时，相对于 Mamdani 型模糊推理系统来说，WA 模糊推理系统的 MSE 值增加的较快，表明其更容易受到噪声的影响。总体而言，通过比较可以发现 COA 模糊推理系统对噪声最不敏感。

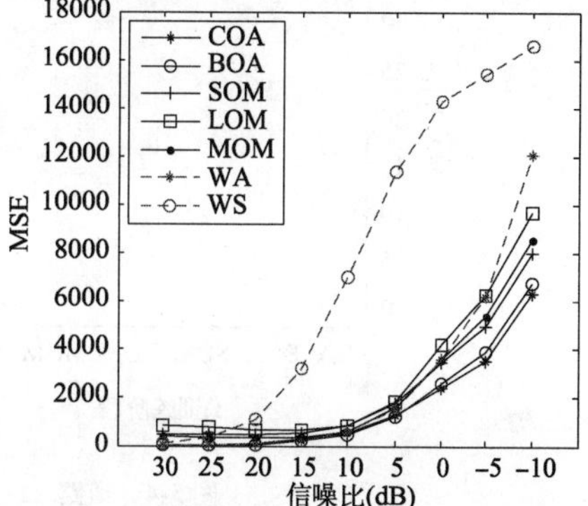

图 5-3 在不同信噪比下的各模糊推理系统预测性能比较

对应于不同信噪比下的 MSE 值 表 5-4

信噪比(dB)	COA	BOA	SOM	LOM	MOM	WA	WS
30	0.0111	0.0151	0.4904	0.8534	0.4162	0.0190	0.0875
25	0.0369	0.0182	0.4488	0.7679	0.3526	0.0380	0.3181
20	0.1078	0.0606	0.4658	0.6819	0.3181	0.0937	1.0947
15	0.2714	0.1887	0.5464	0.6543	0.3446	0.2319	3.1901
10	0.5573	0.4678	0.8717	0.8502	0.6052	0.5846	7.0153
5	1.2533	1.2342	1.789	1.8471	1.5623	1.5054	11.338
0	2.3945	2.5971	3.4499	4.2061	3.5723	3.5923	14.273
-5	3.5193	3.8954	4.9731	6.2825	5.3721	6.189	15.419
-10	6.3024	6.7862	8.0198	9.6751	8.5917	12.072	16.627

5.3.2.4 泛化性

为了分析各模糊推理系统的泛化能力，收集了三条不同道路（这里简记为 A、B 和 C）从 2006 年 11 月 20 日至 26 日一周的交通流数据，并使用 10 倍交叉验证去进行了分析。在这组实验中，所有模糊推理系统的参数都相同（即三个输入变量和三条模糊规则），而且分别进行了 100 次独立实验。

图 5-4、图 5-5 以及图 5-6 分别表示道路 A、B、C 一周内的训练误差及预测误差的统计信息。从图 5-4、图 5-5 以及图 5-6 中，可以看出 WA 模糊推理系统始终要优于其他模糊推理系统，这主要是因为其在训练和预测阶段的 MAPE 值最小且在一周内的变化也很小。另一方面，由 COA 模糊推理系统所产生的 MAPE 中位数则最大，且 MAPE 值在一周内的波动也很大。在所有被试模糊推理系统中，SOM 模糊推理系统的泛化能力仅次于 WA 模糊推理系统。

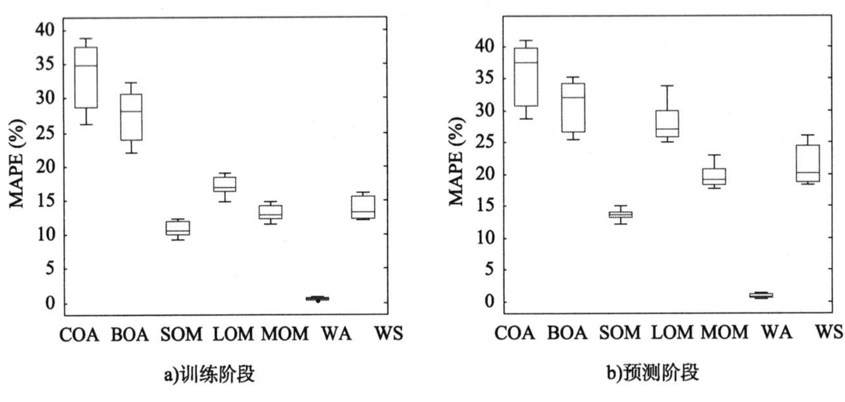

图 5-4 道路 A 一周内各模糊推理系统的 MAPE 统计信息

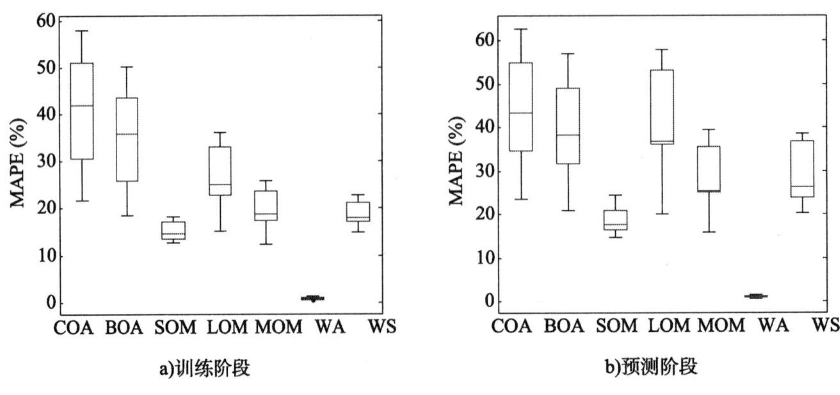

图 5-5 道路 B 一周内各模糊推理系统的 MAPE 统计信息

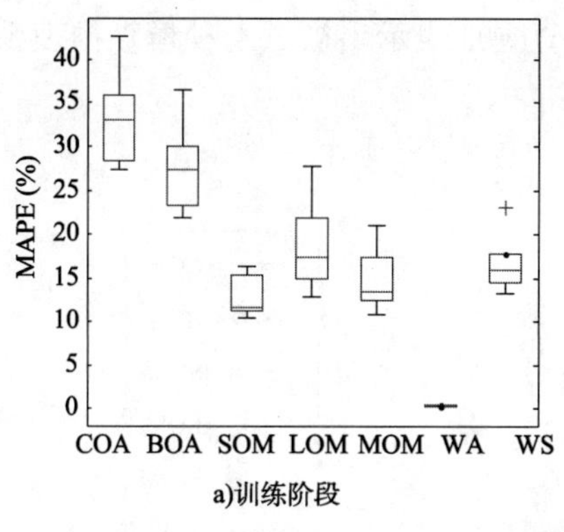

a)训练阶段

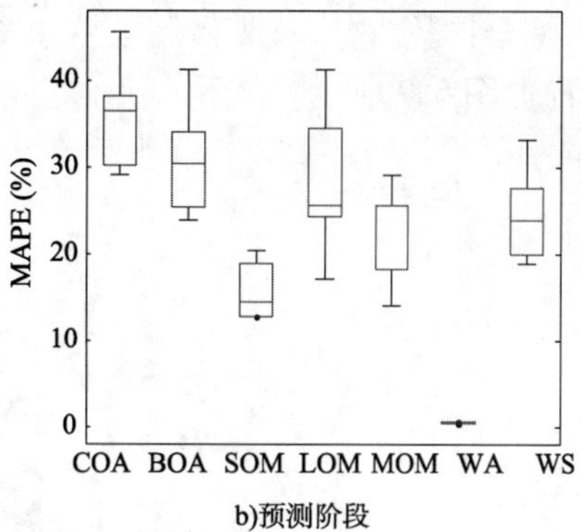

b)预测阶段

图5-6 道路C一周内各模糊推理系统的MAPE统计信息

5.3.2.5 鲁棒性

本书中所涉及的鲁棒性是指在缺失数据下的预测性能。因此,在分析各模糊推理系统的鲁棒性时,首先利用完整地时间序列的前半部分来建立预测模型,而剩余的那部分则用作验证数据。在验证时,输入中人为地将一些设置为0,以表示缺失的输入。通过计算有无缺失数据时的MAPE值来衡量预测的鲁棒性。在实验中,所有的模糊推理系统都假设有5个输入,并且测试了缺失输入从1逐渐增加到5时的预测效果。此外,所有模糊推理系统的其他参数均保持相同。每次实验都单独进行了100次,且所得的平均值列于表5-5中。

缺失数据对预测性能的影响(其中所示为MAPE值) 表5-5

缺失数据量	1	2	3	4	5
COA	241.35	241.79	242.26	245.36	430.38
BOA	311.48	311.88	312.64	317.08	563.95
SOM	504.50	504.50	504. 50	504.50	504. 50
LOM	41.84	43.86	46.86	56.13	617.31
MOM	324.00	324.94	326.64	332.05	660.68
WA(×100)	505.06	618.73	618.15	580.33	451.84
WS	203.12	203.20	201.56	198.97	206.29

除了所有输入均为0外,LOM模糊推理系统受到的影响比其他模糊推理系统的要少得多。与此相反,WA模糊推理系统对缺失数据最为敏感。此外,还可以发现,无论缺失的输入变量数为多少,SOM模糊推理系统的MAPE值均保持不变。除此之外,其他模糊推理系统的预测性能一般均会随着丢失输入的数目增加而降低。

5.3.2.6 综合评价

前面从结构复杂性、计算时间、抗噪能力、泛化性、及鲁棒性等方面,分别对COA、BOA、SOM、LOM、MOM、WA及WS模糊推理系统在交通流短时预测上进行了比较分析。

为了进行综合比较，这里首先借用了雷达图来直观地表示出被试七种模糊推理系统的综合情况，即如图5-7所示。

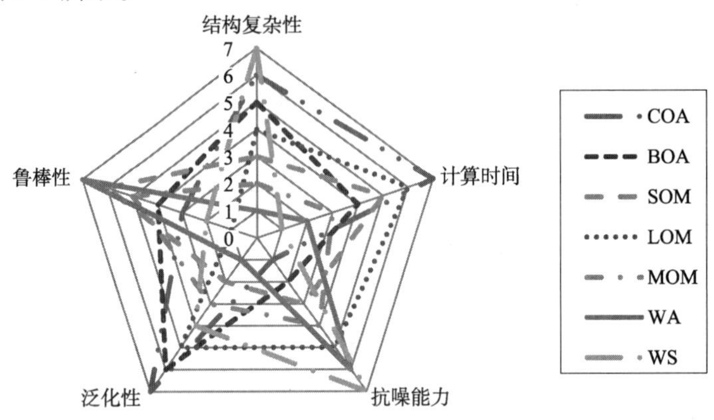

图5-7　七种被试模糊推理系统综合评价

表5-6分别列出了七种被试模糊推理系统在不同性能方面的排序及综合排序。其中，各指标是按照上述结果进行排序。然而，综合排序则是先根据各模糊推理系统在不同性能指标下出现最频繁的序号而定的，如果出现两种或以上的模糊推理系统的综合排序相同，则再根据他们各自排序的平均值进行划分。从表5-6可以看出，WA模糊推理系统整体的预测性能要优于其他模糊推理系统，但是同为Sugeno型的WS模糊推理系统则预测性能最差。此外，Mamdani型的SOM模糊推理系统与MOM模糊推理系统之间的预测性能相差很小。

被试模糊推理系统的预测性能排序　　表5-6

指标	结构复杂性	计算时间	抗噪能力	泛化性	鲁棒性	综合
COA	6	7	1	7	3	6
BOA	5	4	2	6	4	4
SOM	3	5	3	2	6	3
LOM	4	6	5	5	1	5
MOM	2	3	4	3	5	2
WA	1	2	6	1	7	1
WS	7	1	7	4	2	7

第 6 章 基于局部近似隶属函数模糊聚类的模糊单步预测方法

本章将介绍一种基于 Sugeno 模糊推理系统的预测方法。正如 3.6 节所述,在建立以模糊推理系统为基础的预测方法时,有关模糊推理系统的辨识是建立具有良好性能模型的关键。因此,在该预测方法中,引入了基于局部近似隶属函数的模糊聚类算法(Fuzzy clustering by Local Approximation of MEmbership, FLAME)[23]来进行输入空间进行的划分,聚类的结果可同时用于确定输入变量的模糊集合数及隶属函数参数。然而,后件参数的确定则采用了经典的最小二乘法。通过对采集的交通流数据进行预测实验,实验结果表明该预测方法能够较好地避免异常数据的影响,这主要是因为基于局部近似隶属函数的模糊聚类算法在聚类的同时可以识别并祛除异常数据。

6.1 预测方法概述

模糊 C 均值聚类方法是目前广泛使用的模糊推理系统辨识方法之一,然而从 4.6 节中可知模糊 C 均值聚类方法在聚类前需要指定类的数目,而在无先验知识的情况下,准确地确定类数目是比较困难的。在另一方面,由于道路交通检测手段与技术以及各种外界干扰,采集的数据中常常伴有异常数据。如果对这些异常数据不加以处理而直接用于模糊推理系统的训练,则很可能影响其预测的精度。

综上所述，本章在建立基于模糊推理系统的预测方法时，采用了一种可以同时实现对输入空间的划分又能对异常数据处理的聚类方法，即基于局部近似隶属函数的模糊聚类算法。此外，该聚类方法不需要事先指定簇数目，而且其复杂度不会随着数据维度的增加而呈现出指数增长的趋势。

本章所建立的预测方法可归纳为：以一阶 Sugeno 模糊推理系统为基础，通过基于局部近似隶属函数的模糊聚类算法实现对输入变量模糊集合数及隶属函数参数的确定，通过最小二乘法实现对后件参数的确定。

6.2 基于局部近似隶属函数模糊聚类算法

基于局部近似隶属函数模糊聚类算法是一种基于数据集密度来定义簇，并利用对象与其邻域的远近关系来进行簇划分，且其主要特征就是在模糊隶属空间中利用近邻对象之间的相距关系来约束近邻对象的隶属关系。基于局部近似隶属函数模糊聚类算法主要包含两个步骤：簇划分和隶属度更新。

6.2.1 簇划分

局部近似隶属函数模糊聚类方法，是通过分析 k 个近邻数据之间的关系来估计局部密度，并依据估算的密度来进行簇划分。具体簇划分过程可分为以下三步。

(1)估算密度并确定簇中心和噪声。

对于每一个数据点，找出与其相距最近的 k 个数据点，然后根据每个数据点与其 k 个近邻的远近关系，估算该数据点的密度。这里采用了一种较为简便的估算方法，即首先计算该数据点到其 k 个近邻点的距离和，再将距离和的倒数作为密度的估算，如式(6-1)所示。

$$d_{x_i} = \frac{1}{\sum\limits_{y \in \mathrm{KNN}(x_i)} l_{x_i y}} \tag{6-1}$$

其中，y 表示数据点 x_i 的 k 个近邻 $\mathrm{KNN}(x_i)$ 中的一个，$l_{x_i y}$ 表示数据点 y 到数据点 x_i 的距离。

基于密度的估计值，把具有高于所有近邻密度的数据点归为簇中心点；而把低于其近邻密度且同时低于某个设定密度阈值的数据点归为噪声。显然，该方法是通过比较各数据点的密度来确定簇中心点，且每个簇中心代表一个簇，因此不需要事先指定簇的数目。

(2)确定数据点的模糊隶属度。

所有数据点按照如下方法确定它们各自隶属于各个簇的程度。

①首先，初始化各数据点的隶属度：分配给所有簇中心点隶属于本类的全隶属度(即为1)，且其保持该隶属度不变。将所有的噪声点归为噪声簇，并设定这些噪声点完全隶

属于噪声簇。对于既不属于簇中心又不属于噪声的数据点,初始化时设定它们分别隶属于各簇(含噪声簇)的程度相同。

②然后,利用称为局部逼近隶属函数的方法(参见6.2.2小节)迭代更新每个数据点的隶属度。

(3)依据模糊隶属度进行划分。

将各数据点归到相应簇内的方式有如下两种:

第一种划分方式是根据每个数据点隶属于不同簇的程度不同,按照隶属最大原则将所有数据点划分到其隶属最大的相应簇中;第二种划分方式是先设定一个隶属阈值,然后把高于此隶属阈值的数据点划分到相应的簇中。

6.2.2　更新隶属度的方法

在数据集 X 中,每个数据点 $x_i(i=1,2,\cdots,N)$ 均有一个关联的隶属度矢量 $\boldsymbol{p}(x_i)$,其每个分量 $\boldsymbol{p}_{\mathrm{j}}(x_i)(0\leqslant\boldsymbol{p}_{\mathrm{j}}(x_i)\leqslant1)$ 表示该数据点 x_i 隶属于簇 j 的程度。

$$\boldsymbol{p}(x_i)=\{\boldsymbol{p}_1(x_i),\boldsymbol{p}_2(x_i),\cdots,\boldsymbol{p}_{\mathrm{M}}(x_i)\} \tag{6-2}$$

且满足 $\sum_{\mathrm{j}=1}^{M}\boldsymbol{p}_{\mathrm{j}}(x_i)=1$,$M$ 是簇的总数(含噪声类)。

局部逼近隶属函数是指通过迭代使得如下目标函数最小化,并把该目标函数称为局部逼近误差。

$$\min\{E(\{\boldsymbol{p}\})\}=\min\left\{\sum_{x_i\in \mathrm{X}}\left\|\boldsymbol{p}(x_i)-\sum_{y\in \mathrm{KNN}(x_i)}w_{x_iy}\boldsymbol{p}(y)\right\|^2\right\} \tag{6-3}$$

其中,X 表示全体数据集合,y 表示 x_i 的 k 个近邻 $\mathrm{KNN}(x_i)$ 中的一个,w_{x_iy} 为权重且满足 $\sum_{y\in \mathrm{KNN}(x_i)}w_{x_iy}=1$,$w_{x_iy}$ 表示的是 x_i 的邻近点 y 对 x_i 隶属于各个簇的影响作用,这里采用相似度 S_{x_iy}(表示 x_i 的邻近点 y 与 x_i 的相似程度,这里所指的相似度就是距离的倒数)来确定权重,即相似程度越大的点对其影响就越大,具体计算如下:

$$w_{x_iy}=\frac{s_{x_iy}}{\sum_{z\in \mathrm{KNN}(x_i)}s_{x_iz}} \tag{6-4}$$

式(6-3)表明,先对每个数据点 x_i 计算其隶属度矢量 $\boldsymbol{p}(x_i)$,再计算其所有近邻隶属度矢量 $\boldsymbol{p}(y)$ 的加权和,局部逼近误差就是这些距离之和。

求解上述公式(局部逼近误差)最小值可令:

$$\boldsymbol{p}(x_i)-\sum_{y\in \mathrm{KNN}(x_i)}w_{x_iy}\boldsymbol{p}(y)=0 \qquad x_i\in X \tag{6-5}$$

因此,在迭代过程中可按下式更新隶属度:

$$\boldsymbol{p}^{t+1}(x_i)=\sum_{y\in \mathrm{KNN}(x_i)}w_{x_iy}\boldsymbol{p}^{t}(y) \qquad x_i\in X \tag{6-6}$$

其中 t 表示迭代的代数。

6.3 基于局部隶属函数模糊聚类的参数及规则确定方法

利用上述聚类方法在输入与输出构成的空间内,将观测数据进行聚类处理,得到一系列模糊划分的区域,每个模糊区域对应着一条模糊规则,模糊规则的数目即是簇的数目。由于簇的数目是在聚类过程中自动产生的,因此不需要先验知识确定规则的数目,但是聚类中所考察的近邻点数需要事先给定。

本章中涉及的 Sugeno 模糊推理系统采用了高斯隶属函数,主要是考虑到高斯隶属函数所需确定的参数相对较少,在确定参数后高斯隶属函数还可近似转化为其他一些隶属函数(如三角形隶属函数)。高斯隶属函数可用表示为:

$$\mu_{ij}=\exp\left[-\frac{(x_i-v_j)^2}{2\delta_j^{\ 2}}\right]\qquad i=1,2,\cdots N;j=1,2,\cdots,M \tag{6-7}$$

其中,μ_{ij}表示数据点 x_i属于 j 簇的隶属度,而 v_j和 δ_j则是高斯隶属函数的待定参数。

确定参数的过程也就是用高斯隶属函数近似拟合数据点经聚类所得的隶属度分布。将聚类所得的隶属度分别投影到输入及输出空间,j 簇的中心即是高斯隶属函数的均值 v_j,而标准偏差 δ_j则可通过下式确定。

$$\delta_j=-\frac{1}{N}\sum_{i=1}^{N}\sqrt{\frac{(x_i-v_j)^2}{2\ln\mu_{ij}}}\qquad i=1,2,\cdots N;\quad j=1,2,\cdots,M \tag{6-8}$$

6.4 仿真实例

为了验证本章建立的预测方法的有效性,将第 5 章介绍的 WA 模糊推理系统为对照系统,并通过两组实验分别对有无异常数据下的预测效果进行了实验分析。这里选取 WA 模糊推理系统作为对照预测模型的主要原因有以下几点:第一,本章所提出的预测模型与 WA 模糊推理系统都是建立在 Sugeno 型模糊推理系统的基础上;第二,WA 模糊推理系统中采用了模糊 C 均值聚类算法来确定输入变量模糊集合数及相关参数,该算法是目前使用最普遍的模糊推理系统辨识方法之一;第三,模糊 C 均值聚类算法与 FLAME 聚类算法都属于软聚类方法,因此两者具有较好的可比性。

本节将首先对比分析无异常数据下的预测效果,再分析异常数据对预测方法的影响作用。在进行比较分析时,采用了两种不同的实验数据,其一为具有典型混沌特性的 Mackey-Glass 时间序列,其二为收集的实际交通流数据。

Mackey-Glass 时间序列因具有混沌特性而常被用来测试系统的辨识及预测性能[109]。在本部分介绍的实验中,利用式(4-14)生成了含有 1000 点的 Mackey-Glass 时间序列片段,且将前 500 点作为训练集而将后 500 点作为验证集。

此外，还采用了实际的交通流数据对本章建立的预测方法以及 WA 模糊推理系统进行了对比分析，采集的交通流数据为 2006 年 11 月 6 日北京市某条道路的交通流，并将采样间隔为 30s 的原始数据聚合成两分钟间隔的数据。而且，采用了 2.3 节所述的小波降噪法进行了预处理操作，所选用的小波基(bior2.6)及分解层数(3 层)均由 2.3 节所述实验确定。

实验中采用了均方误差(RMSE)、平均绝对百分比误差(MAPE)、和绝对误差百分比方差(VAPE)作为预测效果的衡量指标。其中，均方误差是用于预测效果评价中最常用的标准之一，它能够表明一个模型的预测值与平均值的差距，因此该值愈小表明预测精度愈高。另一方面，平均绝对百分比误差计算的是估计值和实际观测数据之间的平均相对误差，而绝对误差百分比方差则可表征出预测算法的稳定性。显然，平均绝对百分比误差及绝对误差百分比方差的数值愈小，表明预测精度及稳定性愈好。此外，本章实验所得的这些指标值都是数据在归一化处理之后进行预测所得。在建立预测模型及验证前，均将实验数据进行了归一化处理，主要是为了减少各维度不同量纲及不同数量级对聚类的影响作用。

为了简便起见，在本节中分别用 FCM-FIS 及 FLAME-FIS 来表示 WA 模糊推理系统及本章所建立的预测模型。另外，由于 WA 模糊推理系统在建立模型时，采用了随机初始化簇中心，因此为了减少这种随机初始化的影响作用，本章在 WA 模糊推理系统进行实验时都分别独立进行了 100 次实验，下面所列相应结果均为平均值。

6.4.1　无异常数据下的预测验证实验

6.4.1.1　Mackey-Glass 时间序列的预测实验

图 6-1 中的 a) 和 b) 分别表示了 FCM-FIS 在训练及预测阶段的原始序列和相应的拟合或预测值。其中，原始数据由虚线表示，而实线则为拟合或预测的数据。而图 6-2 所示为 FLAME-FIS 对 Mackey-Glass 时间序列的预测结果，且图 a) 和 b) 分别表示出训练阶段

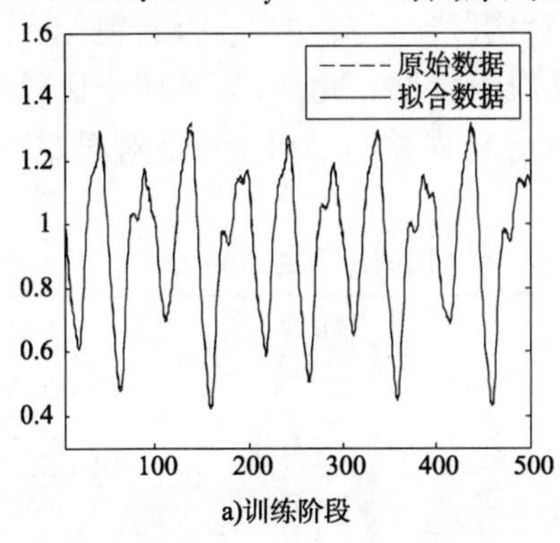

a)训练阶段

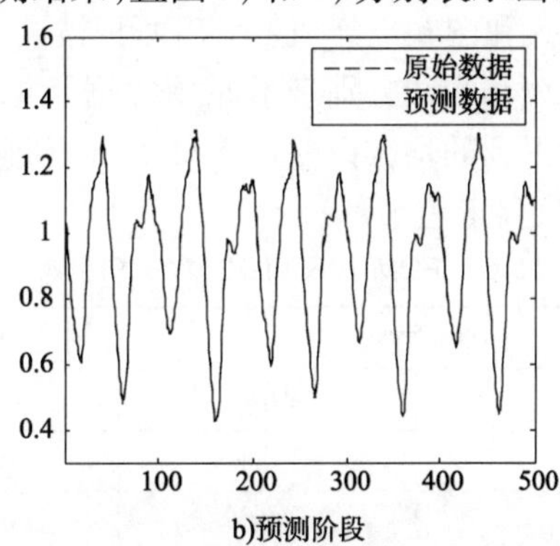

b)预测阶段

图 6-1　FCM-FIS 对 Mackey-Glass 时间序列的预测结果

的拟合结果和预测阶段的预测值。由于原始数据与拟合或预测数据之间的误差很小,从图中较难准确判断出两种预测方法的优劣,故将实验所得的均方误差(RMSE)平均绝对百分比误差(MAPE)和绝对误差百分比方差(VAPE)列于表6-1。

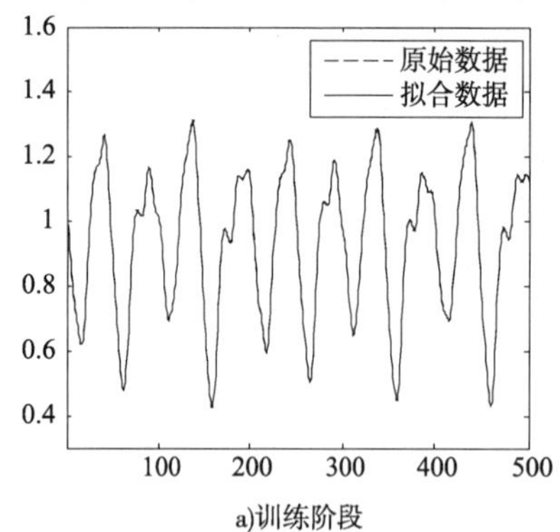

a)训练阶段

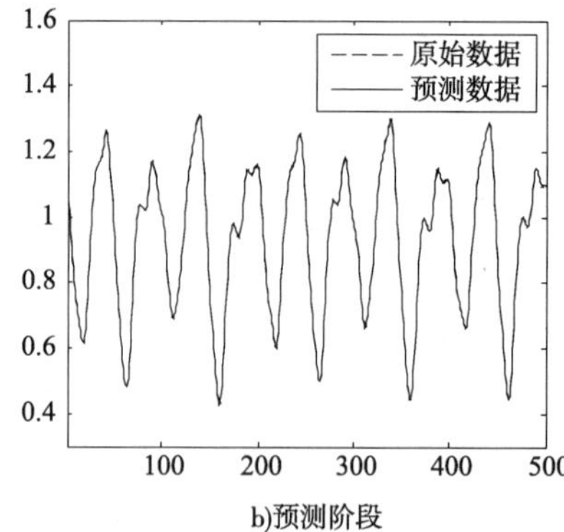

b)预测阶段

图6-2 FLAME-FIS对Mackey-Glass时间序列的预测结果

FCM-FIS和FLAME-FIS对Mackey-Glass时间序列的预测比较 表6-1

预测方法		RMSE	MAPE	VAPE
FCM-FIS	训练	0.0077	0.6108	0.0035
	预测	0.0077	0.6033	0.0035
FLAME-FIS	训练	0.0029	0.2347	4.9548e-04
	预测	0.0029	0.2405	5.3035e-04

表6-1所列结果表明本章建立的基于FLAME模糊推理系统无论是建模还是预测其性能均要优于WA模糊推理系统(即FCM-FIS)。而且,基于FLAME模糊推理系统不仅在预测精度上有所提高,而且其预测的波动性相对较小。从图6-1、图6-2及表6-1中,还可以看出被试的两种预测方法均没有出现明显的过拟合现象。

6.4.1.2 交通流预测实验

图6-3和图6-4分别表示出两种被试方法对实际交通流的拟合及预测结果。同样,使用了虚线和实线分别表示原始数据及拟合或预测数据。此外,为了便于比较分析,将实验中所得到的均方误差(RMSE)、平均绝对百分比误差(MAPE)和绝对误差百分比方差(VAPE)列于表6-2。

FCM-FIS和FLAME-FIS对Mackey-Glass时间序列的预测比较 表6-2

预测方法		RMSE	MAPE	VAPE
FCM-FIS	训练	0.0200	2.7276	0.1285
	预测	0.0416	3.3237	0.4253
FLAME-FIS	训练	0.0207	2.6619	0.1379
	预测	0.0359	2.4462	0.3163

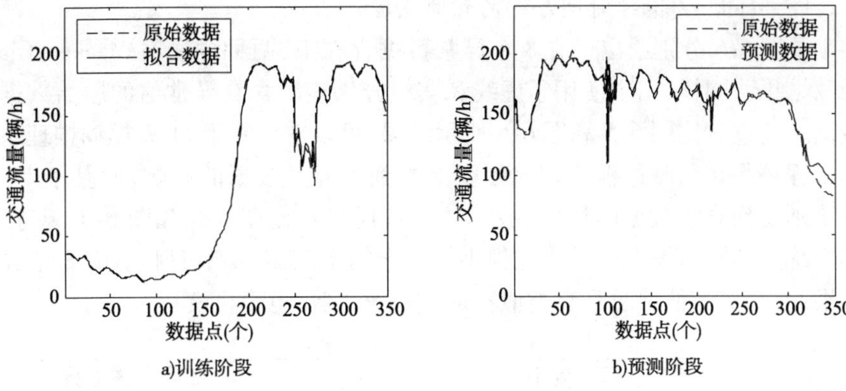

图6-3　FCM-FIS 对交通流的预测结果

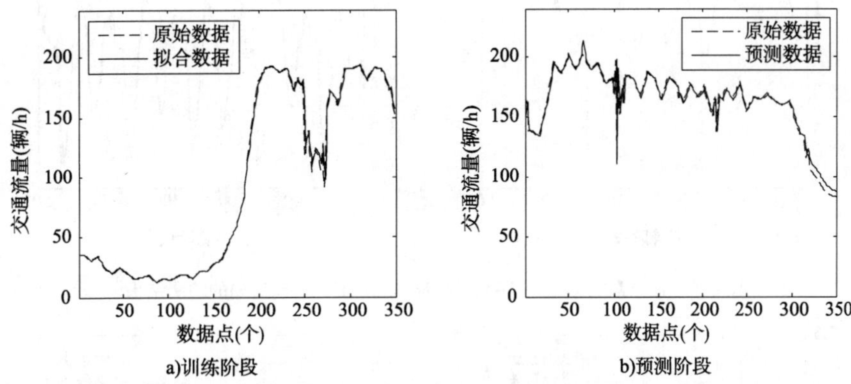

图6-4　FLAME-FIS 对交通流的预测结果

根据表6-2 所示数据,可以得出两种方法的性能基本相当。具体地说,基于 FCM 模糊推理系统在训练阶段的拟合效果要略优于基于 FLAME 模糊推理系统,而基于 FLAME 模糊推理系统的预测效果要优于基于 FCM 模糊推理系统。而且,通过对比建模时的训练误差和预测时的预测误差,可以看出基于 FCM 模糊推理系统的过拟合程度要略大于基于 FLAME 模糊推理系统,但两种预测方法均没有出现明显的过拟合现象。

6.4.2　含异常数据下的预测验证实验

在进行异常数据下的实验研究中,首先在被试的训练数据集中人为随机地产生了一些突变数据,以此数据集来建立模糊推理系统,再将建立的模糊推理系统应用于预测中。实验共分为4 组,每组实验所包含的异常数据量不同,分别为2、4、6 和8 个异常数据且幅值亦不同。在衡量训练误差(即 RMSE、MAPE 及 VAPE)时,是以未含异常值的原始数据为基准进行计算的。

6.4.2.1 Mackey-Glass 时间序列的预测实验

图 6-5 及图 6-6 分别给出了在 8 个异常数据存在下，两种方法对 Mackey-Glass 时间序列的预测结果。同样，图中使用了虚线和实线分别表示含有异常值的原始数据及拟合或预测数据。通过对比图 6-5 和图 6-6 所示结果，可以看出基于 FCM 模糊推理系统无论是在训练过程还是在预测过程均较大程度上受到了异常数据的影响，而基于 FLAME 模糊推理系统则受到异常数据的影响较小。而且，通过对比图 6-6 和图 6-2，基于 FLAME 模糊推理系统的预测数据发生的变化很小。由于篇幅限制，本节只将含有 8 个异常数据的预测结果列出，而其他情况具有类似特征，故没有列出也不再赘述。

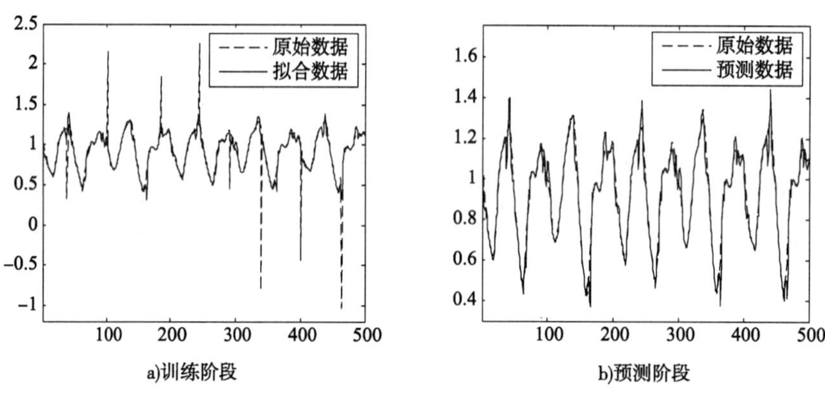

图 6-5　在异常数据下 FCM-FIS 对 Mackey-Glass 时间序列的预测结果

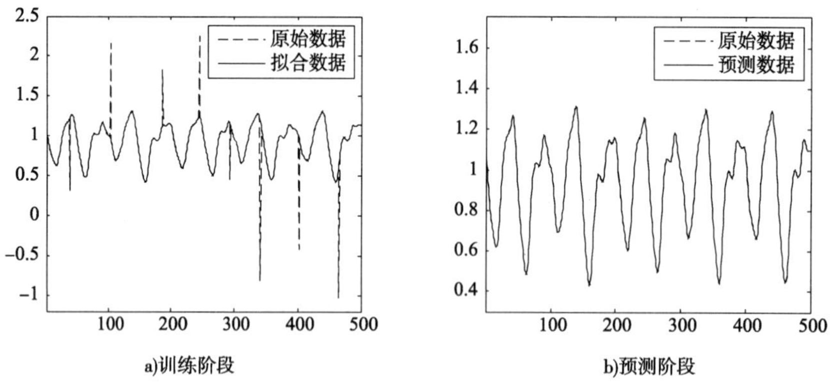

图 6-6　在异常数据下 FLAME-FIS 对 Mackey-Glass 时间序列的预测结果

为了便于比较分析，将两种预测方法在实验中所得到的均方误差（RMSE）、平均绝对百分比误差（MAPE）和绝对误差百分比方差（VAPE）分别列于表 6-3、表 6-4 及表 6-5 中。从表 6-3 中可知，在 4 组实验中基于 FLAME 的模糊推理系统的训练误差及预测误差均要小于基于 FCM 的模糊推理系统，且当异常数据为 2、4 及 8 时两种方法的均方误差值相差超过 10 倍。然而，两种方法的训练误差及各自的预测误差都相差很小，表明均未出现明显的过拟合现象。表6-4所示的平均绝对百分比误差值，也表明在利用混有异常数据的训练集时本章所建立的方法在模型建立和预测精度方面都要优于基于FCM的模糊推理系统。

在含有异常数据的Mackey-Glass时间序列下两种预测方法所得的均方误差(RMSE) 表6-3

异常数据量		2	4	6	8
FCM-FIS	训练	0.0382	0.0580	0.0544	0.0546
	预测	0.0368	0.0551	0.0518	0.0539
FLAME-FIS	训练	0.0029	0.0026	0.0122	0.0028
	预测	0.0030	0.0027	0.0120	0.0028

在含有异常数据的Mackey－Glass时间序列下两种预测方法所得的平均绝对百分比误差(MAPE) 表6-4

异常数据量		2	4	6	8
FCM-FIS	训练	1.9076	3.4678	3.3882	3.2990
	预测	1.8213	3.3340	3.2173	3.2206
FLAME-FIS	训练	0.2347	0.2093	0.9250	0.2205
	预测	0.2409	0.2106	0.9054	0.2227

在含有异常数据的Mackey－Glass时间序列下两种预测方法所得的绝对误差百分比方差(VAPE) 表6-5

异常数据量		2	4	6	8
FCM-FIS	训练	0.1357	0.3982	0.2822	0.2875
	预测	0.1230	0.3669	0.2566	0.2635
FLAME-FIS	训练	5.0346e－04	3.9151e－04	0.0080	4.5872e－04
	预测	5.3638e－04	4.0882e－04	0.0074	4.8841e－04

表6-5列出了在异常数据下两种预测方法在训练及预测阶段所得的绝对误差百分比方差(VAPE)。从表6-5中可以看出，无论是在建模还是预测过程，基于FLAME的模糊推理系统的绝对误差百分比方差都要远小于基于FCM的模糊推理系统，表明所提出的预测方法具有较小的波动性。

6.4.2.2 交通流预测实验

在进行交通流预测实验时，同样也依据不同的异常数据量分为4组。图6-7和图6-8分别给出了当6个异常数据存在时，两种方法对交通流的预测结果。从图6-7b)中能够很明显地看出，基于FCM的模糊推理系统受到了异常数据的严重影响，其部分预测值出现了明显异常。对比图6-7和图6-8所示预测结果，可以得出基于FLAME的模糊推理系统对异常数据具有更好地免疫能力。

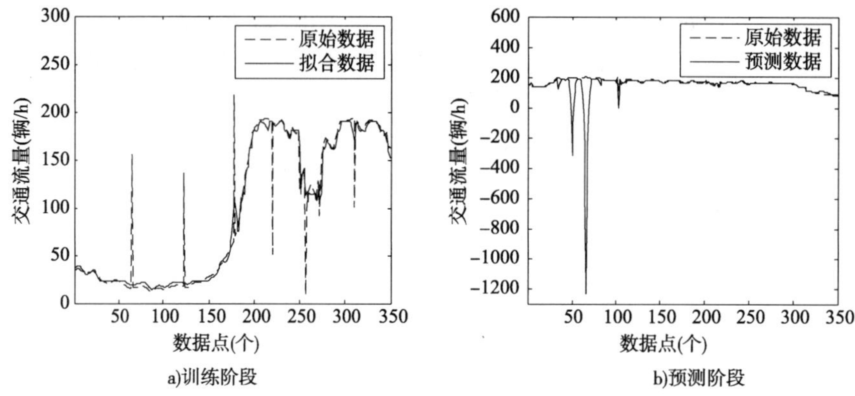

图 6-7　在异常数据下 FCM-FIS 对交通流的预测结果

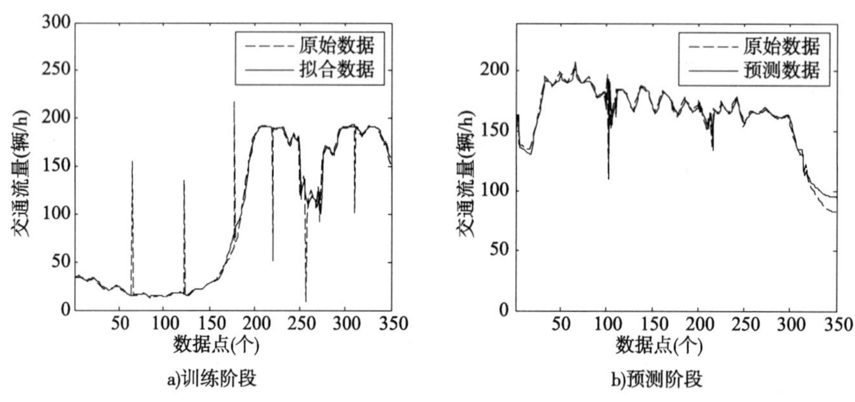

图 6-8　在异常数据下 FLAME-FIS 对交通流的预测结果

表 6-6 ~ 表 6-8 分别列出了两种预测方法在含有异常数据下的均方误差(RMSE)、平均绝对百分比误差(MAPE)和绝对误差百分比方差(VAPE)。根据表 6-6 所列结果可知,当含有 2 个、6 个及 8 个异常数据时,基于 FCM 的模糊推理系统的预测误差要远大于其训练误差,表明其预测精度受到异常数据的极大影响。然而,基于 FLAME 的模糊推理系统的训练误差与预测误差相差较小。从表 6-7 中可以发现两种预测方法在训练和预测阶段的平均绝对百分比误差没有较大的差距,但基于 FCM 的模糊推理系统所得的平均绝对百分比误差均大于基于 FLAME 的模糊推理系统。表 6-8 所列结果与表 6-6 的相似,只有当异常数据个数为 4 时,基于 FCM 的模糊推理系统在训练及预测过程中所得的平均绝对百分比误差较为接近,而且基于 FLAME 的模糊推理系统的平均绝对百分比误差都小于基于 FCM 的模糊推理系统,说明了本章建立的预测方法具有较好的稳定性。

最后,对照表 6-6 ~ 表 6-8 与表 6-3 ~ 表 6-5 所示的结果,可以看出基于 FLAME 的模糊推理系统仍然受到了异常数据的影响,但所受影响较小。由于本章介绍的方法在替换异常数据时参照了近邻数据,因此其替换数据只是真实数据的估计,故产生了偏差。

在含有异常值的交通流数据下两种预测方法所得的均方误差(RMSE)　　表6-6

异常数据量		2	4	6	8
FCM-FIS	训练	0.0424	0.0218	0.0320	0.0367
	预测	0.2713	0.0576	0.4427	0.6155
FLAME-FIS	训练	0.0220	0.0208	0.0244	0.0276
	预测	0.0435	0.0355	0.0370	0.0559

在含有异常值的交通流数据下两种预测方法所得的平均绝对百分比误差(MAPE)　　表6-7

异常数据量		2	4	6	8
FCM-FIS	训练	5.1777	6.4078	11.0059	14.1758
	预测	12.6529	3.9981	11.3051	17.2932
FLAME-FIS	训练	2.8254	2.6879	4.5420	5.1307
	预测	3.7049	2.4266	2.8906	4.4334

在含有异常值的交通流数据下两种预测方法所得的绝对误差百分比方差(VAPE)　　表6-8

异常数据量		2	4	6	8
FCM-FIS	训练	0.4562	0.5137	1.6335	2.5177
	预测	10.2212	0.5141	32.0544	58.5099
FLAME-FIS	训练	0.1392	0.1375	0.3621	0.4327
	预测	0.3757	0.3069	0.3435	0.5593

第 7 章 基于高斯混合模型的模糊单步预测方法

从5.4节的结构复杂性中可以看出,输入向量维数(或看作是输入变量个数)及前件的模糊集合数都会对预测精度产生影响。对于输入维数来说,尽管理论上过去的交通流量数据对未来状态的预测都有作用,但使用全部的历史数据无疑造成计算负荷加重,尤其是可能引起“维数灾难”等负面效应[120]。另一方面,虽然增加输入变量的模糊集合数可以提高预测的精度,但计算量也会迅速增加。因此,为了实现效率与精度的平衡,就需要确定模糊推理系统的输入向量维数和输入变量的模糊集合数。此外,还需要优化模糊推理系统参数,以便提高预测精度。

本章以Sugeno模糊推理系统为基础,提出了一种新的短时交通流预测方法。为了确定输入向量维数,采用了Delta测试[121]方法,同时还起到了降噪作用。此外,采用了最近邻聚类方法[122]来确定输入变量的集合数,并运用高斯混合模型(Gaussian mixture model,GMM)[123]来确定模糊集合的参数。最后,采用了最小二乘法(least square estimation,LSE)对后件参数进行了估算。

7.1 预测方法概述

本章采用了一阶Sugeno模糊推理系统作为预测方法的基础,其基本结构包括:T范式的连接运算、高斯隶属函数、规则推理采用积运算,且后件采用线性函数等。

图7-1所示为建立本预测模型所采用的学习方法及建模流程。本章假设所用的历史数据均进行了异常值及缺失数据等的预处理操作(相关处理方法参见第2章)。建立预

测模型的基本流程可大致分为输入选择与降噪处理及参数与模糊规则确定两个步骤。

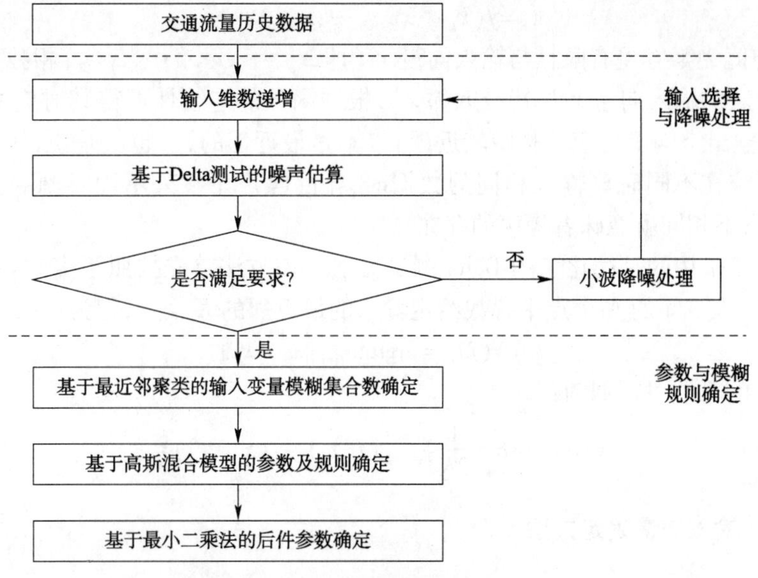

图 7-1　预测模型建立流程图

在第一步中，首先从历史交通流量数据中，通过逐步递增维数的方式生成一组输入向量(输入向量的最大维数需用户指定)；再应用 Delta 测试估算该组输入向量的噪声水平；如果估算的噪声水平不符合用户的要求，则应用小波方法进行降噪处理；并继续递增输入向量的维数；该循环持续至噪声水平达到用户的要求，此时将输入向量作为训练样本，进行下一步的操作。

在第二步中，首先应用最近邻聚类方法来确定输入变量的模糊集合数；再应用高斯混合模型对各模糊集合所对应的隶属函数参数进行确定；高斯混合模型所得到的聚类结果同时可以用来确定模糊规则集；最后，应用最小二乘法来确定后件参数。

有关上述建模的关键环节作将在后面进行详述。

7.2　输入变量选择

7.2.1　Deleta 测试

由于在确定输入向量维度时采用了 Delta 测试，因此本节先对 Delta 测试做一简单介绍。Delta 测试是一种简单的时间序列噪声估计方法，最早由 Pi 和 Peterson[124] 于 1994 年提出，后来 Jones [125] 又进行了改进，接着 Lendasse 等[126] 对该方法进行了简化，Montesino 等[121] 将该方法应用到时间序列中。Delta 测试的基本思路比较简单，也是通过基于函数的连续性及光滑度，因此可将 Delta 测试看作是 2.3 节中介绍的 Gamma 测试的简化版本。

假设某一系统可用式(7-1)所示的函数完全表达,即:

$$x_t = f(\boldsymbol{x}_{t-1}, \boldsymbol{x}_{t-2}, \cdots, \boldsymbol{x}_{t-d}) + r_t \tag{7-1}$$

其中,r_t是均值为零方差有限且与输入向量 $\boldsymbol{x}$ (即,x_{t-1}, x_{t-2}, …, x_{t-d})相独立的噪声成分。对于给定的输入向量 $\boldsymbol{x}$ 及其最近邻 $\boldsymbol{x}'$,根据函数的连续性可得其对应的输出$f(x)$和$f(x')$在输出空间上也应该相距较近(可以不是最近邻的)。也就是说,如果一个时不变的确定系统在不同时刻输入相同的数据时,排除噪声干扰外不同时刻的输出也应相同,如果输出不相同就意味着噪声的存在。

本节中所采用的是简化了的 Delta 测试方法。该方法首先按照距离(这里采用了欧式距离)在输入空间的 N 个点中寻找给定输入的最近邻的 K 个点,记为:

$$KNN(i) := \mathrm{argmin}_{j \neq i} \|\boldsymbol{x}_i - \boldsymbol{x}_j\|^2 \tag{7-2}$$

那么,r 的方差可近似为:

$$\mathrm{var}[r] \approx \delta = \frac{1}{2K} \sum_{i=1}^{K} (f(\boldsymbol{x}_i) - f(\boldsymbol{x}_{KNN(i)}))^2 \tag{7-3}$$

7.2.2 输入变量确定方法

利用 Delta 测试所估算的噪声水平可作为输入选择的一个标准,当然也可以采用其他噪声水平估算方法。具体地说,先将当前的观测数据作为候选输入向量,并计算其噪声水平;接着,通过增加距当前时刻最近的历史数据完成对输入向量的维数逐步递增,并再次通过 Delta 测试进行计算;如此循环直至达到用户指定的输入向量最大维数。

相对于基于模型的输入选择方法而言,本方法基于 Delta 测试来确定输入向量,因此不需要建立额外的模型。然而,Delta 测试所估算的噪声水平实际上包含着两部分,即建模误差和真实噪声,因此无法确知所建立的模型究竟在多大程度上能够逼近真实系统。

此外,从 5.4 节中可以看出,Sugeno 模糊推理系统对噪声比较敏感,易出现过拟合现象,故这里采用了小波降噪法对原始数据进行预处理。有关小波降噪法已在 2.3 节进行了介绍,故这里不再赘述。

正如 2.3 节所述,小波降噪法中的分解层数是一个影响降噪效果的重要参数。这里结合 Delta 测试所估算的噪声水平,提出了一种逐步递增的分解层数确定方法。也就是说,所采用的 Delta 测试可以同时确定噪声水平及输入选择。如图 7-1 所示,通过逐步递增产生一组候选的输入向量,并通过 Delta 测试进行估算。如果所有的候选输入向量中最小噪声水平不符合式(7-4)所述条件的话,则应用小波降噪法进行降噪处理。分解层数初始为 1。经降噪处理后所得到一组新的输入向量,再通过 Delta 测试进行估算,并按照式(7-4)进行验证,如果噪声仍然处于较高水平,则分解层数递增后继续进行降噪处理,直至达到用户满意为止。此时,将最小噪声水平对应的那个输入向量选为最终的输入向量。

循环降噪的判定条件定义为:

$$R = \frac{\mathrm{var}(s)}{\min(\delta)} < T \tag{7-4}$$

其中,R 定义为方差比,s 为原始或重构的时间序列,δ 为对应于一组候选输入向量的噪声水平估计值,且 T 是用户指定的常数。

7.3　基于最近邻聚类及高斯混合模型的参数和规则确定方法

7.3.1　基于最近邻聚类的输入模糊集合数及隶属函数初始值确定

本章在建立预测模型时,采用了最近邻聚类方法来确定输入变量的模糊集合数,同时也为后续的隶属函数参数优化提供初始值。最近邻聚类方法是一种简便直观的聚类方法。聚类的过程可归纳为:

(1)从训练样本中,随机选择其中一个数据作为第一个簇中心;

(2)计算剩余数据与簇中心的距离;

(3)如果该数据与现有簇中心的距离小于事先预设的距离阈值,则将该数据归为该簇,否则,则将该数据作为一个新的簇中心;

(4)如果还有数据没有计算,则转去步骤(2)继续执行,否则,聚类过程结束,并输出簇数目及簇中心。

输出的簇数目即为输入变量的模糊集合数,同时可从聚类结果中得出隶属函数的初始值。

7.3.2　参数及规则确定方法

在优化前件隶属函数的参数时,这里采用了高斯混合模型,因此先简要地介绍一下高斯混合模型。

假设具有 K 个高斯分量的一个混合模型可表示为:

$$f(x) = \sum_{k=1}^{K} w_k \cdot f(x; v_k, \Sigma_k) = \sum_{k=1}^{K} w_k \cdot \frac{1}{\sqrt{(2\pi)^d |\Sigma_k|}} \exp\left[-\frac{1}{2}(x - v_k)^{\mathrm{T}} \Sigma_k^{-1} (x - v_k)\right] \tag{7-5}$$

其中,$f(x;\ v_k,\ \Sigma_k)$是均值向量为 v_k 且协方差矩阵为 Σ_k 的第 K 个高斯分量的概率密度函数。而且,其中的权重 w_k 需满足:

$$\sum_{k=1}^{K} w_k = 1 \quad 且 \quad \forall i: w_k \geqslant 0 \tag{7-6}$$

对于已有 N 个数据进行高斯混合模型建立时,需要基于已有数据确定参数向量 θ(即对于每一个高斯分量,w_k、v_k 和 Σ_k)。在此,采用了最大期望算法(Expectation Maximization,EM)来确定高斯混合模型的参数向量。在进行参数估计时,引入了一个无法观测

到的隐变量 y,该隐变量可确定观测数据 x 是来自于哪个高斯分量。此时,对数似然函数可表示为:

$$\ln L(\theta;\ x,\ y)=\sum_{i=1}^{N}\ln f(x_i,y_i;\theta) \tag{7-7}$$

在利用最大期望算法确定高斯混合模型参数时,实际上是交替进行两个步骤,即期望计算和最大化。为了便于描述,令 t 为当前步。

(1)期望计算。

首先,根据给定 x 下 y 的条件概率,并基于贝叶斯理论估算参数 $\theta^{(t)}$ 为:

$$\begin{aligned}f(y_i=k|x_i,\theta^{(t)})&=\frac{f(y_i=k,x_i|\theta^{(t)})}{\sum_{k=1}^{K}f(y_i=k,x_i|\theta^{(t)})}\\&=\frac{\frac{w_k^{(t)}}{\sqrt{(2\pi)^d|\Sigma_k|}}\exp\left[-\frac{1}{2}(x_i-v_k)^{\mathrm{T}}\Sigma_k^{-1}(x_i-v_k)\right]}{\sum_{k=1}^{K}\frac{w_k^{(t)}}{\sqrt{(2\pi)^d|\Sigma_k|}}\exp\left[-\frac{1}{2}(x_i-v_k)^{\mathrm{T}}\Sigma_k^{-1}(x_i-v_k)\right]}\end{aligned} \tag{7-8}$$

那么,对数似然函数的期望值可以按式(7-9)来计算:

$$Q(\theta|\theta^{(t)})=E_{y|x,\theta^{(t)}}\ln f(x,y|\theta)=\sum_{k=1}^{K}\sum_{i=1}^{N}f(y_i=k|x_i,\theta^{(t)})\ln f(x_i,y_i|\theta) \tag{7-9}$$

(2)最大化。

更新参数值,以便最大化前一步中对数似然函数的期望值,即:

$$\theta^{(t+1)}=\underset{\theta}{\mathrm{argmax}}\,Q(\theta|\theta^{(t)}) \tag{7-10}$$

计算出下一步(即 $t+1$ 步)的参数 w_k、v_k和Σ_k:

$$w_k^{(t+1)}=\frac{\sum_{i=1}^{N}f(y_i=k|x_i,\theta^{(t)})}{\sum_{i=1}^{N}\sum_{k=1}^{K}f(y_i=k|x_i,\theta^{(t)})} \tag{7-11}$$

$$v_k^{(t+1)}=\frac{\sum_{i=1}^{N}f(y_i=k|x_i,\theta^{(t)})x_i}{\sum_{i=1}^{N}f(y_i=k|x_i,\theta^{(t)})} \tag{7-12}$$

$$\Sigma_k^{(t+1)}=\frac{\sum_{i=1}^{N}f(y_i=k|x_i,\theta^{(t)})(x_i-v_k^{(t+1)})(x_i-v_k^{(t+1)})^{\mathrm{T}}}{\sum_{i=1}^{N}f(y_i=k|x_i,\theta^{(t)})} \tag{7-13}$$

这两步操作交替进行,直至超过最大的预设迭代步骤或者是相邻两步的参数非常接近(即相差小于用户设置的某个阈值)。此时,高斯混合模型建立完毕,并用该混合模型进行聚类,其聚类结果便可用于确定隶属函数的参数值及模糊规则集。

由于后件采用的是线性函数,所以这里采用了最小二乘法来确定相应的参数。最小二乘法广泛地应用于曲线拟合、回归分析等方面,是一种参数确定的基本方法,因此这里不再详述。

7.4　仿真实例

7.4.1　仿真实验

为了验证本章所提出的预测方法,本节采用了北京市某条道路从2006年11月20日(星期一)至11月26日(星期日)一周的交通流数据。原始数据经处理聚合为采样间隔为2min的平均交通流量数据。而且,采用了均方根误差(RMSE)来衡量该预测方法的精度。虽然,均方根误差不易作为建立预测模型的目标函数,因为这样很可能引发过拟合的问题,但可以用于对两种及以上方法的性能进行对比评价及分析。

在本章所涉及的实验中,每天交通流量数据的前500点用作为训练数据,而把剩余部分中200个点用作为验证数据。

7.4.2　实验结果及分析

在进行预测实验前,首先对本章所述的降噪方法进行了验证。实验中的交通流数据都进行了归一化处理,并令小波降噪的最大分解层数为10且方差比阈值为10000(这里该阈值主要是通过实验确定的)。当方差比超过设定的阈值时,对应的数据即为降噪后的最终数据。以2006年11月20日(星期一)为例,降噪结果如图7-2所示,其中灰线和黑线分别代表原始数据及降噪后的数据。从图中可以看出,降噪后的时间序列不仅光滑了许多,而且能够保留原始数据中的一些主要突变,如上午约9时出现的流量突降等细节。

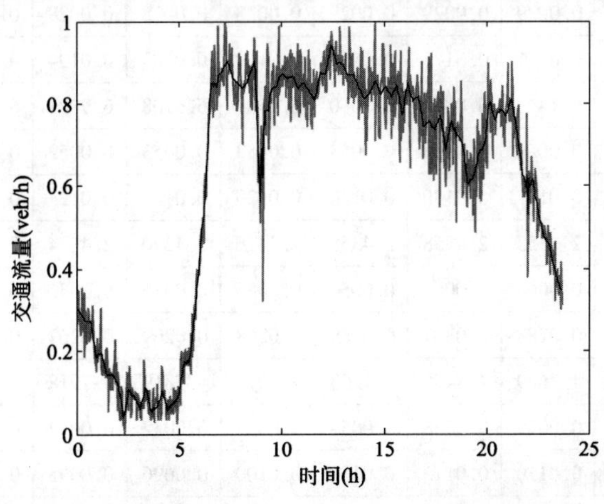

图7-2　降噪结果示例(灰线和黑线分别表示2006年11月20日降噪前和降噪后的时间序列)

表 7-1 列出了一周的预测结果。其中,分解层数和输入向量的维数是按照 6.2 节所述方法确定的,且输入变量的模糊集合数是由最近邻聚类方法所得。从表 7-1 中可以看出,从整体上来讲训练的误差均小于预测误差,但两者相差不是很大,表明未出现较严重的过拟合现象。

一周的交通流量预测结果 表 7-1

星期	星期一	星期二	星期三	星期四	星期五	星期六	星期日
分解层数	3	4	4	4	4	3	3
输入向量维数	2	4	4	2	2	2	2
模糊集合数	2	2	2	2	2	2	2
训练(RMSE)	0.0107	0.0028	0.0054	0.0064	0.0054	0.0025	0.0052
预测(RMSE)	0.0181	0.0171	0.0124	0.0269	0.0095	0.0113	0.0058

为了验证输入向量维数的确定,除保持分解层数和模糊集合数与表 7-1 所列相同外,将维数从 1 逐步增加至 10。由于在改变输入向量维数时,很难确保最近邻聚类所得到的簇数目保持不变,此处将聚类过程省略。相应地,随机设定了高斯混合模型的初始参数。为了避免随机初始化可能造成的负面影响,实验独立进行了 100 次,且其平均值列于表 7-2 中。表 7-2 中除了列出了训练和预测的均方根误差外,还列出了两者的比值,以便表征过拟合的程度。

不同输入向量维数下的预测结果 表 7-2

输入维数		1	2	3	4	5	6	7	8	9	10
星期一	训练	0.0115	0.0108	0.0105	0.0108	0.0095	0.0096	0.0092	0.0091	0.0093	0.0098
	预测	0.0191	0.0154	0.0147	0.0128	0.0207	0.0189	0.0186	0.0239	0.0267	0.0193
	比值	1.6597	1.4265	1.3996	1.1863	2.1734	1.9692	2.0206	2.6174	2.8844	1.9665
星期二	训练	0.0059	0.0029	0.0029	0.0029	0.0028	0.0028	0.0028	0.0028	0.0028	0.0027
	预测	0.0187	0.0181	0.0175	0.0174	0.0179	0.0183	0.0194	0.0180	0.0204	0.0202
	比值	3.1700	6.1422	6.0858	6.1060	6.3589	6.6108	6.9882	6.5280	7.3970	7.4519
星期三	训练	0.0090	0.0056	0.0053	0.0053	0.0053	0.0053	0.0052	0.0051	0.0050	0.0045
	预测	0.0149	0.0147	0.0130	0.0130	0.0129	0.0128	0.0127	0.0126	0.0121	0.0136
	比值	1.6659	2.6353	2.4358	2.4358	2.4476	2.4290	2.4454	2.4803	2.4069	3.0425
星期四	训练	0.0071	0.0068	0.0063	0.0056	0.0056	0.0056	0.0056	0.0056	0.0057	0.0056
	预测	0.0318	0.0288	0.0307	0.0289	0.0268	0.0269	0.0267	0.0292	0.0334	0.0469
	比值	4.4555	4.2649	4.8475	5.1203	4.8073	4.7819	4.7918	5.2005	5.8887	8.4189
星期五	训练	0.0062	0.0059	0.0058	0.0054	0.0053	0.0052	0.0052	0.0052	0.0050	0.0050
	预测	0.0171	0.0110	0.0115	0.0110	0.0100	0.0096	0.0095	0.0096	0.0100	0.0102
	比值	2.7758	1.8723	1.9914	2.0230	1.8928	1.8430	1.8382	1.8701	1.9925	2.0338

续上表

输入维数		1	2	3	4	5	6	7	8	9	10
星期六	训练	0.0055	0.0025	0.0024	0.0024	0.0023	0.0023	0.0023	0.0022	0.0022	0.0019
	预测	0.0135	0.0113	0.0124	0.0128	0.0135	0.0146	0.0157	0.0149	0.0149	0.0162
	比值	2.4502	4.5961	5.1182	5.3653	5.7938	6.3996	6.9174	6.7054	6.7307	8.6916
星期日	训练	0.0093	0.0052	0.0052	0.0051	0.0049	0.0049	0.0048	0.0045	0.0045	0.0037
	预测	0.0124	0.0055	0.0052	0.0053	0.0052	0.0049	0.0047	0.0049	0.0048	0.0041
	比值	1.3314	1.0533	1.0068	1.0310	1.0636	0.9970	0.9910	1.0982	1.0878	1.1193

从表 7-2 中可以看出，训练误差一般均随着输入向量维数的增加而降低，表明模型在逐渐改进。然而，对于预测误差来说并没有明显一致的趋势，但是在大多数天里预测误差随着输入向量维数的增加而呈现出先降后增的趋势。当输入向量维数为 4 时，在大多数天里预测的均方根误差与训练的均方根误差的比值为最小，表明此时的过拟合程度最低。此外，还可注意到在星期二、星期三、及星期四时，均方根误差的比值最小，但无论是训练误差还是预测误差都很大。

通过对比表 7-2 和表 7-1 中的输入向量维数和均方根值可知，本章提出的输入选择方法及基于高斯混合模型的参数优化方法对于提高预测精度起到了积极的作用。

为了验证基于最近邻聚类的模糊集合数确定方法，特进行了如下预测实验。而且，在实验中将输入变量的模糊集合数从 1 逐步增加到 10，并将计算的均方根误差列于表 7-3中。同样，为了避免高斯混合模型中随机初始化的影响，每个实验均独立地进行了 100 次，即表 7-3 中所列的结果均为 100 次实验的平均值。

从表 7-3 中可知，当输入向量为 1 维时，其训练误差和预测误差均比其他维数时高很多，在一定程度上反映出未来交通流量不仅仅依赖于当前交通流量还与之前的交通状态有关。然而，当输入维数高于 1 时，无论是训练误差还是预测误差都呈现出相似的特征，即一般是先降后升。从整体上来说，输入维数选为 2 比较合适，这样既能保证一定的预测精度也不会使得模糊推理系统的结构过于复杂。

不同输入维数下的预测结果　　表 7-3

输入维数		1	2	3	4	5	6	7	8	9	10
星期一	T	260.31	0.0108	0.0103	0.0102	0.0101	0.0100	0.0099	0.0097	0.0097	0.0096
	P	265.27	0.0154	0.0180	0.0194	0.0187	0.0196	0.0201	0.0210	0.0212	0.0224
星期二	T	226.74	0.0029	0.0026	0.0026	0.0025	0.0025	0.0025	0.0024	0.0024	0.0024
	P	253.02	0.0174	0.0224	0.0214	0.0211	0.0208	0.0204	0.0200	0.0202	0.0202
星期三	T	241.15	0.0053	0.0049	0.0049	0.0048	0.0047	0.0046	0.0044	0.0044	0.0043
	P	205.69	0.0129	0.0205	0.0212	0.0210	0.0218	0.0227	0.0236	0.0236	0.0257

续上表

输入维数		1	2	3	4	5	6	7	8	9	10
星期四	T	262.33	0.0067	0.0063	0.0050	0.0050	0.0046	0.0041	0.0035	0.0034	0.0032
	P	280.59	0.0287	0.0308	0.0350	0.0378	0.0405	0.0426	0.0454	0.0436	0.0458
星期五	T	258.21	0.0059	0.0063	0.0051	0.0050	0.0049	0.0048	0.0048	0.0047	0.0046
	P	289.71	0.0110	0.0086	0.0133	0.0133	0.0129	0.0125	0.0134	0.0139	0.0143
星期六	T	269.68	0.0025	0.0025	0.0024	0.0024	0.0024	0.0024	0.0024	0.0024	0.0024
	P	328.19	0.0113	0.0115	0.0112	0.0114	0.0113	0.0111	0.0112	0.0112	0.0112
星期日	T	274.15	0.0052	0.0053	0.0052	0.0052	0.0051	0.0051	0.0050	0.0049	0.0049
	P	316.86	0.0055	0.0059	0.0065	0.0061	0.0061	0.0062	0.0061	0.0068	0.0072

第8章 多步模糊预测方法

一步预测方法虽然具有良好的预测效果，但由于预测时长较短，其应用受到了很大的局限。为了更加有效地处理各种可能突发的交通事件，同时也为了能够延长管控措施准备的时间等，期望能够预测愈远的未来。虽然，长时预测能够拓展预测时长，但其主要依赖于较长时间间隔的统计聚合数据信息，这种方法无法体现出交通系统的微观演变特征，尤其是交通系统短时的大幅波动，故其应用常常局限于只需要捕捉宏观发展趋势及总体走向，诸如交通发展规划或宏观策略的评价等。然而，多步预测方法是在以刻画微观演变趋势的基础上，拓展预测时长，并努力减少预测误差。

相对于比较成熟的一步预测理论及方法，多步预测在理论上尚无章可循，常常利用融合多种预测方法来试图提高多步预测的精度，但融合策略并没有充分考虑到多步预测的特征，因而效果平平。从多步预测的总体思路来讲，现有方法可大致分为直接多步预测法和循环多步预测法[127]。因此，本章将首先利用前述章节中所述的核心预测模型，即Sugeno 模糊推理系统，来阐述和分析这两种基本预测思路的不足之处，并在此基础上，提出五种多步预测方法，即：组合多步预测法、基于偏差序列的直接多步模糊预测法、基于偏差序列的循环多步预测法、基于偏差累加序列的直接多步模糊预测法及基于偏差累加序列的循环多步模糊预测法。

8.1 直接多步模糊预测方法

8.1.1 预测方法

直接多步预测方法是一种应用广泛的基本多步预测方法，其基本思路简单直接，就是利用建立的多步预测模型一次直接预测数步之后的未来状态[127]。也就是说，预测模型的输出即是所想要预测数步之后的预测值。这种方法简单明了，除了在运算量及速度上具有较好的优势外，对一些变化相对缓慢的系统来说，其多步预测效果也是不错的。

本节拟采用 Sugeno 模糊推理系统为基础，建立多步模糊预测模型。关于 Sugeno 模糊推理系统已在第 5 章中介绍过，故不在赘述。为了简便起见，同时也为了便于与本章所述其他多步预测方法进行比较分析，这里采用了第 3 章 3.6.3 小节所介绍的模糊 C 均值聚类方法，且类数目一律设定为 2，通过对相隔多步的输入输出训练数据集合学习，建立了直接多步模糊预测模型。同样为了简便起见，这里的输入数据仅限于当前时刻的数据。也就是说，假设系统未来状态的发展演变只依赖于当前时刻的状态。

8.1.2 预测效果

为了对直接多步模糊预测方法进行评估和分析，本节随机选用了北京市三条路段三天的交通流量进行了预测。为了避免相邻天里交通流量具有较强的相似特性（如第 2 章 2.4 节中图 2-41 所示相邻两天的交通流量存在着较强的相关性），因此选取了非连续的三天交通流量。而且，为了便于描述分别将三条路段简记为路 A、路 B 和路 C，同样将三天分别简记为天 1、天 2 和天 3。

在建立多步预测模型之前，首先运用小波降噪法（参见 2.3 节）对被试的原始交通流量序列进行了降噪处理。所采用的小波降噪法的主要参数设置如下：母小波为“bior2.6”，阈值方法为软阈值函数，阈值选取规则为“sqtwolog”，阈值比例参数为“mln”，分解层数均设为 3。

对于降噪后的交通流量序列，分别选取前 300 个数据点作为训练模型的输入，而将与输入数据相隔 k（这里取 $k=2,3,\cdots,10$）步的数据点则作为模型输出的训练样本；选取后 300 个数据点及与其相距 k（这里取 $k=2,3,\cdots,10$）步的数据点构成 300 对测试样本。为了对预测质量进行有效地评估，这里选用了第 4 章 4.3 小节中介绍的平均绝对百分比误差（MAPE）、绝对百分比误差方差（VAPE）及均方根误差（RMSE）作为评价指标。

由于模糊 C 均值聚类中采用了随机初始化操作，故每次聚类结果可能存在着一定的差异，为了能够消除此随机初始化操作对预测效果的影响作用，在每次预测实验中都分别进行了 100 次独立实验，并取其平均值作为最终预测质量的评价。

图 8-1、图 8-2 和图 8-3 所示结果分别对应于三条路段某一天交通流量序列的被预测部分和 2 步、3 步、5 步及 10 步的预测结果。其中，实线表示真实观测数据，虚线则表示预测的交通流量。从图示结果可以看出，随着预测步数的增加，预测精度呈现明显下降趋势。而且，在预测较近未来（即步数较少）时，预测的波形能够较好地保留原始数据序列的波形，而随着预测步数的增加，预测得到的波形出现了较大的失真现象。另外，通过仔细观察可以发现，随着预测步数的增加，预测序列相对于真实观测序列的滞后现象大体上呈现出逐步增大的趋势。

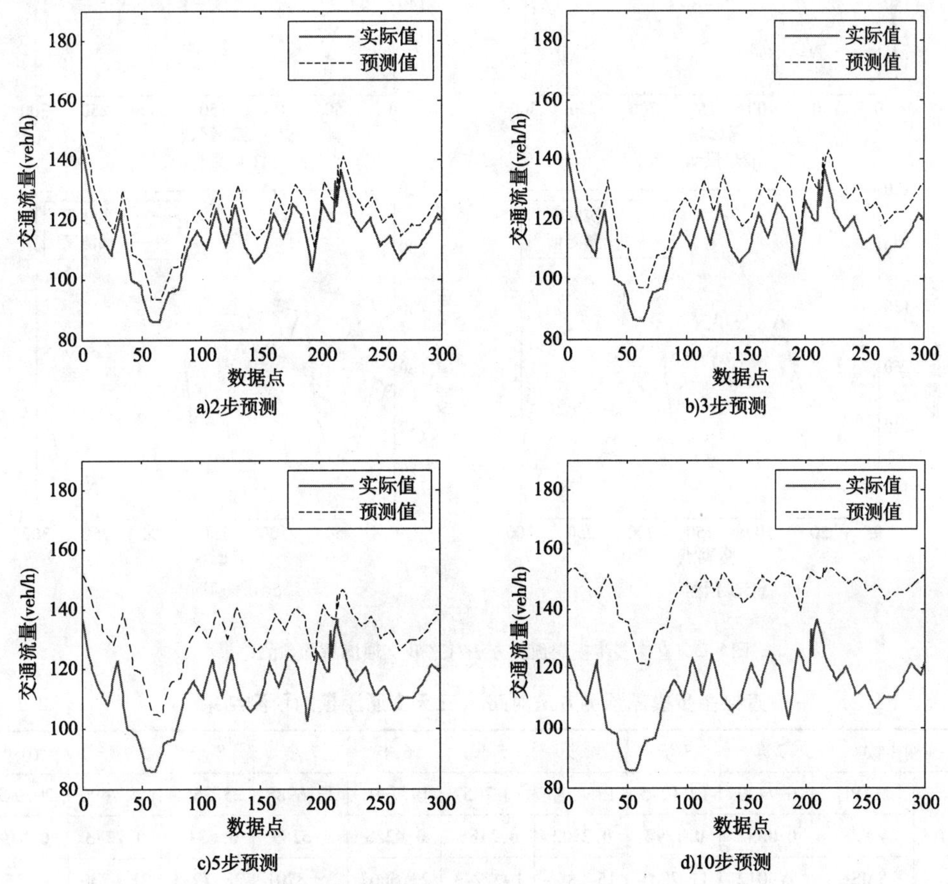

图 8-1　直接多步模糊预测方法对路 A 交通流量的预测结果

为了进行定量分析，基于三条路段三天的交通流量数据进行了预测实验，在 100 次独立实验基础之上，统计得到平均绝对百分比误差（MAPE）、绝对百分比误差方差（VAPE）及均方根误差（RMSE）的平均值并分别列于表 8-1、表 8-2 和表 8-3。从表中可以看出，一方面，实验中无论是平均绝对百分比误差还是均方根误差均随着预测步数的增加呈现出单调递增的趋势，表明预测精度随着预测步数的增加而恶化；另一方面，实验结果也表明了绝对百分比误差方差大体上也呈现出随着预测步数增加而增大的趋势，但也有个别例外情况,见表 8-1 中粗斜体所示情形。

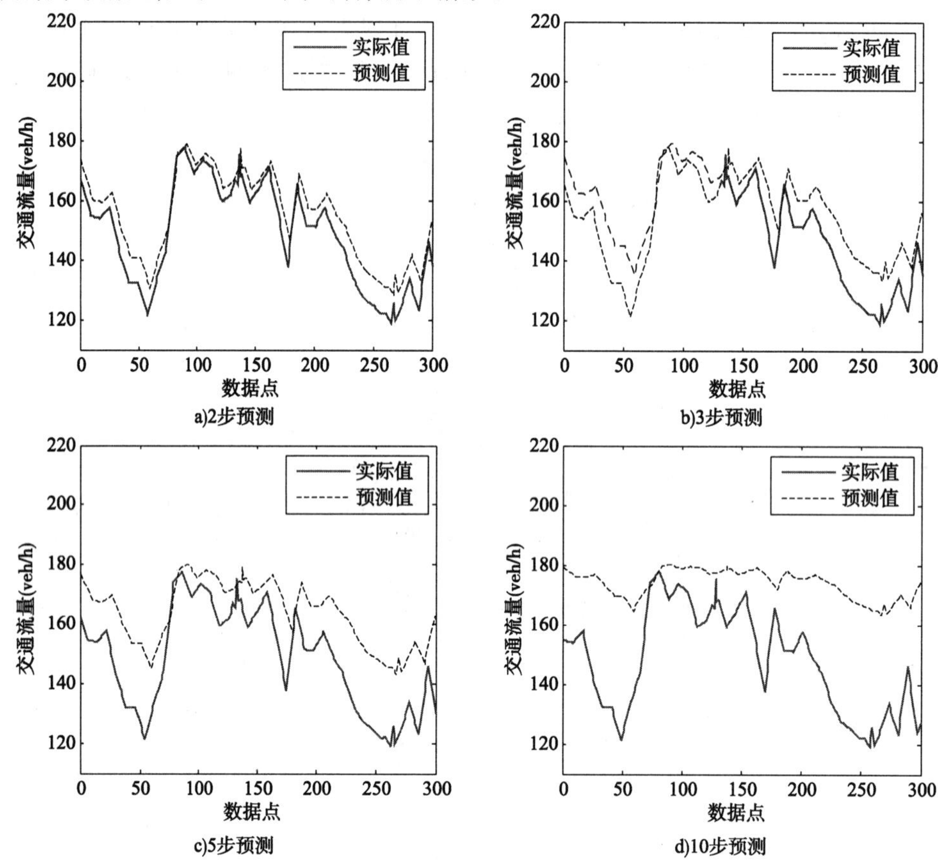

图 8-2　直接多步模糊预测方法对路 B 交通流量的预测结果

直接多步模糊预测方法对路 A 三天交通流量的预测结果　　表 8-1

预测步数		2 步	3 步	4 步	5 步	6 步	7 步	8 步	9 步	10 步
天 1	MAPE	6.7430	10.1245	13.4583	16.7057	19.7991	22.6988	25.3655	27.7690	29.9096
	VAPE	**0.0592**	**0.1294**	**0.2203**	**0.3185**	**0.4233**	**0.5289**	**0.6313**	**0.7273**	**0.8191**
	RMSE	7.9012	11.7885	15.5843	19.2243	22.6667	25.8701	28.7983	31.4230	33.7545
天 2	MAPE	4.6038	6.4585	8.1654	9.7075	11.0820	12.2380	13.1549	13.8485	14.2681
	VAPE	**0.4265**	**0.6445**	**0.8227**	**0.9304**	**0.9605**	**0.9216**	**0.8932**	**0.8736**	**0.9012**
	RMSE	9.7417	12.5518	14.9685	17.1102	19.0207	20.6959	22.0989	23.2032	23.8643
天 3	MAPE	3.3435	4.8491	6.3297	7.7167	9.0232	10.3097	11.4593	12.5876	13.6234
	VAPE	0.0636	0.1235	0.1897	0.2548	0.3170	0.3664	0.4139	0.4601	0.5095
	RMSE	5.2623	7.4638	9.5004	11.3116	12.9361	14.4084	15.6649	16.8634	17.9504

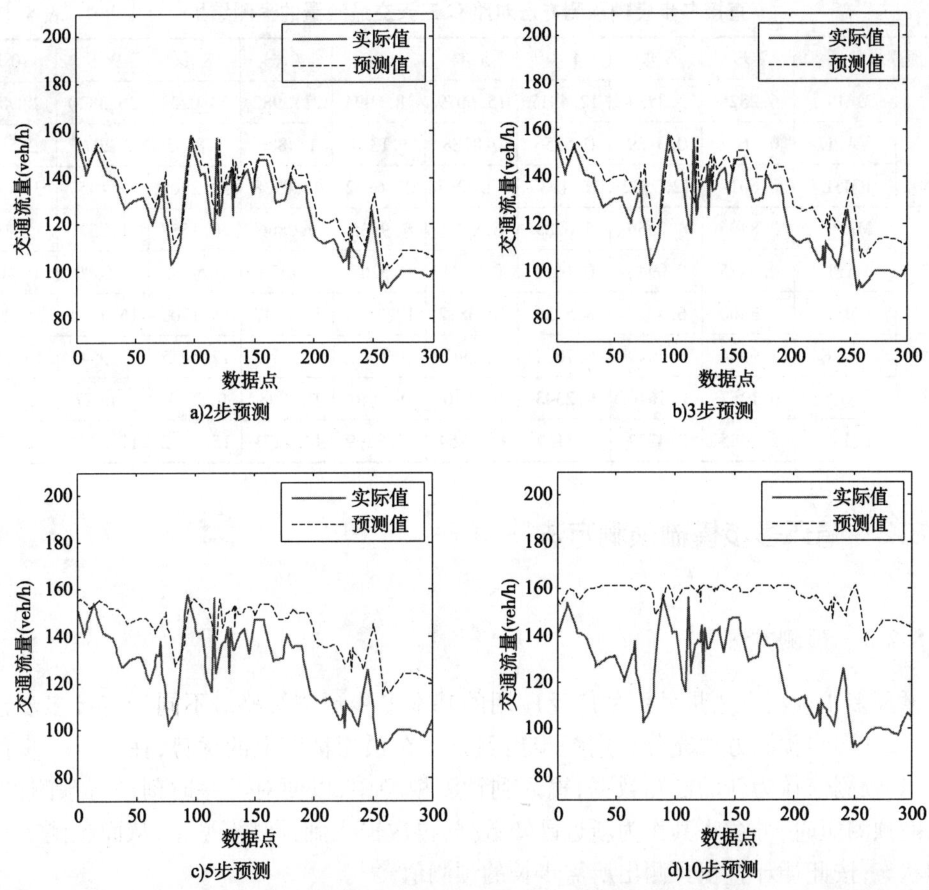

图8-3 直接多步模糊预测方法对路C交通流量的预测结果

直接多步模糊预测方法对路B三天交通流量的预测结果 表8-2

预测步数		2步	3步	4步	5步	6步	7步	8步	9步	10步
天1	MAPE	4.4794	6.7360	8.9572	11.0836	13.0715	14.8877	16.4858	17.8455	18.9665
	VAPE	0.0675	0.1512	0.2670	0.4106	0.5766	0.7585	0.9413	1.1182	1.2859
	RMSE	7.0890	10.5926	14.0248	17.2967	20.3490	23.1354	25.5827	27.6713	29.4112
天2	MAPE	5.5913	8.0713	10.3906	12.6196	14.7177	16.6448	18.4387	20.0127	21.3968
	VAPE	0.1365	0.2797	0.4786	0.7156	0.9809	1.2572	1.5348	1.7941	2.0301
	RMSE	10.1360	14.4538	18.5869	22.5323	26.2335	29.6136	32.7224	35.4262	37.7760
天3	MAPE	3.2346	4.7322	6.1351	7.4306	8.6115	9.6766	10.6209	11.4357	12.1130
	VAPE	0.0741	0.1536	0.2506	0.3569	0.4653	0.5699	0.6648	0.7495	0.8283
	RMSE	6.7423	9.7411	12.4990	15.0007	17.2439	19.2315	20.9572	22.4292	23.6720

直接多步模糊预测方法对路 C 三天交通流量的预测结果 表 8-3

预测步数		2 步	3 步	4 步	5 步	6 步	7 步	8 步	9 步	10 步
天 1	MAPE	6.2525	9.3734	12.4917	15.6079	18.6094	21.3982	24.0233	26.3820	28.4820
	VAPE	0.1642	0.3129	0.5356	0.8188	1.1384	1.4880	1.8535	2.2075	2.5553
	RMSE	8.6018	12.3532	16.1930	20.0235	23.6832	27.0938	30.2905	33.1453	35.6924
天 2	MAPE	2.8496	4.2350	5.6289	6.8538	7.9935	9.0866	10.1557	11.2521	12.3480
	VAPE	0.0425	0.0946	0.1651	0.2423	0.3267	0.4174	0.5094	0.6099	0.7178
	RMSE	4.3860	6.4919	8.5726	10.3812	12.0534	13.6447	15.1700	16.7294	18.2909
天 3	MAPE	3.6944	5.2049	6.7622	8.2347	9.7142	11.1612	12.5955	13.9541	15.2448
	VAPE	**0.1257**	**0.1610**	**0.2343**	0.3310	0.4146	0.4998	0.5841	0.6677	0.7526
	RMSE	5.9585	7.4777	9.3167	11.2254	12.8669	14.4271	15.9142	17.2904	18.5717

8.2 循环多步模糊预测方法

8.2.1 预测方法

循环多步预测方法是另一种广泛应用的基本多步预测策略。不同于直接多步预测方法，循环多步预测方法充分利用一步预测方法在预测精度上的优势，在完成一步预测之后，将预测值作为新的已知数据，输入到预测模型中，以便对下一时刻进行预测；当获得新的预测值时，继续将其作为新近已知数据，再次输入到预测模型中，从而预测下一时刻的状态；按此循环直至预测出所需步长的预测值[127]。

显然，依据循环预测的思路可知，预测误差可能随着循环外推，形成了预测误差的累积，起到了放大误差的作用[128,129]。此外，循环多步预测方法需要反复预测多次，无形降低了运算效率。因此，相对于直接多步预测方法来说，循环多步预测方法的应用局限性相对较大。

在本节中，为了分析循环多步预测方法的预测效果，依旧采用了 Sugeno 模糊推理系统为多步预测的核心模型。有关 Sugeno 模糊推理系统可参见第五章中的相关介绍。此外，为了同前一节所述的直接多步模糊预测方法以及本章所述其他多步预测方法进行比较分析，依然采用了模糊 C 均值聚类方法来建立模糊预测模型，且所涉及的参数均与前一节所述相同，故不再赘述。

8.2.2 预测效果

在进行预测实验时，仍然采用了 8.1.2 节所用到的三条路段三天的交通流量数据。同样，在进行模型建立和预测之前，先对原始交通流量数据进行了降噪处理，所使用的降噪方法和参数均与8.1.2节所述一致。另外,为了能够与直接多步预测方法进行比较,在实验次数、评价指标、训练样本及测试样本等方面的设置均与8.1.2节所述实验一致。所得到的三条路段某一天的预测实验结果如图8-4、图8-5和图8-6所示。从图示结果可以发现,随着预测步数的增加,预测精度总体上呈现出逐步下降的趋势,且预测的波形也越发扭曲。

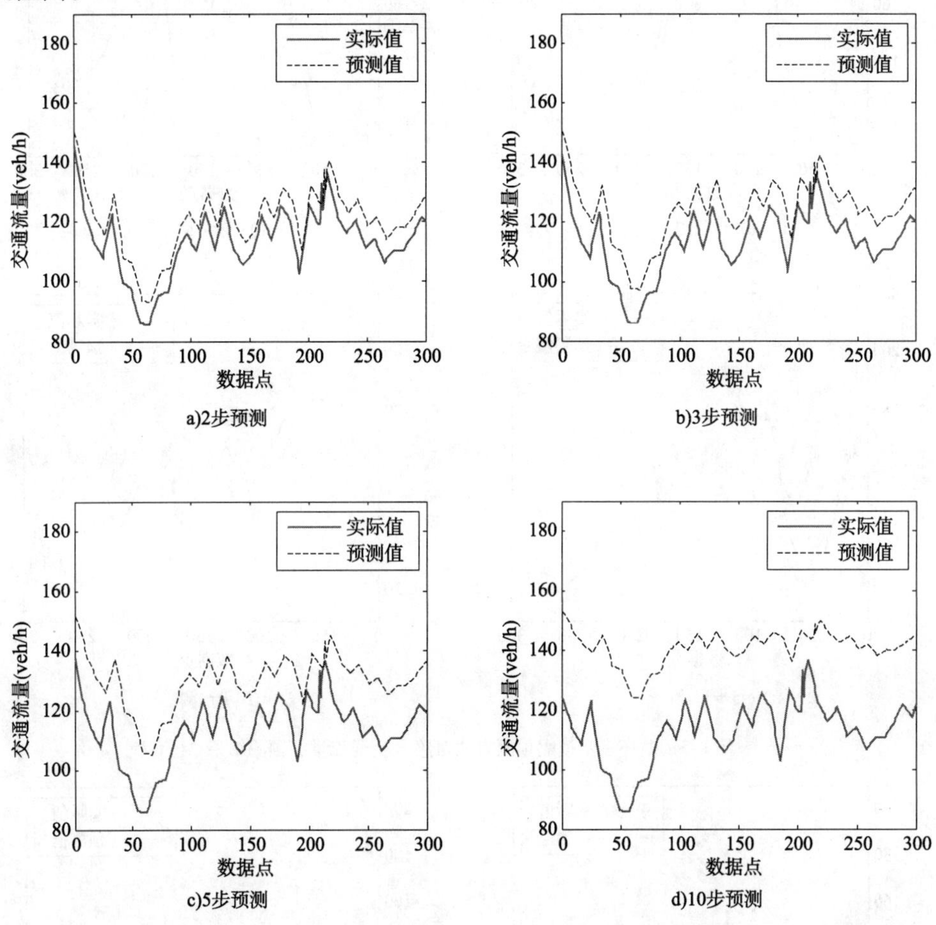

图8-4　循环多步模糊预测方法对路A交通流量的预测结果

为了进一步分析,分别对三条路段三天交通流量进行了100次独立预测实验,所得到的MAPE、VAPE及RMSE的平均值分别列于表8-4、表8-5及表8-6。

首先分析预测精度随预测步数变化的情况,从表中所列结果可以看出,随着预测步数的增加,MAPE和VAPE的值均呈现逐步上升的趋势,而VAPE的值也在大多数情况下逐步扩大,表明了循环多步模糊预测方法的预测精度随着预测步数的增加而逐步下降。对于路A天2的交通流量预测,VAPE的值(即表8-4中粗斜体所示)并没有严格随着预测步数的增加而增大。参见表8-1,可以看出这一现象也同样存在于直接多步模糊预测方法中。

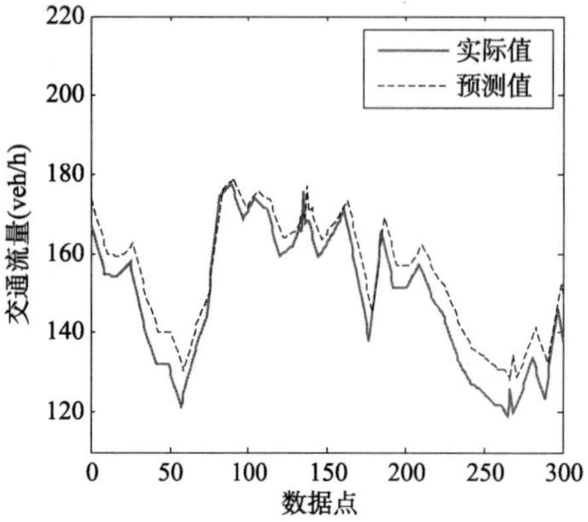

a)2步预测

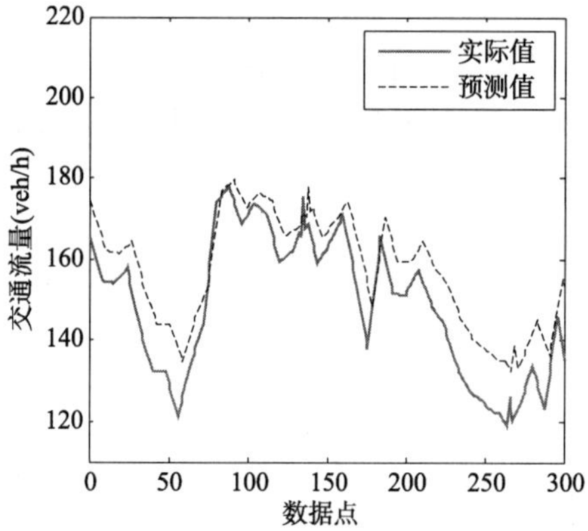

b)3步预测

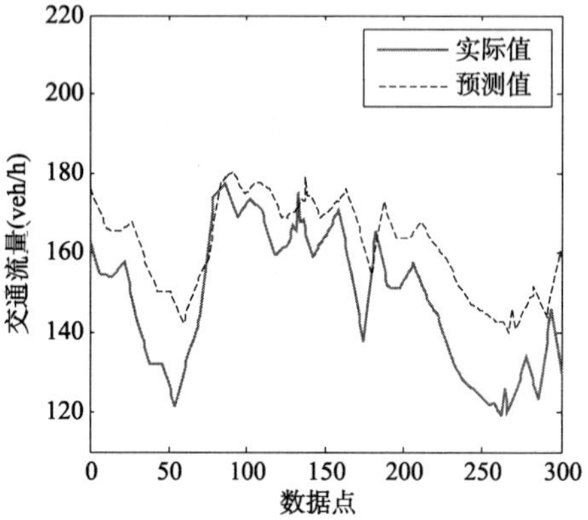

c)5步预测

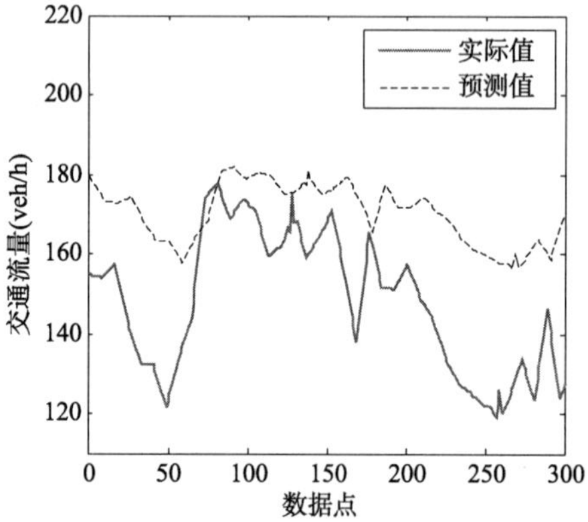

d)10步预测

图 8-5　循环多步模糊预测方法对路 B 交通流量的预测结果

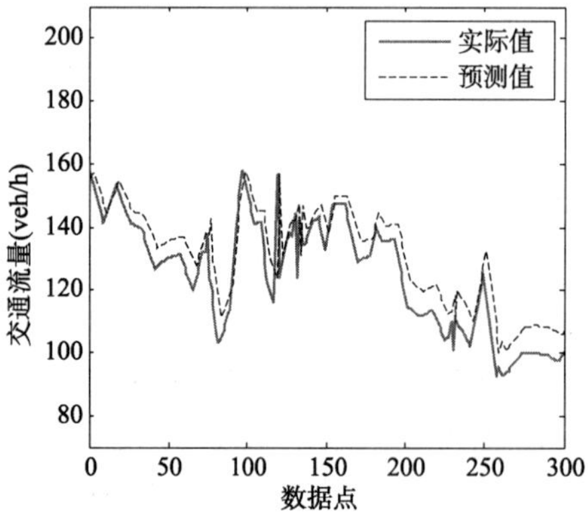

a)2步预测

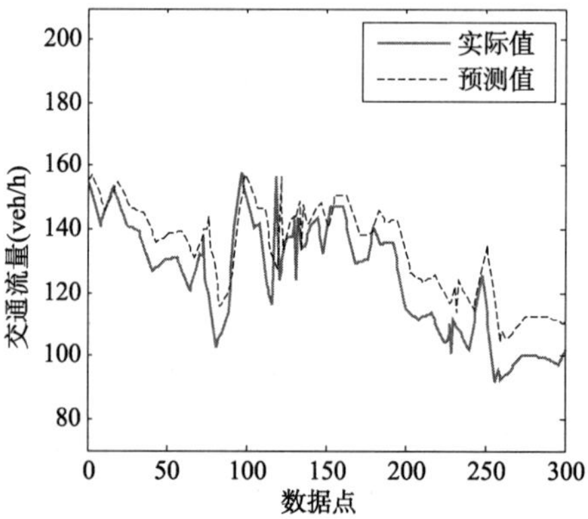

b)3步预测

图　8-6

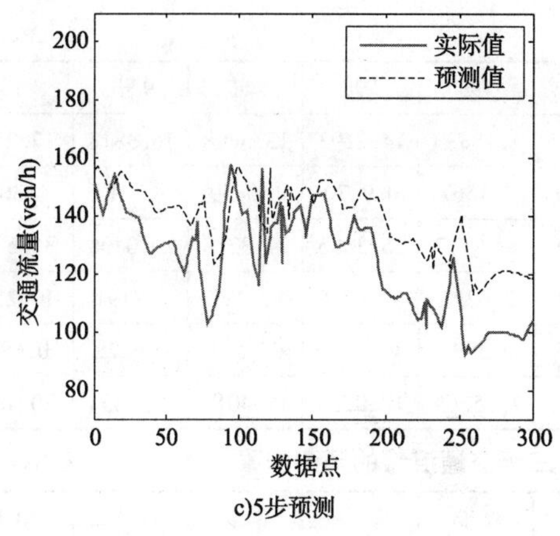

c)5步预测

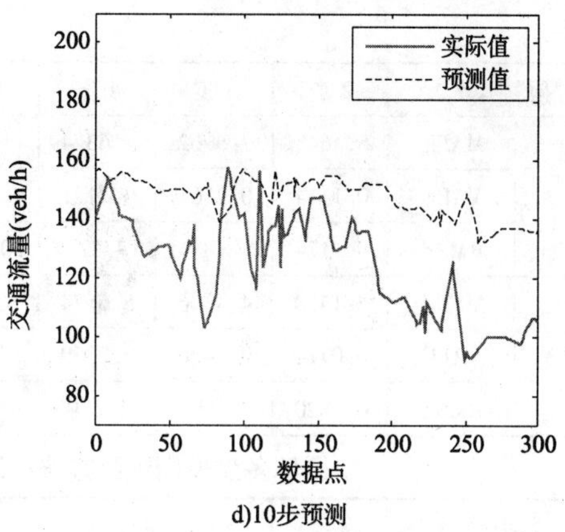

d)10步预测

图8-6 循环多步模糊预测方法对路C交通流量的预测结果

其次,将表8-4、表8-5和表8-6所示结果与表8-1、表8-2和表8-3所示结果进行对比,可以看出无论是MAPE还是RMSE,循环多步模糊预测所得的值均要小于直接多步模糊预测方法;而对于VAPE来说,总体上直接多步模糊预测方法所得的值要比循环预测方法大,但正如表中粗体数据所示,也存在个别相反情况(即循环预测方法所得的VAPE值相对较大)。由此可知,整体上讲循环多步模糊预测方法在精度和稳定程度上均略优于直接多步模糊预测方法。

循环多步模糊预测方法对路A三天交通流量的预测结果 表8-4

预测步数		2步	3步	4步	5步	6步	7步	8步	9步	10步
天1	MAPE	6.5490	9.5813	12.4562	15.1474	17.6555	19.9620	22.0580	23.9467	25.6365
	VAPE	**0.0595**	**0.1302**	**0.2217**	**0.3278**	**0.4388**	**0.5516**	**0.6628**	**0.7691**	**0.8716**
	RMSE	7.6858	11.1822	14.4625	17.5007	20.2944	22.8395	25.1366	27.1954	29.0350
天2	MAPE	4.3613	5.8075	7.0020	8.0091	8.8885	9.6094	10.2147	10.7252	11.1637
	VAPE	**0.4312**	**0.6599**	**0.8627**	**1.0093**	**1.0787**	**1.0407**	**0.9907**	**0.9258**	**0.9861**
	RMSE	9.5223	11.8499	13.5835	14.9078	15.9485	16.7818	17.4944	18.1156	18.7114
天3	MAPE	3.3003	4.7203	6.0870	7.3215	8.4540	9.5515	10.5408	11.5019	12.3904
	VAPE	0.0630	0.1212	0.1849	0.2497	0.3127	0.3646	0.4110	0.4518	0.4907
	RMSE	5.2235	7.3545	9.3074	11.0295	12.5543	13.9166	15.0791	16.1417	17.0885

循环多步模糊预测方法对路B三天交通流量的预测结果 表8-5

预测步数		2步	3步	4步	5步	6步	7步	8步	9步	10步
天1	MAPE	4.2941	6.2271	8.0381	9.7276	11.2948	12.7466	14.0706	15.2800	16.3899
	VAPE	0.0628	0.1315	0.2192	0.3215	0.4351	0.5568	0.6796	0.7986	0.9106
	RMSE	6.8119	9.8266	12.6395	15.2455	17.6518	19.8697	21.8844	23.7095	25.3645

续上表

预测步数		2步	3步	4步	5步	6步	7步	8步	9步	10步
天2	MAPE	5.4648	7.6962	9.6374	11.3627	12.8880	14.2193	15.3798	16.3818	17.2537
	VAPE	0.1314	0.2561	0.4121	0.5830	0.7567	0.9270	1.0859	1.2313	1.3601
	RMSE	9.9174	13.7940	17.2335	20.2889	22.9717	25.3066	27.3218	29.0496	30.5324
天3	MAPE	3.1458	4.4786	5.6674	6.7144	7.6323	8.4289	9.1197	9.7191	10.2395
	VAPE	0.0714	0.1430	0.2260	0.3135	0.3998	0.4822	0.5571	0.6229	0.6809
	RMSE	6.5820	9.2891	11.6703	13.7433	15.5365	17.0810	18.4013	19.5254	20.4869

循环多步模糊预测方法对路C三天交通流量的预测结果 表8-6

预测步数		2步	3步	4步	5步	6步	7步	8步	9步	10步
天1	MAPE	5.9640	8.5024	10.8470	13.0207	15.0127	16.8323	18.4805	19.9581	21.2730
	VAPE	0.1587	0.2853	0.4615	0.6685	0.8959	1.1278	1.3526	1.5685	1.7745
	RMSE	8.2854	11.3521	14.2614	16.9585	19.4291	21.6653	23.6739	25.4709	27.0714
天2	MAPE	2.8204	4.0917	5.2911	6.4142	7.4533	8.4093	9.2871	10.0891	10.8129
	VAPE	0.0426	0.0926	0.1571	0.2320	0.3145	0.4010	0.4860	0.5660	0.6435
	RMSE	4.3507	6.3062	8.1270	9.8115	11.3610	12.7792	14.0628	15.2173	16.2648
天3	MAPE	3.9134	5.4250	6.8968	8.2194	9.4595	10.5988	11.6533	12.6040	13.4700
	VAPE	**0.1269**	**0.1637**	**0.2364**	0.3298	0.4068	0.4802	0.5458	0.6083	0.6616
	RMSE	6.1071	7.6487	9.4191	11.1961	12.6340	13.9193	15.0520	16.0397	16.8798

8.3 组合多步预测方法

8.3.1 组合多步预测原理

根据8.1节和8.2节分析可知,预测步长越短(即预测时刻与当前时刻越接近),其预测精度也越高。该现象主要是因为交通状态的演变具有一定的惯性,下一时刻的交通状态是当前状态的延续和发展,因此相邻时刻的交通状态具有较强的相关和依赖性,但随着时间间隔的不断递增,当前的交通状态对未来的影响作用也会不断减少。这种现象可通过自相关分析得以量化,由于与该预测方法关联不紧密,故不在此展开详述。但是,由此现象可知,想要提高预测精度,应尽量采用一步预测。此外,实践表明基于模糊推理系统的时间序列预测,一般地多输入比单输入的预测精度要有所提升。也就是说,可以根据当前及历史数据对未来状态进行预测,通常会比仅用当前数据进行预测的效果要好,但这并不意味着输入的历史数据越多就越好,因为离预测时刻越远的历史数据越不相关,而那些不相关的历史状态可能会对未来预测产生误导作用(可参见5.4节及7.4

节相关内容）。需要说明的是，为了与本章所述的其他多步预测方法进行比较，同时考虑到现实中因数据质量及存储空间等其他问题，在此将预测模型的输入一律限制为单输入（即当前时刻的观测值）。

考虑到上述两点现象，本小节提出了一种组合多步预测方法。该预测方法包括一个单步预测模型和一个直接多步预测模型，首先将当前观测值带入一步预测模型进行一步预测，再将当前观测值和一步预测值作为直接多步预测模型的输入，完成 $k-1$ 步的预测。该组合多步预测方法一方面利用了一步预测在预测精度上的优点，另一方面也将直接多步预测的步数减少了，由 8.1 节和 8.2 节实验结果可知减少预测步数有助于提高预测精度。

该组合多步预测方法还可进行扩展，从而得到更加一般的预测模型形式，其运算逻辑如图 8-7 所示。首先运用一步预测模型 F1 循环进行 $j(j<k)$ 次一步预测，将全部或部分一次预测值作为直接多步预测模型 F2 的输入，完成 $k-j$ 步的预测。

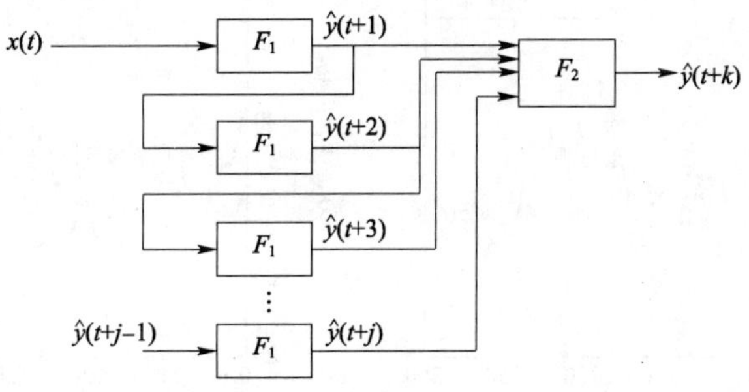

图 8-7　组合多步模糊预测方法的运算逻辑图

在本节所述的组合多步预测方法中，一步预测模型采用了基于卡尔曼滤波的预测方法[130]，而直接多步预测模型则采用了 8.1 节所述的直接多步模糊预测方法，这主要是考虑到卡尔曼滤波预测方法不需要进行模型训练，因此整体上该预测方法也只需要进行一次训练。由于基于卡尔曼滤波的预测方法相对比较成熟，故不在此详述，相关理论及方法可参见文献[130,131]。

8.3.2　预测效果

同样，本节所述实验也采用了相同的被试交通流量数据，在建立预测模型之前，先通过小波降噪方法进行了降噪处理，而且实验设置均与 8.1.2 节相同，故不再赘述。所得到的三条路段一天的预测实验结果如图 8-8、图 8-9 和图 8-10 所示。从图中可以看出，该方法的预测精度也随着预测步数的增加而呈现下降的趋势，且波形也愈发失真。另外，仔细观察可以看出，预测结果具有一定的滞后，且随着预测步数的增加滞后现象愈发明显。

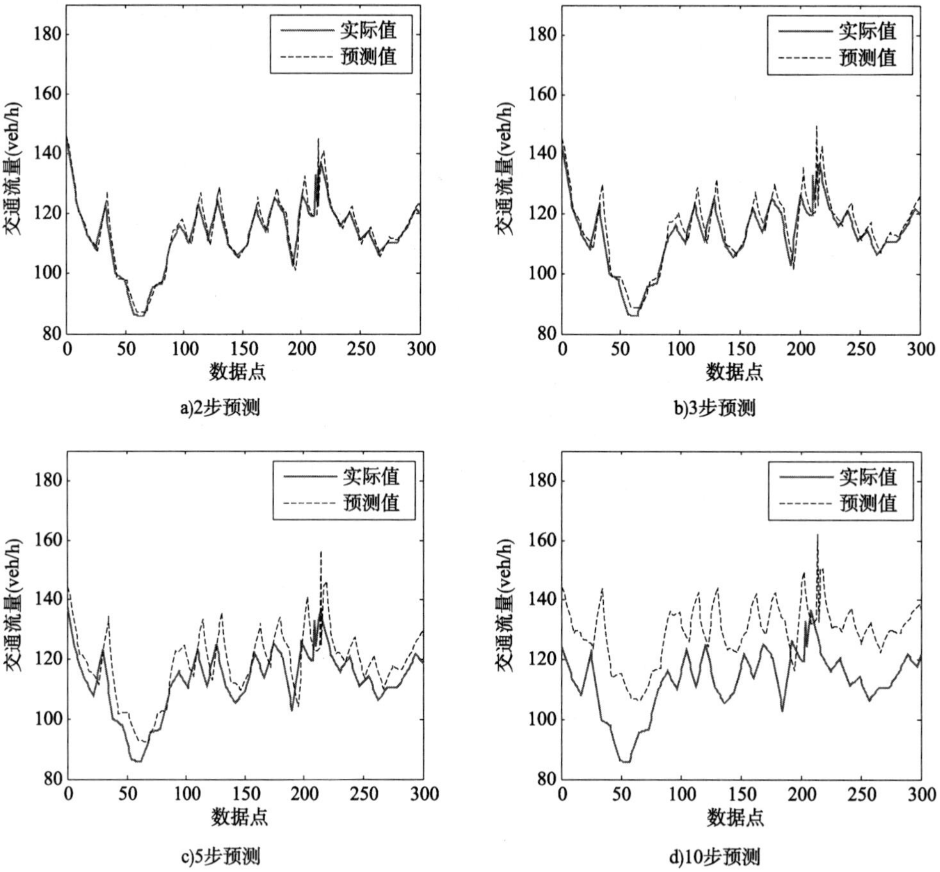

a)2步预测

b)3步预测

c)5步预测

d)10步预测

图 8-8　组合多步模糊预测方法对路 A 交通流量的预测结果

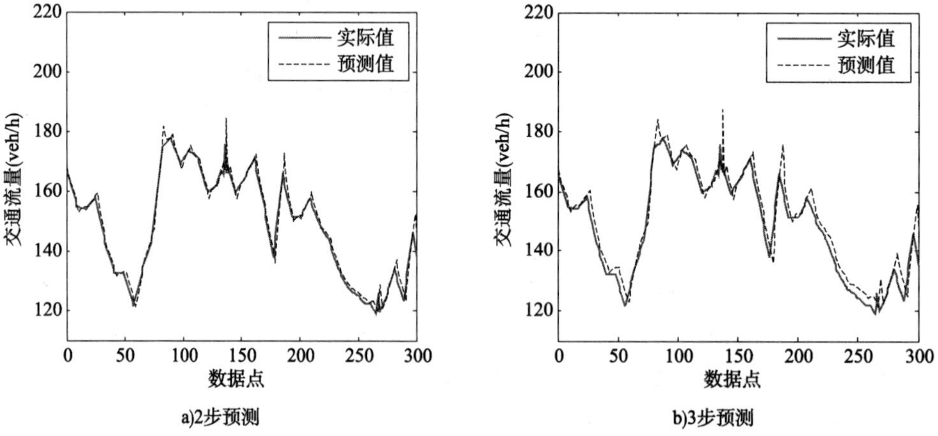

a)2步预测

b)3步预测

图　8-9

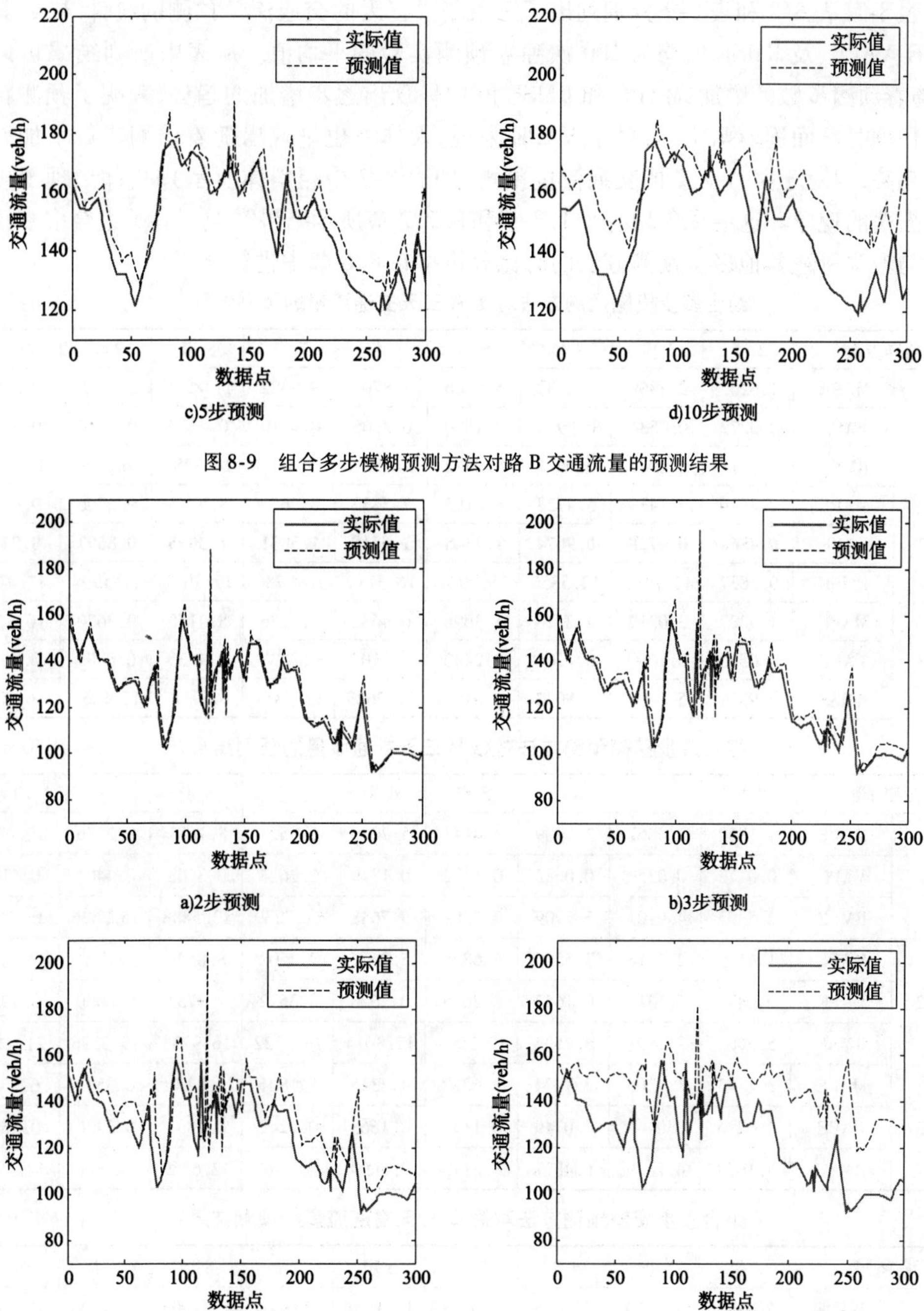

图8-9 组合多步模糊预测方法对路B交通流量的预测结果

图8-10 组合多步模糊预测方法对路C交通流量的预测结果

表8-7、表8-8和表8-9分别列出了三条路段三天的交通流量预测的统计结果，其中MAPE、VAPE、及RMSE值均为100次独立预测实验的平均值。从表中所列结果可以看出，随着预测步数的增加，MAPE和RMSE值均呈现出逐步增加的趋势，表明了预测精度随着预测时长而逐渐恶化；而对于VAPE来说，大体上也呈现出随着预测步数增加而增大的趋势，但对于路A天2的交通流量预测（即表8-7中粗斜体所示）时，却出现了先递增后振荡的现象。这些现象均与8.1.2节和8.2.2节所示结果类似。有关组合多步预测方法与本章所述其他多步预测方法的对比分析将在8.6节中进行介绍。

组合多步模糊预测方法对路A三天交通流量的预测结果 表8-7

预测步数		2步	3步	4步	5步	6步	7步	8步	9步	10步
天1	MAPE	1.6203	2.7969	4.2782	5.9766	7.8708	9.8382	11.8276	13.8078	15.5443
	VAPE	0.0272	0.0534	0.0972	0.1590	0.2365	0.3310	0.4377	0.5430	0.6294
	RMSE	2.7311	4.1984	6.0227	8.0492	10.2424	12.4899	14.7287	16.9011	18.7574
天2	MAPE	2.7426	4.1439	5.4728	6.6193	7.5452	8.3651	8.8773	9.2706	9.6100
	VAPE	**0.4561**	**0.6728**	**0.9074**	**1.2148**	**1.5718**	**1.5031**	**1.3095**	**0.8597**	**0.9476**
	RMSE	9.5837	11.7986	13.5856	15.0924	16.3119	16.9786	17.1944	17.1998	17.4409
天3	MAPE	1.9327	3.0212	4.2128	5.3696	6.4632	7.5126	8.4176	9.3670	10.3112
	VAPE	0.0565	0.1090	0.1768	0.2442	0.3103	0.3837	0.4635	0.5303	0.5811
	RMSE	3.9925	5.8493	7.8072	9.6197	11.2623	12.7857	14.0317	15.1064	16.0067

组合多步模糊预测方法对路B三天交通流量的预测结果 表8-8

预测步数		2步	3步	4步	5步	6步	7步	8步	9步	10步
天1	MAPE	1.1832	2.0667	3.1709	4.4148	5.7006	6.9527	8.1681	9.2676	10.0819
	VAPE	0.0173	0.0356	0.0682	0.1172	0.1819	0.2624	0.3508	0.4401	0.5142
	RMSE	2.5895	4.0101	5.7909	7.7581	9.7648	11.7239	13.5888	15.2626	16.5067
天2	MAPE	1.6475	2.5716	3.5560	4.6838	5.9577	7.3502	8.8528	10.4279	11.7399
	VAPE	0.0870	0.1310	0.1652	0.2055	0.2628	0.3572	0.4753	0.6000	0.7223
	RMSE	5.5963	7.2898	8.7504	10.3899	12.3014	14.5322	16.9238	19.3396	21.4120
天3	MAPE	1.1443	1.9205	2.7774	3.6279	4.4345	5.1801	5.8271	6.3538	6.7327
	VAPE	0.0226	0.0444	0.0749	0.1155	0.1663	0.2242	0.2839	0.3326	0.3691
	RMSE	3.1629	4.7659	6.4877	8.2110	9.8609	11.3767	12.6859	13.6968	14.3990

组合多步模糊预测方法对路C三天交通流量的预测结果 表8-9

预测步数		2步	3步	4步	5步	6步	7步	8步	9步	10步
天1	MAPE	2.7303	4.4210	6.4085	8.6855	11.1391	13.5604	15.9207	18.1404	19.9162
	VAPE	0.1713	0.2363	0.3231	0.4531	0.6326	0.8716	1.1276	1.3852	1.6210
	RMSE	6.3187	8.1662	10.3142	12.8189	15.5695	18.3822	21.1081	23.6628	25.7320

续上表

预测步数		2步	3步	4步	5步	6步	7步	8步	9步	10步
天2	MAPE	1.5126	2.5823	3.7611	5.2251	6.3797	7.3984	8.4083	9.2588	10.2294
	VAPE	0.0206	0.0512	0.1001	0.1693	0.2445	0.3228	0.4076	0.4864	0.5780
	RMSE	2.5672	4.2390	6.0563	8.1779	9.8898	11.3876	12.8498	14.0715	15.4484
天3	MAPE	2.8861	4.0062	5.3740	6.6986	7.9577	9.2571	10.6043	11.9009	13.0824
	VAPE	0.1203	0.1476	0.2147	0.2934	0.3744	0.4565	0.5306	0.6099	0.6683
	RMSE	5.4362	6.6132	8.3966	10.0712	11.5466	12.9472	14.2937	15.5609	16.6343

8.4 基于偏差序列的多步模糊预测方法

8.4.1 基于偏差序列的多步模糊预测原理

由8.1和8.2节分析可知,直接多步模糊预测方法及循环多步模糊预测方法均随着预测步长的增加,预测精度呈现逐步下滑的趋势。为此,这里提出了一种利用偏差序列的多步模糊预测方法。该方法简单易行,且根据8.1和8.2节所述的直接和循环多步预测原理,可分为两种多步预测方法:基于偏差序列的直接多步模糊预测方法和基于偏差序列的循环多步模糊预测方法。

不同于8.1节中所述的直接多步预测方法,基于偏差序列的直接多步模糊预测方法并不是将当前观测值作为预测模型的输入,而是将当前时刻的观测值与 k 步之前观测值(其中 k 为预测步数)的偏差作为预测模型的输入,并预测 k 步之后的未来值距当前观测值的偏差,最后再将预测偏差与当前观测值叠加从而形成最终 k 步之后的预测值。

假设当前观测值为 $Q(t)$(其中 $t=1,2,\cdots,N$),那么 k 步之前的值即为 $Q(t-k)$,记 $d(t)$ 为两者的偏差,即:

$$d(t)=Q(t)-Q(t-k) \tag{8-1}$$

为了方便起见,令时间序列 $\{d(t)\}$ 为式(8-1)给出的偏差序列,为了建立预测模型将此偏差序列转化成输入和输出序列,分别记为 $\{x(t)\}$ 和 $\{y(t)\}$。基于实际观测记录的时间序列,并按照上述方法构造预测模型输入和输出的训练样本集。为了便于对比分析,本预测方法仍然采用8.1和8.2节中所述的一阶Sugeno模糊推理系统作为预测模型,仍然采用模糊C均值聚类方法实现预测模型的建立。

运用建立的直接多步模糊预测模型,将当前时刻观测值与前 k 步观测值的偏差(即 $d(t)$)带入预测模型,即可得到预测时刻 $t+k$ 的偏差值 $d(t+k)$,再根据式(8-2)可得到 k 步之后的预测值。

$$\hat{Q}(t+k)=Q(t)+d(t+k) \tag{8-2}$$

根据 8.2 节所述的循环多步预测原理，对上述基于偏差序列的直接多步预测方法进行拓展，便可得到基于偏差序列的循环多步模糊预测方法。具体地讲，就是在建立预测模型时，仅将前后相邻两时刻的偏差序列用于模型训练，即建立一步预测模型（$k=1$）；基于一步预测模型，将下一步预测的偏差值重新作为输入继续进行一步预测，不断循环直至达到所需预测步长。

8.4.2 预测效果

本节所述的实验均与 8.1.2 节中的实验设置相同，具体过程及参数设置可参见 8.1.2 节。图 8-11、图 8-12 和图 8-13 所示实验结果分别对应于三条路段一天的交通流量预测结果，其中实线表示降噪后的实际交通流量观测数据，而短虚线和长虚线分别代表基于偏差序列的直接和循环多步预测方法所得到的预测值。从图中可以看出，当预测步数较低时（如 2 步和 3 步预测），基于偏差序列的直接和循环多步预测方法都能比较准确地预

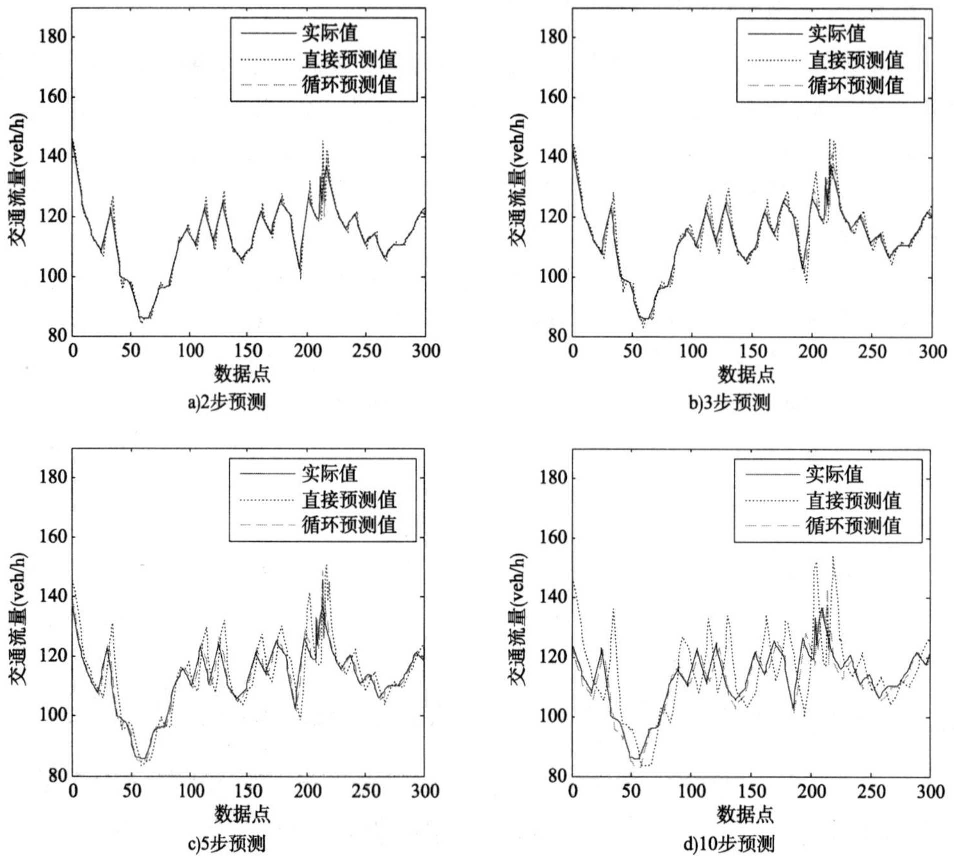

a)2步预测

b)3步预测

c)5步预测

d)10步预测

图 8-11　基于偏差序列多步模糊预测方法对路 A 交通流量的预测结果

测出交通流量,预测值与实际观测值相差较小;但当预测步数增大以后,本节所提出的两种方法的预测精度都有所下降,但直接多步预测方法的误差相对于循环多步预测方法要更大一些,这一点在预测步数为10时更为明显,可以看到基于偏差序列的直接多步预测方法在某些点的预测误差相对较大。由于很难从图中辨析出具体数值从而进行定量分析,为此将实验所得到的具体数值列于表8-10、表8-11和表8-12。

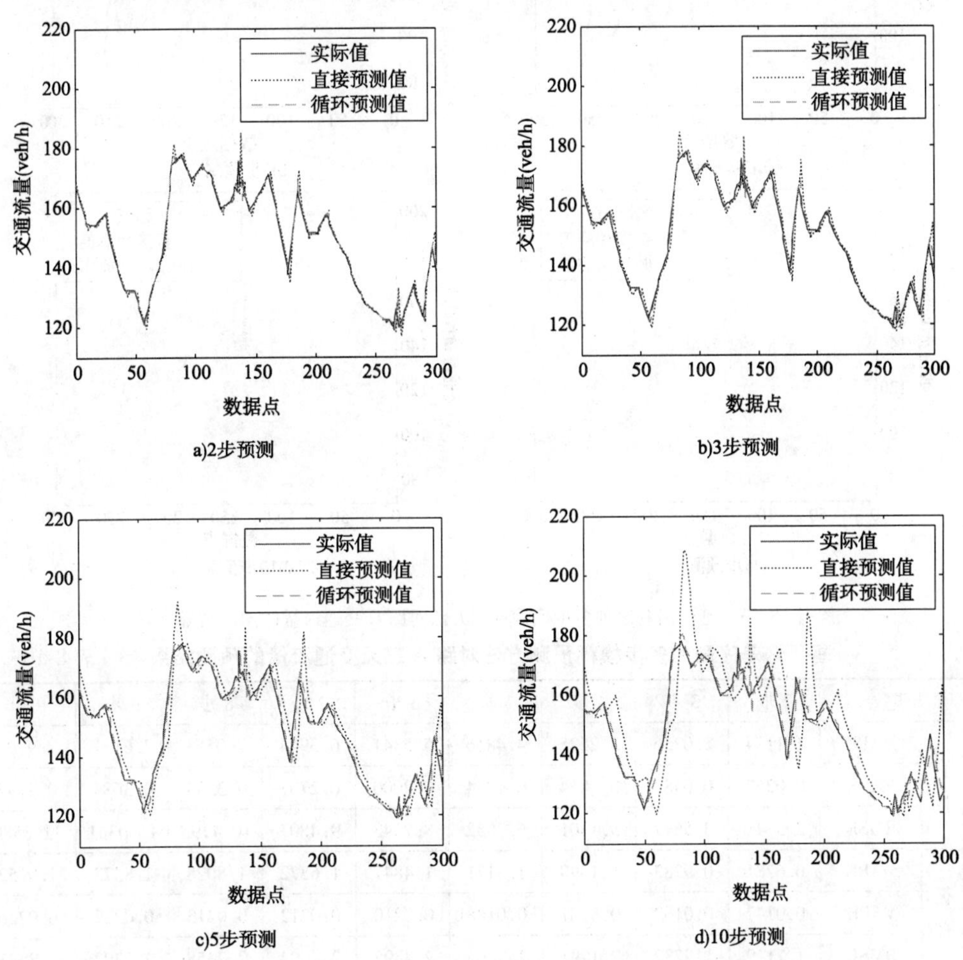

图8-12　基于偏差序列多步模糊预测方法对路B交通流量的预测结果

从表8-10、表8-11和表8-12中可以看出,无论是MAPE和VAPE的值还是RMSE的值,基于偏差序列的循环多步预测方法所得到的值都要小于基于偏差序列的直接多步预测方法所得结果。总体上来说,随着预测步数的增加,MAPE、VAPE及RMSE的值都趋于逐步增大,但也有一些情况例外(见表8-10、表8-11及表8-12中下划线所示值)。有关该多步预测方法与本章所述其他方法的比较分析将在8.6节中给出。

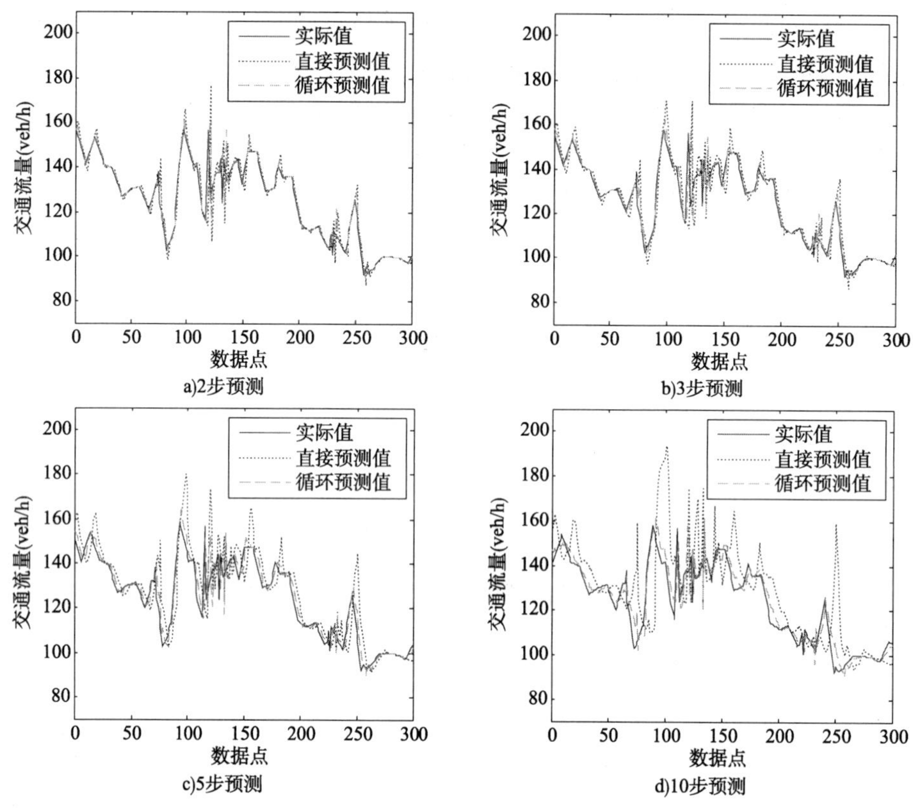

a)2步预测　b)3步预测　c)5步预测　d)10步预测

图 8-13　基于偏差序列多步模糊预测方法对路 C 交通流量的预测结果

基于偏差序列的多步模糊预测方法对路 A 三天交通流量的预测结果　表 8-10

预测步数			2 步	3 步	4 步	5 步	6 步	7 步	8 步	9 步	10 步
天 1	直接	MAPE	1.1124	2.0736	3.2525	4.4816	5.5341	6.3944	7.0551	7.6131	7.9794
		VAPE	0.0262	0.0482	0.0854	0.1344	0.2000	0.2707	0.3374	0.3684	0.3794
		RMSE	2.3741	3.5647	5.1301	6.7552	8.2543	9.4807	10.4195	11.0361	11.3580
	循环	MAPE	0.6781	0.9283	1.1499	1.3171	1.4847	1.6372	1.8028	1.8373	1.9152
		VAPE	0.0147	0.0162	0.0187	0.0188	0.0210	0.0212	0.0213	0.0222	0.0226
		RMSE	1.7179	1.9282	2.1791	2.2895	2.4895	2.6094	2.7358	2.7302	2.8321
天 2	直接	MAPE	2.9545	4.7521	6.2728	7.5319	8.6568	9.6870	10.5783	11.3976	12.0967
		VAPE	0.6216	0.9799	1.2977	1.5043	1.5234	1.4220	1.3925	1.4085	1.5904
		RMSE	11.3493	14.3737	16.0486	17.0089	17.4113	18.1772	18.9099	19.8891	20.7530
	循环	MAPE	1.9086	2.3191	2.6784	2.9718	3.2328	3.3861	3.5125	3.5575	3.7013
		VAPE	0.3520	0.3553	0.3707	0.3833	0.4187	0.3924	0.3977	0.2853	0.3417
		RMSE	8.1014	8.2217	8.3333	8.3882	8.4385	8.3023	8.2429	8.0613	8.4152

续上表

预测步数			2步	3步	4步	5步	6步	7步	8步	9步	10步
天3	直接	MAPE	1.5792	2.8517	4.3243	5.6947	6.8640	7.8465	8.6650	9.5156	10.2908
		VAPE	0.0646	0.1413	0.2236	0.2904	0.3696	0.4587	0.5253	0.5593	0.5893
		RMSE	3.8887	6.1488	8.4749	10.5043	12.3603	13.9477	15.0925	16.0106	16.8225
	循环	MAPE	1.0185	1.3276	1.7245	1.9423	2.1147	2.2124	2.2586	3.4496	3.7508
		VAPE	0.0306	0.0344	0.0440	0.0503	0.0538	0.0582	0.0467	0.1184	0.1471
		RMSE	2.6433	2.9764	3.5714	3.9603	4.2398	4.2647	4.4957	6.4432	7.1067

基于偏差序列的多步模糊预测方法对路B三天交通流量的预测结果 表8-11

预测步数			2步	3步	4步	5步	6步	7步	8步	9步	10步
天1	直接	MAPE	0.9478	1.6589	2.5050	3.4182	4.2362	4.8816	5.4090	5.9027	6.4169
		VAPE	0.0188	0.0305	0.0531	0.0892	0.1309	0.1722	0.2059	0.2309	0.2641
		RMSE	2.4251	3.5245	5.0393	6.7480	8.2623	9.4540	10.4023	11.2847	12.3123
	循环	MAPE	0.6059	0.7587	0.9187	1.0712	1.2094	1.3345	1.4718	1.3787	1.3312
		VAPE	0.0090	0.0088	0.0099	0.0111	0.0123	0.0138	0.0158	0.0145	0.0129
		RMSE	1.6649	1.7787	2.0170	2.2273	2.4207	2.6172	2.8394	2.6970	2.5877
天2	直接	MAPE	1.5413	2.6016	3.5806	4.6592	5.7043	6.7886	7.8459	8.7756	9.5878
		VAPE	0.1147	0.1470	0.1623	0.1941	0.2586	0.3407	0.4260	0.5088	0.5960
		RMSE	6.1320	7.6581	8.9473	10.6873	12.6918	14.7960	16.8318	18.7097	20.4897
	循环	MAPE	0.9407	1.1236	1.3432	1.5370	1.7211	1.9133	2.1296	2.1290	2.1262
		VAPE	0.0488	0.0435	0.0347	0.0332	0.0326	0.0371	0.0430	0.0447	0.0470
		RMSE	3.9782	3.8945	3.7988	3.9503	4.1305	4.4646	4.8385	4.8389	4.8524
天3	直接	MAPE	0.9484	1.8054	2.8241	3.9013	4.8204	5.6383	6.4433	7.2108	7.9544
		VAPE	0.0232	0.0531	0.0989	0.1570	0.2251	0.2970	0.3661	0.4257	0.4812
		RMSE	2.9991	4.9074	7.1128	9.3634	11.3792	13.1681	14.8114	16.2912	17.6661
	循环	MAPE	0.5719	0.7926	1.0088	1.1957	1.3580	1.4787	1.5779	1.5511	1.4744
		VAPE	0.0096	0.0116	0.0144	0.0171	0.0202	0.0226	0.0243	0.0224	0.0187
		RMSE	1.9066	2.2383	2.6254	2.9678	3.2825	3.5111	3.6903	3.6175	3.3929

基于偏差序列的多步模糊预测方法对路C三天交通流量的预测结果 表8-12

预测步数			2步	3步	4步	5步	6步	7步	8步	9步	10步
天1	直接	MAPE	2.3186	3.5246	4.7860	6.0022	7.1062	7.9280	8.5628	9.0525	9.4109
		VAPE	0.1729	0.1989	0.2582	0.3781	0.5189	0.7493	0.9282	1.0510	1.1235
		RMSE	6.1344	7.3600	8.8688	10.6398	12.2919	13.9995	15.3055	16.3367	17.0968

续上表

预测步数			2步	3步	4步	5步	6步	7步	8步	9步	10步
天1	循环	MAPE	1.7088	1.9672	2.3185	2.5707	2.7796	3.0283	3.2545	3.2234	3.1597
		VAPE	0.1002	0.0934	0.0871	0.0932	0.0997	0.1103	0.1154	0.1125	0.1061
		RMSE	4.6013	4.6205	4.7751	5.0420	5.3017	5.5841	5.7824	5.7428	5.6221
天2	直接	MAPE	1.0223	1.8955	2.8148	3.5899	4.0666	4.4557	4.8710	5.3032	5.7704
		VAPE	0.0155	0.0431	0.0794	0.1038	0.1272	0.1536	0.1954	0.2474	0.3023
		RMSE	1.9934	3.4745	4.9576	6.0968	6.9155	7.6050	8.4029	9.2456	10.0894
	循环	MAPE	0.8618	1.0562	1.5062	1.4773	1.6449	2.1506	1.7695	1.8777	2.0761
		VAPE	0.0081	0.0131	0.0244	0.0280	0.0305	0.0467	0.0310	0.0258	0.0296
		RMSE	1.5356	1.9110	2.6661	2.7405	2.9699	3.8546	3.1232	3.2075	3.5274
天3	直接	MAPE	2.3827	3.4189	4.4906	5.7687	7.0892	8.3043	9.4772	10.5796	11.5900
		VAPE	0.1282	0.1569	0.2522	0.3949	0.4902	0.6002	0.7760	0.9234	1.0626
		RMSE	5.3059	6.4552	8.3029	10.6187	12.3711	14.0335	15.8036	17.3760	18.8302
	循环	MAPE	2.0999	3.1826	4.0262	4.6456	5.1113	5.5495	5.9261	6.1490	6.3673
		VAPE	0.1145	0.0954	0.1154	0.1676	0.1866	0.2171	0.2449	0.2770	0.2842
		RMSE	4.7562	5.3146	6.2604	7.4170	7.9091	8.4889	8.9948	9.3717	9.6095

8.5 基于偏差累加序列的多步模糊预测方法

8.5.1 基于偏差累加序列的多步模糊预测原理

在对8.3节所提出的基于偏差序列多步预测方法进行实验时，发现如果被试序列为单调时间序列则预测精度能够得到较大幅度的提升。据此，本小节提出了一种基于偏差累加序列的多步模糊预测方法。该方法的基本思想是在得到偏差序列的基础上，构造累加序列，以此序列建立预测模型并进行预测，再将预测值通过累减操作得到预测的偏差值，最后结合当前观测值得到最终的预测值。

假设由式(8-1)得到的原始偏差序列为$\{d^0(t)\}$，则该序列的一次累加序列$\{d^1(t)\}$可通过式(8-3)得到，即：

$$d^1(t)=d^0(t)+d^0(t-1) \tag{8-3}$$

式(8-3)中的上标0和1表示累加序列的阶次，且假设$d^1(1)=d^0(1)$。

同理，可根据式(8-4)不断重复迭代，得到$i(i>0$且$i<t)$阶累加序列。

$$d^i(t)=d^{i-1}(t)+d^{i-1}(t-1) \tag{8-4}$$

其次，将得到的累加序列$\{d^i(t)\}$转换为预测模型的输入和输出训练样本集，并在此基础上建立多步预测模型。同样,根据直接和循环多步预测原理,可以得到两种多步预测方法:基于偏差累加序列的直接多步模糊预测方法和基于偏差累加序列的循环多步预测方法。这两种多步预测方法的主要区别在于,基于偏差累加序列的直接多步模糊预测方法是利用 t 时刻及 $t+k$ 时刻的偏差累加序列训练集来建立预测模型,并运用预测模型一次完成 k 步之后的预测;而循环多步预测方法则是通过建立一步偏差累加预测模型,在预测下一时刻的偏差累加值后,将该预测值作为新的输入带入一步预测模型,不断循环直至完成 k 步预测。

在得到 k 步的偏差累加预测值 $\hat{d}^i$ 后,可通过式(8-5)进行 i 次累减操作,得到最终的偏差值 $\hat{d}^0$。

$$\hat{d}^{i-1}(t+k)=\hat{d}^i(t+k)-\hat{d}^i(t+k-1) \tag{8-5}$$

最后将最终偏差值叠加到当前时刻观测值上,便可得到 k 步的预测值。

8.5.2　预测效果

同样,本节中的实验均采用了 8.1.2 所述的参数和实验设置,且实验结果如图 8-14、图 8-15 和图 8-16 及表 8-13、表 8-14 和表 8-15 所示。其中,图 8-14、图 8-15 和图8-16分别呈现出三条路段一天的交通流量预测结果,而且用实线、短虚线和长虚线分别表示观测的实际交通流量值、基于偏差累加序列直接多步预测值和循环多步预测值。从图中可以看出,当预测步数较小(如 2 步和 3 步预测)时,基于偏差累加序列的直接多步模糊预测方法和循环多步模糊预测方法都能比较准确地预测出交通流量,且从图中较难判断两种方法的优劣;但预测步数增至 5 时(即图 8-14c)、图 8-15c)和图 8-16c),运用基于偏差累加序列的直接多步模糊预测方法进行预测,其误差要略大于基于偏差累加序列的循环多步模糊预测方法;当预测步数增至 10 时(即图 8-14d)、图 8-15d)和图 8-16d),两者之间的差距则更加明显,显然基于偏差累加序列的直接多步预测方法在预测精度上不如循环多步预测方法,主要表现在部分预测值出现了较大误差(图 8-15d)以及预测的波形出现了明显的滞后现象(图 8-14d)等。

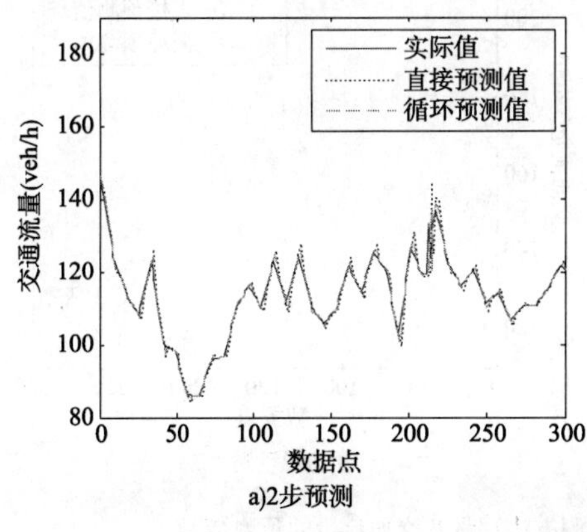

a)2步预测

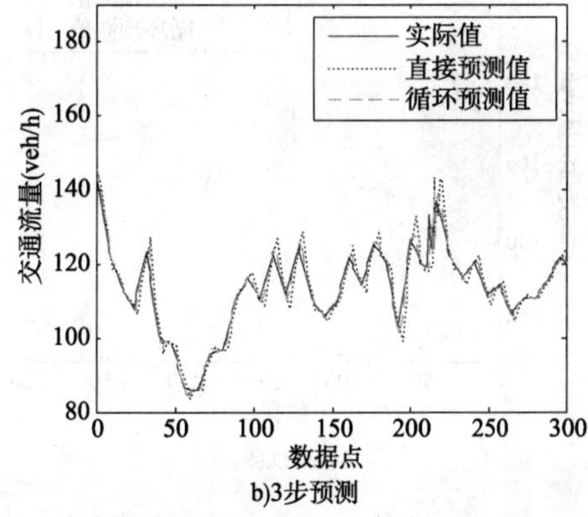

b)3步预测

图　8-14

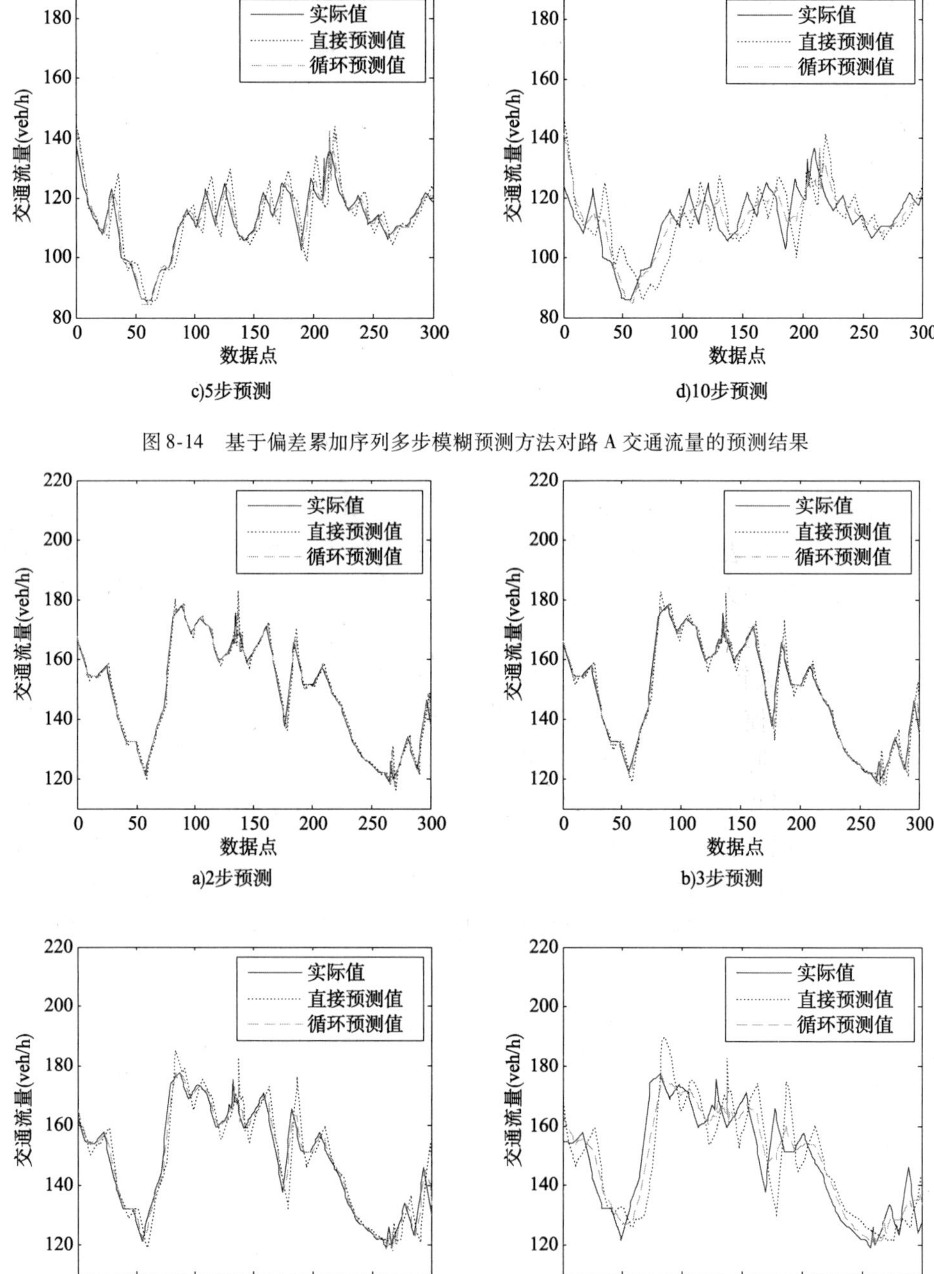

图 8-14　基于偏差累加序列多步模糊预测方法对路 A 交通流量的预测结果

图 8-15　基于偏差累加序列多步模糊预测方法对路 B 交通流量的预测结果

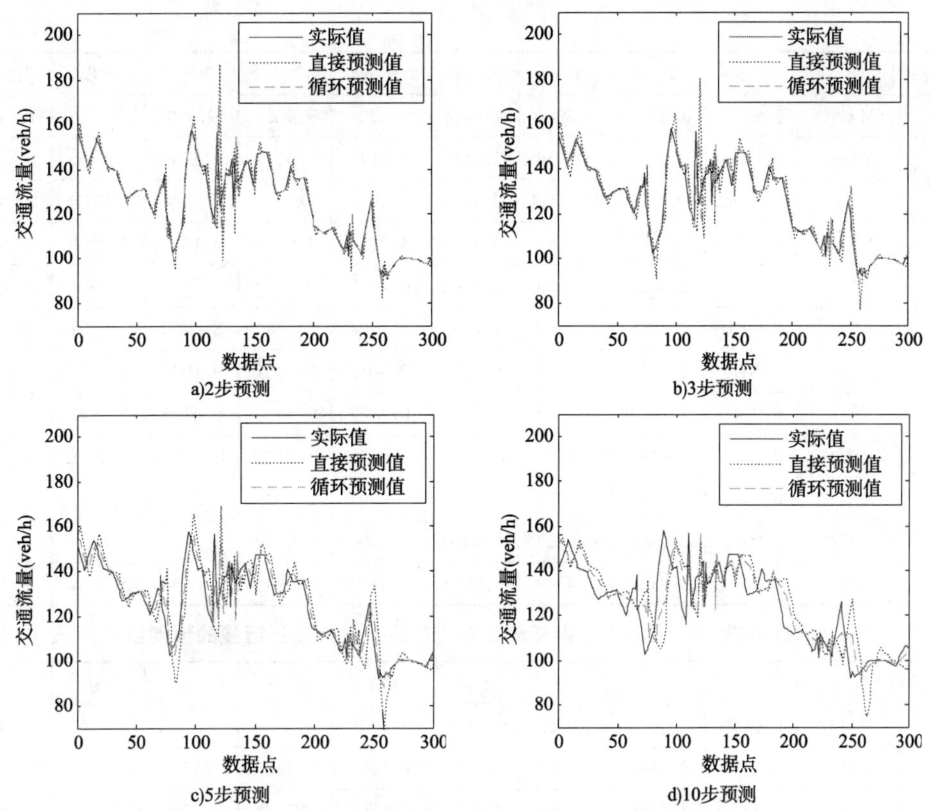

图8-16　基于偏差累加序列多步模糊预测方法对路C交通流量的预测结果

表8-13、表8-14和表8-15分别列出了两种基于偏差累加序列的多步预测方法对三条路段三天交通流量的预测结果。从表中可以看出,在绝大多数情况下,MAPE、VAPE及RMSE的平均值均随着预测步数的增加而逐步增大,但也有一些例外且已在表中用下划线标注出来;另一方面,通过对比两种基于偏差累加序列的多步预测方法,可以看出循环多步预测方法所得的MAPE、VAPE及RMSE值均要小于直接多步预测方法,表明基于偏差累加序列的循环多步预测方法无论在精度和预测分散程度上都要优于直接多步预测方法。

基于偏差累加序列的多步模糊预测方法对路A三天交通流量的预测结果　　表8-13

预测步数			2步	3步	4步	5步	6步	7步	8步	9步	10步
天1	直接	MAPE	1.1513	2.0725	3.0967	4.1413	5.0640	5.8401	6.4553	6.9536	7.3089
		VAPE	0.0233	0.0400	0.0725	0.1137	0.1579	0.1964	0.2307	0.2577	0.2906
		RMSE	2.3022	3.3744	4.7673	6.1600	7.3726	8.3235	9.0428	9.5691	9.9873
	循环	MAPE	0.6563	0.9735	1.3219	1.6573	2.0321	2.4266	2.8182	3.2034	3.5827
		VAPE	0.0142	0.0143	0.0161	0.0199	0.0286	0.0401	0.0553	0.0686	0.0819
		RMSE	1.6793	1.8729	2.2208	2.6070	3.1478	3.7153	4.2979	4.8057	5.2795

续上表

预测步数			2步	3步	4步	5步	6步	7步	8步	9步	10步
天2	直接	MAPE	2.9586	4.8165	6.5061	7.9301	9.0706	9.9622	10.7998	11.5020	12.1394
		VAPE	0.6556	0.9696	1.3754	1.6553	1.8141	1.6297	1.5389	1.4365	1.6622
		RMSE	11.7262	14.6774	17.0234	18.4635	19.4971	20.0447	20.7640	21.5115	22.4100
	循环	MAPE	1.9762	2.4986	2.9643	3.3614	3.7254	3.9646	4.1877	4.2560	4.4426
		VAPE	0.3533	0.3460	0.3608	0.3868	0.4439	0.4339	0.4451	0.3304	0.3898
		RMSE	8.0920	8.1205	8.2669	8.4668	8.7104	8.7781	8.8754	8.8121	9.1197
天3	直接	MAPE	1.5040	2.8321	4.4578	6.0632	7.3018	8.2757	9.1043	9.7754	10.2628
		VAPE	0.0742	0.1619	0.2713	0.3697	0.4802	0.5938	0.6716	0.7176	0.7389
		RMSE	4.0499	6.4288	9.1219	11.6654	13.8046	15.5051	16.7350	17.6002	18.1454
	循环	MAPE	0.8927	1.2583	1.6341	1.8797	2.0891	2.3029	2.5234	2.8383	3.1590
		VAPE	0.0335	0.0356	0.0427	0.0460	0.0506	0.0609	0.0714	0.0799	0.0903
		RMSE	2.6474	2.9396	3.4248	3.7688	4.1172	4.5892	5.0534	5.5064	5.9799

基于偏差累加序列的多步模糊预测方法对路B三天交通流量的预测结果 表8-14

预测步数			2步	3步	4步	5步	6步	7步	8步	9步	10步
天1	直接	MAPE	0.9155	1.5982	2.3353	3.1044	3.8239	4.4926	5.0742	5.6363	6.1682
		VAPE	0.0181	0.0304	0.0523	0.0810	0.1106	0.1385	0.1595	0.1751	0.1960
		RMSE	2.3657	3.4568	4.8363	6.2706	7.5700	8.7461	9.7399	10.6873	11.6206
	循环	MAPE	0.5676	0.8113	1.0876	1.3815	1.6997	2.0499	2.4044	2.7601	3.1033
		VAPE	0.0084	0.0091	0.0101	0.0139	0.0200	0.0286	0.0385	0.0473	0.0564
		RMSE	1.6378	1.8056	2.2136	2.7209	3.3153	3.9856	4.6574	5.2841	5.8834
天2	直接	MAPE	1.5772	2.5649	3.4337	4.3695	5.2230	5.9687	6.5963	7.0450	7.3957
		VAPE	0.1005	0.1219	0.1305	0.1548	0.2018	0.2565	0.3028	0.3447	0.3806
		RMSE	5.8443	7.1645	8.2717	9.7805	11.4112	12.9137	14.1395	15.0828	15.8421
	循环	MAPE	1.0646	1.4057	1.7951	2.2972	2.8796	3.5057	4.1370	4.7253	5.2835
		VAPE	0.0417	0.0362	0.0374	0.0489	0.0674	0.0966	0.1327	0.1729	0.2148
		RMSE	3.8230	3.9281	4.4245	5.3649	6.5198	7.8439	9.1805	10.4309	11.6023
天3	直接	MAPE	0.9505	1.7835	2.7568	3.7494	4.5988	5.3103	5.8887	6.3200	6.6395
		VAPE	0.0224	0.0516	0.0983	0.1619	0.2308	0.2911	0.3341	0.3548	0.3578
		RMSE	2.9574	4.8248	7.0047	9.2458	11.1910	12.7342	13.8595	14.5574	14.9255
	循环	MAPE	0.6622	1.0341	1.4239	1.8261	2.2710	2.7267	3.1669	3.5713	3.9178
		VAPE	0.0087	0.0111	0.0183	0.0314	0.0494	0.0712	0.0948	0.1141	0.1302
		RMSE	1.9172	2.4761	3.2980	4.2592	5.2921	6.3214	7.2854	8.0928	8.7404

基于偏差累加序列的多步模糊预测方法对路 C 三天交通流量的预测结果　表 8-15

预测步数			2 步	3 步	4 步	5 步	6 步	7 步	8 步	9 步	10 步
天 1	直接	MAPE	2.3111	3.4304	4.6585	5.8500	6.6949	7.2378	7.5803	7.7795	7.8502
		VAPE	0.2107	0.2242	0.2520	0.3029	0.3762	0.4567	0.5082	0.5307	0.5422
		RMSE	6.5855	7.4649	8.5503	9.7651	10.8611	11.7790	12.4235	12.8118	12.9923
	循环	MAPE	1.5889	1.8990	2.2934	2.7138	3.1663	3.6740	4.1783	4.6368	5.0709
		VAPE	0.1113	0.0875	0.0818	0.0878	0.1039	0.1310	0.1601	0.1954	0.2324
		RMSE	4.7530	4.5002	4.7302	5.1843	5.8172	6.5810	7.3498	8.1280	8.8593
天 2	直接	MAPE	0.7958	1.6297	2.6663	3.7620	4.6814	5.4502	6.0482	6.5043	6.8066
		VAPE	0.0197	0.0538	0.1123	0.1990	0.3103	0.4301	0.5455	0.6358	0.6969
		RMSE	1.9795	3.4873	5.2856	7.2143	8.9979	10.5301	11.7485	12.5956	13.1132
	循环	MAPE	0.4366	0.6613	0.8867	1.0927	1.2810	1.4726	1.6623	1.8460	2.0414
		VAPE	0.0069	0.0084	0.0098	0.0116	0.0142	0.0180	0.0228	0.0253	0.0284
		RMSE	1.1475	1.3948	1.6636	1.9470	2.2489	2.5885	2.9355	3.2081	3.4926
天 3	直接	MAPE	2.2611	3.2088	4.6278	5.9962	7.2226	8.3198	8.9228	9.4243	9.8752
		VAPE	0.2412	0.1980	0.2901	0.4631	0.5634	0.7196	0.7358	0.7406	0.7176
		RMSE	6.8041	6.8435	8.7725	11.3457	12.9654	14.5545	15.1619	15.4598	15.5828
	循环	MAPE	1.5872	1.6917	1.9632	2.2828	2.5204	2.8467	3.1893	3.4900	3.7472
		VAPE	0.1738	0.1018	0.1063	0.1362	0.1246	0.1339	0.1442	0.1469	0.1706
		RMSE	5.3626	4.2725	4.4942	5.3546	5.2761	5.6197	5.9963	6.4472	6.4572

8.6　多步预测方法对比分析

8.6.1　评价指标

虽然在前几节中对本章所述各多步预测方法的预测效果已经进行了一些分析和讨论,但尚没有系统地对这些预测方法在预测精度及预测误差分散程度方面进行对比分析。然而,由于本章介绍的多步预测方法多达七种,且所做的预测实验较多,直接进行对比分析易造成混淆不清。为此,本节借鉴 4.3.3 节中介绍的相对误差评价思想,以 8.1 节介绍的直接多步模糊预测方法作为基准模型,通过式(8-6)先构建平均相对误差指标MR_{i0}。

$$MR_{i0} = \text{mean}\left(\frac{e_0}{e_i}\right) \tag{8-6}$$

其中,e_0表示直接多步模糊预测方法的预测误差,而e_i则表示待比较多步预测方法的预测误差。简便起见,这里分别将本章所述预测方法,直接多步模糊预测方法、循环多步模糊预测方法、组合多步预测方法、基于偏差序列的直接多步模糊预测方法、基于偏差序列的循环多步模糊预测方法、基于偏差累加序列的直接多步模糊预测方法和基于偏差累加序列的循环多步模糊预测方法，按照各预测方法在本章介绍的先后次序，依次简记为0，1，2，3，4，5 和 6（即 i 的取值）。

其次，为了便于量化新预测方法对预测质量的提升程度，引入了式（8-7）所示的平均百分比指标MP_{i0}。

$$MP_{i0} = \text{mean}\left(\frac{e_0 - e_i}{e_0 + e_i}\right) \times 100 \tag{8-7}$$

其中，e_0和e_i分别是基准预测模型和待估模型的预测误差。如果式（8-7）的值为负，则说明待估模型在预测质量上要劣于基准模型，反之则说明待估模型能够改善预测质量。

8.6.2 分析结果

将 8.6.1 节所述评价指标中的 e 用前几节实验所得到的 MAPE、VAPE 和 RMSE 值进行替代后，便可将平均相对误差评价指标 MR_{i0} 细化为 $MRMAPE_{i0}$、$MRVAPE_{i0}$ 和 $MRRMSE_{i0}$；同理，将MP_{i0}细化并简记为$MPMAPE_{i0}$、$MPVAPE_{i0}$和$MPRMSE_{i0}$。由于本章所述实验中涉及三条路段三天的交通流量预测，上述这些评价指标均按照路段数和天数进行平均，所得结果如图 8-17、图 8-18 和图 8-19 所示。

图 8-17a）所示结果表明，自 8.2 节起所述的多步预测方法得到的 MAPE 值都要小于直接多步模糊预测方法所得的 MAPE 值。而且，从图 8-17a）中可以看出，在预测步数较大（即大于 3）时，得到最小 MAPE 值的是基于偏差序列的循环多步模糊预测方法（即图中方法 4），表明其预测精度最高，其次是基于偏差累加序列的循环多步模糊预测方法（即图中方法 6），而基于偏差累加序列的直接多步模糊预测方法（即图中方法 5）和基于偏差序列的直接多步模糊预测方法（即图中方法 3）却表现出相似的预测能力，虽然组合多步预测方法（即图中方法 2）也降低了 MAPE 值，但仅优于循环多步模糊预测方法（即图中方法 1），最后可以看出循环多步模糊预测方法仅仅略微优于直接多步模糊预测方法。此外，还可以发现组合多步预测方法（即图中方法 2）、基于偏差序列的直接多步模糊预测方法（即图中方法 3）和基于偏差累加序列的直接多步模糊预测方法（即图中方法 5）都是随着预测步数增加其预测误差增幅较大，而基于偏差序列的循环多步预测方法的预测误差则相对下降较快。另一方面，从图 8-17b）可以明确，所有被试多步预测方法都能改善 MAPE 值；在预测步数较小（即小于 5）时对于 MAPE 来说，基于偏差累加序列的循环多步模糊预测方法（即图中方法 6）改善程度最大，最高时接近于 70%；而预测步数较大时，基于偏差序列的循环多步模糊预测方法（即图中方法 4）能够最大程度上改善 MAPE 值。

图 8-18a）所示结果，随着预测步数的增加，循环多步模糊预测方法（即图中方法 1）、组合多步预测方法（即图中方法 2）、基于偏差序列的直接多步模糊预测方法（即图中方

法 3）和基于偏差累加序列的直接多步模糊预测方法（即图中方法 5）得到的 MRVAPE 值并没有明显变化；其次，在预测步数大于 4 时，基于偏差序列的循环多步模糊预测方法（即图中方法 4）的 MRVAPE 值增速很快，而小于等于 4 时，其变化与基于偏差累加序列的循环多步模糊预测方法（即图中方法 6）相似。而图 8-18b）所示结果则表明基于偏差序列的循环多步模糊预测方法（即图中方法 4）和基于偏差累加序列的循环多步模糊预测方法（即图中方法 6）在改善 VAPE 方面具有相似的能力，最大时约超过 80%，而其他方法也能在不同程度上改善 VAPE 值，组合多步预测方法（即图中方法 2）、基于偏差预测的直接多步模糊预测方法（即图中方法 3）及基于偏差累加序列的直接多步模糊预测方法（即图中方法 5）表现相似。

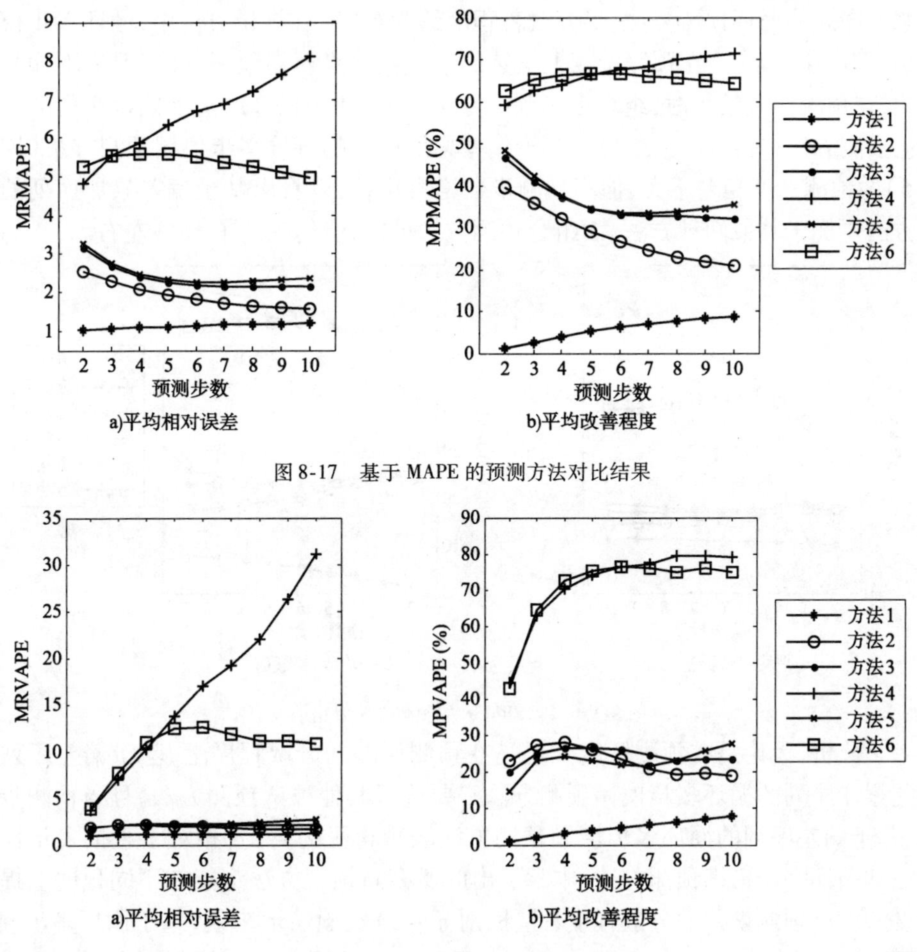

图 8-17　基于 MAPE 的预测方法对比结果

图 8-18　基于 VAPE 的预测方法对比结果

显然，图 8-19a）和图 8-18a）所示结果在形式上具有较强的相似性，即基于偏差序列（即图中方法 4）和基于偏差累加序列的循环多步模糊预测方法（即图中方法 6）能够大幅降低 RMSE 值;随着预测步数的增加,基于偏差序列循环预测方法所得到的 MRRMSE 值呈现出快速增长的趋势,但基于偏差累加序列循环预测方法所得到的 MRRMSE 值却是先增加后减少,此外其他多步预测方法所得的 MRRMSE 值均没有很明显的变化;在预测步数较小时,组合多步预测方法(即图中方法 2)、基于偏差序列的直接多步模糊预测方法(即图中方法 3)和基于偏差累加序列的直接多步模糊预测方法(即图中方法 5)表现出相似的能力,而在预测步数较大时,基于偏差累加序列的直接多步模糊预测方法则要优于其他两种方法。另一方面,从图 8-19b)中可以看出,基于偏差序列(即图中方法 4)和基于偏差累加序列的循环多步模糊预测方法(即图中方法 6)对于改善 RMSE 值起到的作用最大,而且基于偏差序列的循环预测方法在预测步数较大时其预测精度要更高于基于偏差累加序列的循环预测方法,最高改善程度约为 65%;在被试方法中,循环多步模糊预测方法(即图中方法 1)在预测精度上虽然优于直接多步模糊预测方法,但远不如其他预测方法;在预测步数较小时,组合多步预测方法(即图中方法 2)、基于偏差序列的直接多步模糊预测方法(即图中方法 3)和基于偏差累加序列的直接多步模糊预测方法(即图中方法 5)的预测精度相差不大,但当预测步数增大后,可以看出基于偏差累加序列的直接预测方法要优于其他两种方法,而组合预测方法最差,但仍提高了 18% 左右。

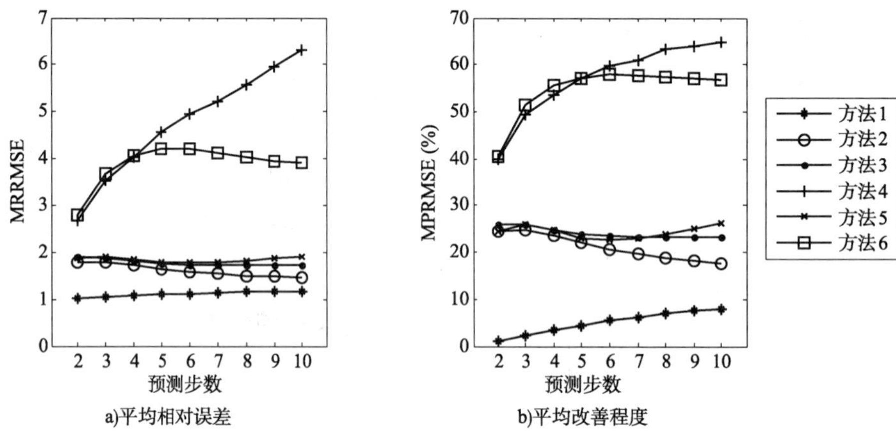

图 8-19 基于 RMSE 的预测方法对比结果

综上分析,无论是在预测精度上还是在预测误差的分散程度上,基于偏差序列和基于偏差累加序列的循环多步模糊预测方法都要优于其他被试预测方法,且当预测步数较大时,基于偏差序列的循环多步模糊预测方法表现得更为突出;相对于直接多步模糊预测方法和循环多步模糊预测方法,本章提出的所有新预测方法都能在不同程度上提高预测精度和缩小预测误差的分散程度;此外,对于本章实验情形来说,基于循环多步预测机理的预测方法整体上都要优于基于直接多步预测机理的预测方法,然而其他学者则发现循环多步预测机理因误差迭代放大使得其预测精度不及直接多步预测方法[130],这表明两种多步预测机理的预测质量在相当程度上依赖于具体应用场景,很难得出普遍统一结论。

参考文献

[1] 冯树民. 交通系统工程[M]. 北京:知识产权出版社,2009.

[2] 高慧,赵建玉,贾磊. 短时交通流预测方法综述[J]. 济南大学学报,2008,22(1):88-94.

[3] SUN S, ZHANG C. The selective random subspace predictor for traffic flow forecasting [J]. IEEE Transactions on Intelligent Transportation Systems, 2007, 8(2): 367-373.

[4] 翁剑成,荣建,任福田,等. 基于非参数回归的快速路行程速度短期预测算法[J]. 公路交通科技. 2007,24(3):93-97.

[5] SUN S, ZHANG C, YU G. A bayesian network approach to traffic flow forecasting [J]. IEEE Transactions on Intelligent Transportation Systems, 2006, 7(1): 124-132.

[6] 李军,张友鹏. 基于高斯过程的混沌时间序列单步与多步预测[J]. 物理学报,2011,60(7):070513-1-070513-10.

[7] 王进,史其信. 短时交通流预测模型综述[J]. 中国公共安全,2005,1(1):92-98.

[8] 邵捷,王坚,马云龙. 城市高架道路交通实时仿真及预测[J]. 机电产品开发与创新,2008,21(2):13-14.

[9] S. Bajwa, E. Chung, M. Kuwahara. Performance evaluation of an adaptive travel time prediction model. IEEE Conference on Intelligent Transportation Systems, 2005, pp. 1000-1005.

[10] 杨立才,贾磊. 粗神经网络及其在交通流预测中的应用[J]. 公路交通科技,2004,21(10):95-98.

[11] 乔德华,张开禾,范耀祖. 多模型交通流预测优化[J]. 交通标准化,2007,(4):207-209.

[12] 刘静,关伟. 交通流预测方法综述[J]. 公路交通科技,2004,21(3):82-85.

[13] 王振军. 交通运输系统工程[M],南京:东南大学出版社,2008.

[14] HAWKINS D. Identification of Outliers [M]. London: Chapman and Hall, 1980: 2-28.

[15] GRUBBSF E. Sample criteria for testing outlying observations [J]. Annals of Mathematical Statistics, 1950, 21 (1): 27-58.

[16] Beckman R J, Cook R D. Outlier [J]. Technometrics, 1983(25): 119-149.

[17] 张德然. 统计数据中异常值的检验方法[J]. 统计研究,2003(5):53-55.

[18] TAYLOR J R. An Introduction to error analysis: the study of uncertainties in physical measurements (Second Edition) [M]. Sausolito: University Science Books, 1997.

[19] BEVINGTON P R, ROBINSON D K. Data reduction and error analysis for the physical sciences (third edition) [M]. New York: McGraw Hill, 2002.

[20] ROUSSEEUW P J, RUTS I, TUKEY J W. The bagplot: a bivariate boxplot [J]. The American Statistician, 1999, 53(4): 382-387.

[21] FORNASINI P. The uncertainty in physical measurements: an introduction to data analysis in the physics laboratory [M]. New York: Springer, 2008.

[22] HE Z Y, XU X F, DENG S C. Discovering cluster-based local outliers [J]. Pattern Recognition Letters, 2003, 24(9-10): 1641-1650.

[23] FU L, MEDICO E. FLAME, a novel fuzzy clustering method for the analysis of DNA microarray data [J]. BMC Bioinformatics, 2007, 8(3): 1-15.

[24] FERRER I C R. The Euclidean distance between syntactically linked words [J]. Physical Review E, 2004, 70, 056135.

[25] KRAUSE E F. Taxicab geometry: an adventure in non-euclidean geometry [M]. New York: Dover Publications, 1986.

[26] HUANG W, SHI Y, ZHANG S, ZHU Y. The communication complexity of the Hamming distance problem [J]. Information Processing Letters, 2006, 99(4): 149-153.

[27] LI Y, LIU B. A normalized Levenshtein distance metric [J]. IEEE Transactions on Pattern Analysis, 2007, 29(6): 1091-1095.

[28] MALLAT S. A wavelet tour of signal processing: the sparse way (3rd edition) [M]. Orlando: Academic Press, 2009.

[29] 薛健，袁忠宗. 离散拟正交 Gabor 展开[J]. 电子学报, 1997, 25(4): 68-71.

[30] MEYER Y, RYAN R. D. (Translator) Wavelets: algorithms and applications [M]. Philadelphia: Society for Industrial and Applied Mathematics, 1993.

[31] GRASSEAU A A. Wavelet transform and edge detection, Statistic processes in physics and engineering [M]. Dodrecht: Reidel Publications, 1986.

[32] MALLAT S. Multifrequeney channel decomposition of images and wavelet models [J]. IEEE Transactions on Acoustics Speech and Signal Processing, 1989, 37 (12): 2091-2110.

[33] MALLAT S. Multiresolution approximations and wavelet orthonornal bases of $L^2(R)$. Transactions of the American Mathematical Society, 1989, 315(1): 67-87.

[34] DAUBEEHIES I, GROSSMAN A, MEYER Y. The wavelet transform, time-frequency localization and signal analysis [J]. IEEE Transections on Information Theory, 1988 (9): 961-100.

[35] COINFMAN R, WICKERHAUSER M. Entropy based algorithms for best basis selection

[J]. IEEE Transections on Information Theory, 1992, 38(2): 713-718.

[36] DAUBEEHIES I. Ten lectures on wavelets [M]. Philadelphia: Society for industrial and applied mathematics, 1992.

[37] GOODMAN T N T, LEE S L. Wavelets of multiplicity r[J]. Transactions of the American Mathematical Society, 1994, 342(1): 307-324.

[38] SWELDENS W. The lifting scheme: A new philosophy in biorthogonal wavelet construction[C]. Proeeedings of SPIE's 1995 International Symposium on Optical Science, Engineering, and Instrumentation, San Diego, CA, USA, 1995: 68-79.

[39] MEYER F G, COIFMAN R. Brushlet: a Tool for directional image analysis and image compression [J]. Applied and Computational Harmonic Analysis, 1997, 4(2): 147-187.

[40] CANDES E. Ridgelet: Theory and Application [D]. California: Stanford University, 1998.

[41] CANDES E, DONOHO D. Curvelets [R]. USA: Department of Statistics, Stanford University, 1999.

[42] DO M N, VETTERLI M. The contourlet transform: an efficient directional multiresolution image representation, IEEE Transactions Image on Processing [J], 2005, 14(12): 2091-2106.

[43] LE PENNEC E, MALLAT S. Sparse geometric image representation with bandelets, IEEE Transactions on Image Processing [J], 2005, 14(4): 423-438.

[44] 焦李成,王爽. 图像多尺度几何分析理论与应用[M],西安:西安电子科技大学出版社,2008.

[45] 朱来东,廉小亲,江远志. 小波变换在信号降噪中的应用及 MATLAB 实现[J],北京工商大学学报(自然科学版),2009,27(2):46-49.

[46] DONOHO D L. De-noising by soft-thresholding [J]. IEEE Transactions on In formation Theory, 1995, 41(3): 613-627.

[47] REMESAN R, SHAMIM M A, Han D. Model data selection using gamma test for daily solar radiation estimation [J]. Hydrological Processes, 2008, 22: 4301-4309.

[48] JAAFAR W Z W, HAN D. Variable selection using the Gamma test forward and backward selections, Journal of Hydrologic Engineering [J]. 2012, 17: 182-190.

[49] CAI T, ZHU J. Wavelet de-noising of speech using singular spectrum analysis for decomposition level selection [J]. Journal of Shanghai Jiao tong University (Science), 2007, E-12: 190-196.

[50] SANG Y F, WANG D, WU J C. Entropy-based method of choosing the decomposition level in wavelet threshold de-noising [J]. Entropy, 2010, 6: 1499-1513.

[51] SANG Y F, WANG D, WU J C. Uncertainty analysis of decomposition level choice in wavelet threshold de-noising [J]. Entropy, 2010, 12: 2386-2396.

[52] HUANG J, XIE J, LI H, TIAN G, CHEN X. Self-adaptive decomposition level de-noising method based on wavelet transform [J]. Indonesian Journal of Electrical Engineering, 2012, 10: 1015-1020.

[53] SUN T Y, LIU C C, HSIEH S T, et al. Optimal determination of wavelet threshold and decomposition level via heuristic learning for noise reduction [C]. IEEE Conference on Soft Computing in Industrial Applications, 2008: 405-410.

[54] WANG Y, CHEN Y Y. An approach to determining the decomposition level for wavelet denosing based on gamma test [J]. Advanced Materials Research, 2013, 651: 757-762.

[55] WILLIAMS B M, DURVASULA P K, BROWN D E. Urban freeway traffic flow prediction: Application of seasonal autoregressive integrated moving average and exponential smoothing models [J]. Transportation Research Record: Journal of the Transportation Research Board, 1998 (1644): 132-141.

[56] RAMSEY B, HAYDEN G. AutoCounts: A way to analyse automatic traffic count data [J]. Traffic Engineering and Control, 1994, 35(4): 245 - 247.

[57] ZHONGM, L INGRAS P, SHARMA S. Estimation of missing traffic counts using factor, genetic, neural, and regression techniques [J]. Transportation Research, 2004, 12 (2): 139 - 166.

[58] 姜桂艳，江龙晖，张晓东,等. 动态交通数据故障识别与修复方法[J]. 交通运输工程学报, 2004, 4 (1) : 121 - 125.

[59] STEPHANEDES Y J, MICHALOPOULOS P G, PLUM R A. Improved estimation of traffic flow for real time control [J]. Transportation Research Record, 1981, 795: 28-39.

[60] ZADEH L A. Fuzzy sets [J]. Information and Control, 1965, 8(3): 338-353.

[61] 张智星,孙春在,(日)水谷英二. 神经-模糊和软计算[M]. 西安:西安交通大学出版社,2000.

[62] BUEKLEY J J, HAYSHI Y. Can approximate reasoning be consistent [J] ? Fuzzy Sets and Systems, 1994, 65: 13-18.

[63] MAMDANI E H, ASSILIAN S. An experiment in linguistic synthesis with a fuzzy logic controller [J]. International Journal of Man-Machine Studies, 1975, 7: 1-15.

[64] SUGENO M. Industrial applications of fuzzy control [M]. New York: Elsevier Science Inc, 1985.

[65] 刘福才，陈超，邵慧，等. 模糊系统万能逼近理论研究综述[J]. 智能系统学报, 2007, 2(1): 25-34.

[66] 丁海山，毛剑琴. 模糊系统逼近理论的发展现状[J]. 系统仿真学报,2006,18(8):2061-2066.

[67] KOSKO B. Fuzzy systems as universal approximators [J]. IEEE Transactions on Computers, 1994, 43(11): 1329-1333.

[68] WANG L X. Fuzzy systems are universal approximators [C]. Proceedings of the IEEE International Conference on Fuzzy Systems. New York, NY, USA, 1992: 1163-1170.

[69] ZENG X J, SINGH M G. Approximation theory of fuzzy systems-MIMO case [J]. IEEE Transactions on Fuzzy systems, 1995, 3(2): 219-235.

[70] 曾珂，徐文立，张乃尧. 特定 Mamdani 模糊系统的通用逼近性[J]. 控制与决策，2000, 15(4): 435-438.

[71] 李洪兴. 模糊控制的插值机理[J]. 中国科学(E 辑), 1998 , 28(3): 259-267.

[72] 张恩勤，施颂椒，翁正新. 采用三角型隶属函数的模糊逻辑系统的插值特性[J]. 自动化学报, 27(6): 784-790.

[73] AO Ying. General SISO Takagi-Sugeno fuzzy systems with linear rule consequent are universal approximators [J] . IEEE Transaction on Fuzzy Systems, 1998, 6(4): 582-587.

[74] WANG H O, LI J, DAVID N, KAZUO T. T-S fuzzy model with linear rule consequence and PDC controller: a universal framework for nonlinear control systems [C]. The Ninth IEEE International Conference on Fuzzy Systems, 2000, 2: 549-554.

[75] 曾珂，徐文立，张乃尧. 典型 T-S 模糊系统是通用逼近器[J]. 控制理论与应用，2001, 18(2): 294-297.

[76] CHEN Weitian. Sufficient conditions on fuzzy logic controllers as universal approximators [J]. IEEE Transaction on Systems Man and Cybernetics - Part B : Cybernetics , 2001 , 31(2): 270-274.

[77] 肖建,白裔峰,于龙. 模糊系统结构辨识综[J] . 西南交通大学学报,2006,41(2) :135-142.

[78] KOHAVI R A. study of cross-validation and bootstrap for accuracy estimation and model selection [C]. Proceedings of the 14th International Joint Conference on Artificial Intelligence, Morgan Kaufmann, 1995, 14(2): 1137-1143.

[79] MITRA S, KONWAR K M, PAL S K. Fuzzy decision tree, linguistic rules and fuzzy knowledge-based network: generation and evaluation [J]. IEEE Transactions on Systems, Man and Cybernetics, Part C, 2002, 32(4): 328-339.

[80] KUKOLJ D, LEVI E. Identification of complex systems based on neural and Takagi-Sugeno fuzzy model [J] . IEEE Transactions on Systems, Man, and Cybernetics: Part B, 2004,34(1):272-282.

[81] CHEN Y X, WANG J Z. Support vector learning for fuzzy rule-based classification systems [J]. IEEE Transactions on Fuzzy Systems, 2003, 11(6): 716-728.

[82] POMARES H, ROJAS I, GONZALEZ J, et al. A method for structure identification in complete model [C]. Proceedings of the 10th IEEE International Conference on Fuzzy Systems, Melbourne, Australia, 2001, 376-379.

[83] 谭左平,王士同,邓赵红, 等. 基于熵准则的发酵过程 TSK 模糊建模[J]. 控制与决策, 2008, 23(10): 1173-1177.

[84] ZHUANG H, WU X. Membership Function Modification of Fuzzy Logic Controllers with Histogram Equalization [J], IEEE Transactions on Systems, Man, and Cybernetics: Part B, 2001, 31(1): 125-132.

[85] CORDN O, ALCAL R, ALCAL-FDEZ J, et al. Guest Editorial Genetic Fuzzy Systems: What's Next? An Introduction to the Special Section [J]. IEEE Transactions on Fuzzy Systems, 2007, 15(4): 533-535.

[86] 李相镐, 李洪兴, 陈世权, 等. 模糊聚类分析及其应用[M]. 贵阳: 贵州科学技术出版社, 1994.

[87] DHILLON I S, MODHA D S. Concept decompositions for large sparse text data using clustering [J]. Machine learning, 2001, 42(1-2): 143-175.

[88] HUANG Z. Extensions to the k-means algorithm for clustering large data sets with categorical values [J]. Data Mining and Knowledge Discovery, 1998, 2(3): 283-304.

[89] NG R T, HAN J. CLARANS: A method for clustering objects for spatial data mining [J]. IEEE Transactions on Knowledge and Data Engineering, 2002, 14(5): 1003-1016.

[90] RUSPINI E H. A new approach to clustering [J]. Information and control, 1969, 15(1): 22-32.

[91] GUHA S, RASTOGI R, SHIM K. CURE: an efficient clustering algorithm for large databases [J]. Information Systems, 2001. 26(1): 35-58.

[92] GUHA S, RASTOGI R, SHIM K. ROCK: A robust clustering algorithm for categorical attributes [C]. Proceedings. of 15th International Conference on Data Engineering, 1999: 512-521.

[93] KARYPIS G, HAN E H, KUMAR V. Chameleon: Hierarchical clustering using dynamic modeling [J]. Computer, 1999, 32(8): 68-75.

[94] SANDER J, ESTER M, KRIEGEL H P, et al. Density-based clustering in spatial databases: The algorithm gdbscan and its applications [J]. Data Mining and Knowledge Discovery, 1998, 2(2): 169-194.

[95] ANKERST M, BREUNIG M M, KRIEGEL H P, et al. Optics: Ordering points to identify the clustering structure [C]. Proceedings of International Conference on Management of Data, June, 1999, Philadelphia, Pennsylvania, USA, 28(2): 49-60.

[96] HINNEBURG A, KEIM D A. An efficient approach to clustering in large multimedia databases with noise [C]. Proceedings of the International Conference on Knowledge Discovery and Data Mining, 1998, 98: 58-65.

[97] SHEIKHOLESLAMI G, CHATTERJEE S, ZHANG A. Wavecluster: A multi-resolution clustering approach for very large spatial databases [C]. Proceedings of the 24th International Conference on Very Large Databases, New York City, NY, 1998: 428-439.

[98] HINNEBURG A, KEIM D A. Optimal grid-clustering: Towards breaking the curse of dimensionality in high-dimensional clustering [C]. Proceedings of the 25th International Conference on Very Large Databases, New York City, NY, 1999: 506-517.

[99] AGRAWAL R, GEHRKE J, GUNOPULOS D, et al. Automatic subspace clustering of high dimensional data for data mining applications [C]. Proceedings of International Conference on Management of Data, 1998: 94 - 105.

[100] GOIL S, NAGESH H, CHOUDHARY A. MAFIA: Efficient and scalable subspace clustering for very large data sets [C]. Proceedings of the 5th ACM SIGKDD International Conference on Knowledge Discovery and Data Mining, 1999: 443-452.

[101] JAIN A K, DUIN R P W, MAO J C. Statistical pattern recognition: A review [J]. IEEE Transactions on Pattern Analysis and Machine Intelligence, 2000, 22(1): 4-37.

[102] TRAUWAERT E, KAUFMAN L , ROUSSEEUW P. Fuzzy clustering algorithms based on the maximum likelihood principle [J]. Fuzzy Sets and System, 1991 , 85(42): 213-227.

[103] LI R P, MUKAIDINO M. A maximum entropy approach to fuzzy clustering [C]. Proceedings of International Joint Conference of the 4th IEEE International Conference on Fuzzy Systems and The 2nd International Fuzzy Engineering Symposium, 1995, 4: 2227-2232.

[104] KRISHNAPURAM R, Kim J W. A clustering algorithm based on minimum volume [C]. Proceedings of the Fifth IEEE International Conference on Fuzzy Systems,1996, 2:1387-1392.

[105] 高新波,谢维信. 模糊聚类理论发展及应用的研究进展[J],科学通报,1999,44(21):221-2251.

[106] CHIU S L. Fuzzy model identification based on cluster estimation [J]. Journal of Intelli-

gent and Fuzzy Systems, 1994, 2(3): 267-278.

[107] PANG M B, ZHANG J J, DONG F, WANG Y H. Chaos rapid identifying of traffic flow using neural networks with PSO [C]. Proceedings of International Conference on Electrical and Control Engineering (ICECE), 2011: 2054-2057.

[108] WEIGEND A S, GERSHENFELD N A. Time series prediction: forecasting the future and fnderstanding the past [M]. MA: Addison-Wesley Publishing Company, 1994.

[109] TSEKOURAS G, SARIMVEIS H, KAVAKLI E, BAFAS G. A hierarchical fuzzy-clustering approach to fuzzy modeling [J]. Fuzzy Sets and Systems, 2005, 150(2): 245-66.

[110] ZHANG Y L, Ye Z R. Short-term traffic flow forecasting using fuzzy logic system methods [J]. Journal of Intelligent Transportation Systems, 2008, 12: 102-112.

[111] SHEN G J. An intelligent hybrid forecasting model for short-term traffic flow [C]. In Proceedings of the World Congress on Intelligent Control and Automation WCICA, Jinan, China, 2010: 486-491.

[112] DIMITRIOU L, TSEKERIS T, STATHOPOULOS A. Adaptive hybrid fuzzy rule-based system approach for modeling and predicting urban traffic flow [J]. Transportation Research Part C, 2008, 16: 554-573.

[113] ZHAO G Y, SHEN Y, WANG Y L. Fuzzy PID position control approach in computer numerical control machine tool [J]. Journal of Computers (Finland), 2013, 8: 622-629.

[114] MAMDANI E H, ASSILIAN S. An experiment in linguistic synthesis with a fuzzy logic controller [J]. International Journal of Man-Machine Studies, 1975, 7: 1-15.

[115] JANG J R, SUN C T, MIZUTANI E. Neuro-fuzzy and soft computing: a computational approach to learning and machine intelligence. US: Pearson Education, 1996.

[116] HAMAM A, GEORGANAS N D. A comparison of Mamdani and Sugeno fuzzy inference systems for evaluating the quality of experience of hapto- audio- visual applications [C]. IEEE International Workshop on Haptic Audio Visual Environments and their Applications, Ottawa, Canada, September 2008: 18-19.

[117] JASSBI J J, SERRA P J A, RIBEIRO R A, DONATI A. A comparison of Mamdani and Sugeno inference systems for a space fault detection application [C]. World Automation Congress, Waikoloa, Hawaii, 2008: 1-8.

[118] FIRAT M, TURAN M E, YURDUSEV M A. Comparative analysis of fuzzy inference systems for water consumption time series prediction [J]. Journal of Hydrology, 2009, 374: 235-241.

[119] GUNEY K, SARIKAYA N. Comparison of Mamdani and Sugeno fuzzy inference system models for resonant frequency calculation of rectangular microstrip antennas [J]. Progress in Electromagnetics Research B, 2009, 12: 81-104.

[120] JIN Y C. Fuzzy modeling of high-dimensional systems: complexity reduction and interpretability improvement [J]. IEEE Transactions on Fuzzy Systems, 2000, 8(2): 212-221.

[121] MONTESINO P, SOVILJ D, GADEA R. Approximate K-NN delta test minimization method using genetic algorithms: application to time series [J]. Neurocomputing, 2010, 73: 2017-2029.

[122] WANG L X. Adaptive Fuzzy Systems and Control [M]. Englewood Cliffs: Prentice-Hall, 1994.

[123] JU Z, LIU H. Fuzzy Gaussian mixture models [J]. Pattern Recognition, 2012, 45(3): 1146-1158.

[124] PI H, PETERSON C. Finding the embedding dimension and variable dependencies in time series [J]. Neural Computation, 1994, 6(3): 509-520.

[125] JONSE A J. New tools in non-linear modeling and prediction [J]. Computational Management Science, 2004, 1:109-149.

[126] LENDASSE A, CORONA F, HAO J, REYHANI N, VERLEYSEN M. Determination of the Mahalanobis matrix using nonparametric noise estimations [C]. Proceedings of the European Symposium on Artificial Neural Networks, Bruges, Belgium, 2006: 227-237.

[127] BAO Y K, XIONG T, HU Z Y. Multi-step-ahead time series prediction using multiple-output support vector regression [J]. Neurocomputing, 2014, 129: 482-493.

[128] 姜桂艳,王秋兰,李琦, 基于多时间尺度一步外推的短时交通参数多步预测方法 [J]. 公路交通科技, 2013, 30(2): 90-98.

[129] CHEVILLON G. Direct multi-step estimation and forecasting [J], Journal of Economic Surveys, 2007, 21: 746-785.

[130] 杨兆生, 朱中. 基于卡尔曼滤波理论的交通流量实时预测模型[J]. 中国公路学报, 1999, 12(3): 63-67.

[131] Simon Haykin. 自适应滤波器原理[M]. 郑宝玉, 等, 译. 北京: 电子工业出版社, 2010.

国家卫生健康委员会“十三五”规划教材
全 国 高 等 职 业 教 育 教 材

供临床医学专业用

病原生物学和免疫学

第 8 版

主　编　肖纯凌　吴松泉

副主编　李　妍　杨朝晔　李士根　马春玲

编　者（以姓氏笔画为序）

马春玲（山东医学高等专科学校）
尹燕双（黑龙江护理高等专科学校）
包丽丽（内蒙古医科大学）
吕茂利（大庆医学高等专科学校）
刘　新（沈阳医学院）
阳　莉（四川中医药高等专科学校）
李　妍（吉林医药学院）
李士根（济宁医学院）
李波清（滨州医学院）
杨朝晔（江苏医药职业学院）
肖纯凌（沈阳医学院）
吴松泉（丽水学院医学院）
张雄鹰（长治医学院）
陈晓玲（安徽卫生健康职业学院）
郑　群（首都医科大学）
赵英会（泰山医学院）
钟秀丽（哈尔滨医科大学大庆校区）
徐文鑫（漳州卫生职业学院）
高艳萍（山西医科大学汾阳学院）
温雯静（漯河医学高等专科学校）
雷世鑫（甘肃医学院）
潘丽红（杭州医学院）

秘　书　刘　新（沈阳医学院）

人民卫生出版社

图书在版编目（CIP）数据

病原生物学和免疫学 / 肖纯凌，吴松泉主编．—8版．—北京：人民卫生出版社，2018
ISBN 978-7-117-27294-0

Ⅰ. ①病… Ⅱ. ①肖… ②吴… Ⅲ. ①病原微生物－高等职业教育－教材②医学－免疫学－高等职业教育－教材 Ⅳ. ①R37②R392

中国版本图书馆 CIP 数据核字（2018）第 211135 号

病原生物学和免疫学
第 8 版

主　　编：肖纯凌　吴松泉
出版发行：人民卫生出版社（中继线 010-59780011）
地　　址：北京市朝阳区潘家园南里 19 号
邮　　编：100021
E - mail：pmph @ pmph.com
购书热线：010-59787592　010-59787584　010-65264830
印　　刷：三河市宏达印刷有限公司（胜利）
经　　销：新华书店
开　　本：850 × 1168　1/16　　印张：20　　插页：12
字　　数：633 千字
版　　次：1980 年 11 月第 1 版　　2018 年 11 月第 8 版
2021 年 10 月第 8 版第 6 次印刷（总第 78 次印刷）
标准书号：ISBN 978-7-117-27294-0
定　　价：60.00 元
打击盗版举报电话：010-59787491　E-mail：WQ @ pmph.com
（凡属印装质量问题请与本社市场营销中心联系退换）